Das Einsteigerseminar

SQL

Dieter Staas

Das Einsteigerseminar
SQL

Copyright © 2002 by
verlag moderne industrie Buch AG & Co. KG, Landsberg
Königswinterer Straße 418
D–53227 Bonn
www.vmi-Buch.de

06   05   04

10 9 8 7 6 5 4 3

1. Auflage

ISBN 3-8266-7183-X

Printed in Italy

Inhalt

Vorwort	**15**

1	**Einführung**	**19**
1.1	Datenabfrage und Datenmanipulation	19
1.2	Wozu SQL verwenden?	20
1.3	Was sind SQL-Datenbanken?	20
1.4	Was sind Abfragen?	22
1.5	Unterschiede zu Programmiersprachen	22
1.6	Eine Testumgebung wählen	23
	Access als Testdatenbank	23
	Beispieltabelle erzeugen	23
	Beispieldaten verwenden	25
	Access-Abfragen	25
	Hinweis zu anderen Datenbanken	27
1.7	Groß- und Kleinschreibung	28
1.8	Zeilenumbruch und Zeilenabschluss	28
1.9	Zusammenfassung, Fragen und Übungen	29

2	**Einfache Auswahlabfragen**	**33**
2.1	Das SELECT-Kommando	33
	Verschiedene Schreibweisen	34
2.2	Die WHERE-Klausel	36
	Verwendung von Datentypen	38
2.3	SELECT-Prädikate	41
2.4	Aliasnamen verwenden	42
2.5	Nach Spaltenwerten sortieren	45
2.6	Zahl der Datensätze vorgeben	47
2.7	Zusammenfassung, Fragen und Übungen	48

3   Operatoren und Funktionen   53

3.1   Ausdrücke   53
3.2   Operatoren   54
    Berechnete Spalten   55
    Vergleichsoperatoren   56
    Logische Operatoren   60
    Der Wert NULL   63
3.3   Funktionen   64
    Mathematische Funktionen   66
    Zeichenketten-Funktionen   70
    Datumsfunktionen   76
3.4   Zusammenfassung, Fragen und Übungen   80

4   Komplexe SQL-Ausdrücke   85

4.1   Bedingungen kombinieren   85
4.2   Komplexe Berechnungen   88
4.3   Verschachtelte Funktionen   90
4.4   Rechnen mit Datumswerten   92
4.5   Zusammenfassung, Fragen und Übungen   95

5   INSERT – Datensätze einfügen   99

5.1   Neue Datensätze einfügen   99
    Die Syntax   99
    Wichtig: das Primärschlüsselfeld   100
    Numerische Werte einfügen   101
    Datumswerte einfügen   101
    Alle Spaltenwerte berücksichtigen   102
    Berechnungen in Spaltenwerten   102
5.2   Daten aus anderen Tabellen einfügen   103
    Die Syntax   103

Daten in Zieltabelle kopieren 103
Tabellen mit ungleicher Struktur 104
Berechnete Felder kopieren 105
5.3 Zusammenfassung, Fragen und Übungen 107

6 UPDATE – Datensätze ändern 111

6.1 Einzelne Datensätze ändern 111
Numerische Werte ändern 113
Datumswerte ändern 114
6.2 Mehrere Datensätze gezielt ändern 115
6.3 Berechnete Werte zuweisen 116
6.4 Spalteneinträge mit UPDATE »löschen« 117
6.5 Zusammenfassung, Fragen und Übungen 119

7 DELETE – Datensätze löschen 123

7.1 WHERE-Klausel definieren 123
7.2 Markieren statt Löschen 125
7.3 Zusammenfassung, Fragen und Übungen 126

8 GROUP BY – Datensätze gruppieren 129

8.1 Gruppierung von Datensätzen 129
Gruppieren ohne Aggregatfunktion 130
GROUP BY und WHERE-Klausel 131
Aggregatfunktionen 132
Alias verwenden 134
Summen bilden 134
Durchschnittswerte bilden 135
MAX und MIN 136
Ausdrücke als Funktionsargument 137

GROUP BY und Aggregatfunktionen 138
GROUP BY-Klausel und WHERE-Klausel 141
Gruppierung über mehrere Spalten 142
Gruppenauswahl mit HAVING 144
WHERE, GROUP BY und HAVING 145
8.2 Zusammenfassung, Fragen und Übungen 147

9 Abfragen über mehrere Tabellen 151

9.1 Tabellen verknüpfen 151
9.2 JOIN-Klauseln 154
Verschiedene Join-Typen 156
Outer Join 158
Theta Join 160
9.3 Gruppierungen 160
9.4 Mengenoperationen 161
UNION – Vereinigungsmengen 161
EXCEPT – Differenzmengen 164
INTERSECT – Schnittmengen 165
9.5 Zusammenfassung, Fragen und Übungen 166

10 Datenbankstruktur erzeugen 171

10.1 Datenbank erzeugen 171
Was ist eine Datenbank? 171
CREATE DATABASE 172
10.2 Tabellen erzeugen 174
CREATE TABLE 175
NOT NULL 180
UNIQUE 181
AUTO_INCREMENT 182
DEFAULT 183
10.3 Einschränkungen 183

	CONSTRAINT	184
	FOREIGN KEY	185
10.4	Andere Datenbankobjekte erzeugen	188
	SCHEMA	188
	DOMAIN	189
	Sonstige CREATE-Anweisungen	189
10.5	Views – virtuelle Tabellen	190
	Views für die Anwendersicht	190
	Views erzeugen und verwenden	190
10.6	Zusammenfassung, Fragen und Übungen	192

11 Datenbankstruktur ändern 197

11.1	Tabellenstruktur ändern	197
	Spalten hinzufügen	198
11.2	Spalten ändern	200
	Spaltentyp ändern	200
	Einschränkungen hinzufügen	201
	Andere Datenbankobjekte ändern	202
11.3	Datenbankobjekte löschen	203
	Einschränkungen löschen	204
	Spalten löschen	204
	Tabelle löschen	205
	Views löschen	205
	Andere Datenbankobjekte löschen	206
	Datenbank löschen	206
	Voraussetzungen für Datenbankänderungen	207
11.4	Zusammenfassung, Fragen und Übungen	207

12 Index 211

12.1	Indizes erstellen	212
	Eindeutige Indizes	213

Mehrfelderindex 213
Sortierordnung berücksichtigen 214
Indizes für numerische Felder 215
Indizes für Datumsfelder 215
12.2 Indizes löschen 217
12.3 Indizes ändern 217
12.4 Zusammenfassung, Fragen und Übungen 218

13 Zugriffsrechte 223

13.1 Zugriffsrechte einrichten 224
Privileg-Level 225
Zugriffsrechte auf Spaltenebene 226
Änderungsrechte (UPDATE) 227
Weitergabe von Rechten 228
13.2 Rechte entziehen 228
Weitergegebene Rechte entziehen 229
Das Weitergaberecht entziehen 230
Hinweise zu anderen Datenbanksystemen 230
13.3 Rechte auf Datenbankebene 230
13.4 Zusammenfassung, Fragen und Übungen 232

14 Weitere SQL-Sprachelemente 237

14.1 Unterabfragen 237
Operatoren für Unterabfragen 239
Unterabfragen mit Aggregatfunktion 242
Das Problem mit NULL-Werten 243
14.2 Transaktionen 244
SQL-Befehle 245
Tabellen sperren 245
COMMIT und ROLLBACK 246
14.3 CONNECT / DISCONNECT 247

Verbindung einrichten   248
Verbindung beenden   248
Mehrere Sitzungen einrichten   249
14.4 CASE   249
Verzweigungen   249
Alternativzweig mit ELSE   251
Die zweite CASE-Variante   252
14.5 Zusammenfassung, Fragen und Übungen   253

15 Datenbanktheorie   257

15.1 Das ER-Modell   257
Struktur einer Relation   258
Schlüssel/Primärschlüssel   259
15.2 Datenstruktur definieren   262
Redundanz   262
Datenbankkonsistenz   263
15.3 Tabellen normalisieren   263
Stufen der Normalisierung   264
Erste Normalform   264
Zweite Normalform   265
Dritte Normalform   269
Erweiterte Normalisierung   271
15.4 Der Tabellenentwurf   273
Felder benennen   273
Feldtypen und Feldlängen bestimmen   274
Felder für unbestimmte Eingaben   274
Merkmale auf mehrere Felder aufteilen   274
15.5 Beziehungen zwischen Tabellen   277
Beziehungen zwischen Relationen   277
Verknüpfung über Schlüsselfelder   278
15.6 Indexfelder bestimmen   278
Primär- und Sekundärindex   279
Welche Felder indizieren?   279

15.7   Integritätsstufen   280
       Referenzielle Integrität   281
       Transaktionen   281
15.8   Zusammenfassung, Fragen und Übungen   282

16   SQL-Datentypen   287

16.1   Bedeutung des Datentyps   287
16.2   Numerische Typen   288
16.3   Alphanumerische Typen   290
16.4   Datums- und Zeittypen   291
16.5   Spezielle Datentypen   293
16.6   Sonstige Datentypen   293
16.7   Wahl des richtigen Typs   295
       Datentyp und Eingabekontrolle   296
       Feldtyp später ändern   297
       Die richtige Feldlänge bestimmen   297
16.8   Zusammenfassung, Fragen und Übungen   298

17   MySQL-Datenbank-Server   303

17.1   MySQL einsetzen   304
       MySQL aus dem Internet laden   304
       Setup starten   305
17.2   MySQL-Tools   307
       MySQL.exe   307
       MySQLManager.exe   307
       WinMySQLAdmin   308
       Datenbanken mit MySQL verwalten   309
17.3   MySQL-GUI   312
17.4   MySQL-Besonderheiten   313
       Datentypen   313
       Unterschiede in der SQL-Syntax   316

ODBC-Treiber für MySQL   318
17.5   Zusammenfassung, Fragen und Übungen   318

18   Was Sie noch wissen sollten   323

18.1   SQL in Web-Anwendungen   323
       SQL in Skript-Sprachen   323
       Hinweise zu PHP   324
       Datenzugriff per PHP   324
18.2   SQL-Zugriff optimieren   328
       Optimizer   328
       Regeln für die Optimierung   328
18.3   Syntaxbeschreibungen interpretieren   329
18.4   SQL in VBA-Anwendungen   331
       VBA und SQL   332
       SQL-Anweisungen direkt ausführen   334
       Variablen in SQL-Anweisungen   334
18.5   ODBC-Quellen einrichten   335
18.6   Zusammenfassung, Fragen und Übungen   338

Lösungen   343

Glossar   361

Anhang   371

       Struktur einer Artikeltabelle   371
       Struktur einer Rechnungstabelle   372

Index   377

Vorwort

Mit der Durchsetzung *Relationaler Datenbanken* hat sich auch eine Abfragesprache etabliert, ohne die heute kein Anwendungsprogrammierer mehr auskommt. Diese Sprache, SQL (**Structured Query Language**) genannt, ist so eng mit dem Begriff *Datenbank* verbunden, dass Relationale Datenbanksysteme häufig auch als *SQL-Server* bezeichnet werden.

Die Sprache SQL beschränkt sich auf die Auswertung und Manipulation von Datenbanken und gewinnt gerade dadurch ihre besondere Stärke. Die Bedeutung von SQL dürfte zukünftig sogar noch zunehmen, weil mit dem Internet eine Struktur entsteht, bei der die Daten immer stärker auf Servern konzentriert werden. Die dabei anfallenden Datenmengen wollen effektiv verwaltet werden und verlangen daher nach großen Datenbanksystemen und einer mächtigen Abfragesprache.

Das vorliegende Buch vermittelt Ihnen alle wesentlichen SQL-Sprachelemente. Es bietet einen didaktisch fundierten und praxisnahen Einstieg in SQL und in die Welt der Relationalen Datenbanken.

Viel Spaß und Erfolg beim Erlernen von SQL!

Dieter Staas

Einführung

1 Einführung

SQL (*Structured Query Language*) ist eine Abfragesprache, die von den meisten Datenbanken unterstützt wird. Die wesentlichen Kommandos lassen sich auf alle Datenbanken in gleicher oder ähnlicher Weise anwenden. Allerdings weichen viele Datenbanksysteme von der gemeinsamen Syntax ab. Eine Art Basis bildet der SQL/92-Standard, auch ANSI-SQL genannt. ANSI-SQL definiert drei Level: den so genannten Entry-Level, der einen Minimalstandard darstellt und der von nahezu allen Datenbanksystemen unterstützt wird, den Intermediate-Level und den Full-Level. Insbesondere der Letztere dürfte von kaum einem Datenbanksystem wirklich eingehalten werden. Mit größeren Abweichungen ist aber auch schon auf der mittleren Ebene zu rechnen.

Das vorliegende Einsteigerseminar beschränkt sich daher nicht allein auf die Sprachelemente, die sich in fast allen SQL-Varianten finden (den Entry-Level), sondern geht bei Bedarf auch auf Besonderheiten einzelner Datenbanksysteme ein. Da wir allerdings nicht alle Datenbanken berücksichtigen konnten, kommen in der Regel nur Access- und MySQL-Besonderheiten zur Sprache.

1.1 Datenabfrage und Datenmanipulation

SQL dient nicht nur der Abfrage von Datenbanken, sondern wird auch zur Manipulation, also dem Hinzufügen, Ändern und Löschen von Daten, verwendet. Zudem können Sie mit SQL-Kommandos Datenbanken und Tabellen erzeugen bzw. löschen oder deren Struktur ändern. Gelegentlich wird daher auch zwischen einer *Data Definition Language* (DDL), einer *Data Manipulation Language* (DML) und einer *Data Control Language* (DCL) unterschieden. In dieser Einführung gehen wir auf solche Feinheiten nicht weiter ein. Die Unterscheidung ist auch eher künstlich, weil alle SQL-Kommandos eine sehr ähnliche

Syntax verwenden. Die Struktur dieses Buchs orientiert sich eher an funktionalen Aspekten.

1.2 Wozu SQL verwenden?

Datenbanken bilden praktisch die Grundlage für fast alle größeren Anwendungen, ob diese nun im Netz laufen, etwa als eShops, oder als Adressenverwaltung auf dem lokalen Rechner. Fast jede Anwendung muss daher Daten aus einer Datenbank auslesen und die meisten Datenbanken verwenden zu diesem Zweck SQL. Bei großen Datenbanken (MySQL, Oracle, Informix etc.) gilt das praktisch ohne Ausnahme.

Ob Sie nun Web-Anwendungen erstellen, eine Geschäftsanwendung für lokale Netze oder eine CD-Verwaltung für private Zwecke, fast immer werden Sie SQL-Kenntnisse benötigen. SQL ist universeller als die üblichen Programmiersprachen. Jeder Anwendungsprogrammierer muss mit SQL umgehen können und auch jeder Web-Entwickler. SQL-Kommandos werden häufig in andere Programmiersprachen eingebettet. In Kapitel 18 »Was Sie noch wissen sollten« kommen wir darauf zurück. Kurz: Ob Sie nun mit C++, Java, Delphi, PHP, Perl oder Visual Basic programmieren, fast immer ist für DB-Anwendungen SQL dabei.

1.3 Was sind SQL-Datenbanken?

SQL-fähige Datenbanken gehören üblicherweise zu den so genannten *Relationalen Datenbanken*. Diese speichern Daten in Tabellen (Relationen). Jede Zeile bildet dabei einen Datensatz. Ein Datensatz steht immer für ein reales Objekt, etwa eine Person, oder einen Vorgang, beispielsweise eine Buchung. Jede Spalte (auch Feld oder Attribut genannt) bezeichnet eine Eigenschaft des betreffenden Objekts. Tabellen lassen sich miteinander verknüpfen, so dass Sie für unterschiedliche Objekte, etwa Kunden und Rechnungen, jeweils separate Tabellen vorsehen können. Für die erforderliche Verknüpfung sorgen dann spezielle SQL-Anweisungen. Die meisten Datenbanksysteme, die heute angeboten werden, können als *Relationale Datenbanksysteme* (RDBMS) bezeichnet werden. Sie eignen sich grundsätzlich für SQL und sind in der Regel auch mit einer SQL-Schnittstelle ausgestattet.

SQL-Server und Datenbank-Management-Systeme

Häufig wird nur die Bezeichnung »Datenbank« verwendet, obwohl eigentlich ein SQL- bzw. Datenbank-Server oder ein DBMS (*Database Management System*) gemeint ist. Ein Datenbank-Server besteht in der Regel nur aus dem Programm, das den Zugriff auf die Daten regelt und die SQL-Kommandos ausführt. Dabei kann es sich durchaus um eine sehr komplexe Anwendung handeln. Dennoch werden Sie diese kaum zu Gesicht bekommen, weil sie üblicherweise im Hintergrund arbeitet.

Sobald eine grafische Benutzeroberfläche hinzukommt, handelt es sich in der Regel um ein DBMS. Diese Benutzeroberfläche nimmt Ihnen eine Menge Arbeit ab, weil sie bestimmte Menübefehle automatisch in SQL-Kommandos umsetzt. Statt den (unvollständigen) SQL-Befehl

```
CREATE TABLE Kunden
```

einzutippen, genügt es, die Menüoption *Tabelle erzeugen* auszuwählen. Lediglich den Namen der neuen Tabelle werden Sie weiterhin per Tastatur eingeben müssen. Weit entwickelte DBMS stellen selbst für komplexe Abfragen grafische Hilfsmittel zur Verfügung, mit denen sich eine Abfrage größtenteils per Mausklick definieren lässt. Microsoft Access ist ein solches DBMS. Auch teure Systeme wie Oracle werden mit vielen grafischen Hilfsmitteln ausgeliefert und gehören daher in diese Klasse. Das im Web sehr verbreitete MySQL verfügt in der Grundausstattung hingegen nur über rudimentäre Verwaltungsmodule und kann daher nur als SQL-Server bezeichnet werden. So ganz scharf ist die Abgrenzung jedoch nicht.

Eine Datenbank bezeichnet streng genommen nur die Datensammlung selbst, also nicht das Programm und die Hilfsmodule. Üblicherweise besteht eine Datenbank aus den Tabellen, beispielsweise für Kunden und Rechnungen, und einigen Hilfsdateien für Indizes oder Formulare. Viele Datenbanken speichern Datentabellen und Hilfsdateien in einem bestimmten Verzeichnis. In diesem Fall können wir dieses Verzeichnis mit seinem Inhalt als Datenbank bezeichnen. Microsoft Access speichert hingegen alles in einer einzigen Datei. Eine Access-Datenbank besteht daher auch nur aus einer einzigen Datei.

1.4 Was sind Abfragen?

Diese Frage ist nicht ganz so trivial, wie es auf den ersten Blick vielleicht erscheinen mag. Üblicherweise erfordert eine Abfrage eine Antwort. Diese besteht häufig, aber nicht immer, in einer Antwort- oder Ergebnistabelle. Die Abfrage

`„Zeige alle Kunden aus Köln“`

erzeugt eben eine Tabelle, die alle Kölner Kunden enthält. Gelegentlich wollen Sie aber auch einen bestimmten Wert ermitteln, etwa den gesamten Umsatz aller Kunden im letzten Jahr. In diesem Fall erhalten Sie als Ergebnis auch nur einen einzigen Wert.

Im SQL-Umfeld werden aber auch Datenänderungen wie das Hinzufügen, Ändern oder Löschen als Abfrage bezeichnet. So finden Sie unter Microsoft Access Bezeichnungen wie *Anfüge-* oder *Löschabfrage*. Solche »Abfragen« ändern aber nur den Datenbestand. Sie erzeugen keine sichtbare Ausgabe. Abfragen, die ein Ergebnis liefern, werden häufig Auswahl- oder SELECT-Abfragen genannt.

1.5 Unterschiede zu Programmiersprachen

Eigentlich ist SQL gar keine richtige Programmiersprache. Dazu fehlen so wichtige Eigenschaften wie beispielsweise Schleifen und Verzweigungen. Auch die Verwendung von Variablen ist arg begrenzt. Für die Anzeige bzw. Formatierung der von SQL gelieferten Daten sind zudem andere Programme zuständig. SQL stellt dafür keine Befehle zur Verfügung. Der Sprachumfang ist folglich auf die Abfrage und Manipulation von Datenbanken beschränkt. Diese Aufgaben erledigt SQL aber besonders gut.

1.6 Eine Testumgebung wählen

Zunächst benötigen Sie eine SQL-fähige Datenquelle. Das sollte allerdings nicht allzu schwer sein. Schon Microsoft Access verfügt über einen recht ordentlichen SQL-Sprachumfang. Wenn Sie keinen Zugriff auf Access haben, wird es etwas schwieriger. Sie können beispielsweise die SQL-Datenbank MySQL aus dem Netz herunterladen. In Kapitel 17 »MySQL-Datenbank-Server« zeigen wir, wie Sie die aktuelle Version unter Windows installieren. Für die Beispiele dieses Buchs verwenden wir ausschließlich Access und MySQL.

Access als Testdatenbank

Zwar müssen Access-Anwender bezüglich der SQL-Fähigkeit mit Einschränkungen leben, weil diese Desktop-Datenbank nur eine Teilmenge des genannten Standards unterstützt. Für die ersten Kapitel dieses Buchs haben wir dennoch eine Access-Datenbank verwendet. Vor dem Einstieg ist zunächst eine Datenbank mit mindestens einer Tabelle zu erzeugen. Damit Abfragen auch Ergebnisse liefern, sind zudem einige Daten erforderlich.

Beispieltabelle erzeugen

Für die ersten Kapitel dieses Buchs verwenden wir die in Abbildung 1.1 gezeigte Kundentabelle. Die Abbildung zeigt lediglich die Struktur der Tabelle. Eine solche Struktur erstellen Sie in Access, indem Sie eine neue Datenbank erzeugen und im Datenbankfenster dann die Option *Neu* aufrufen. Im Assistenten, den Sie damit starten, müssen Sie die Option *Entwurfsansicht* wählen.

Feldname	Felddatentyp	Beschreibung
KundenNr	AutoWert	Primärschlüssel
Firma	Text	
Name	Text	
Vorname	Text	
Strasse	Text	
Ort	Text	
PLZ	Text	
Telefon	Text	
eMail	Text	
Kundensegment	Text	beispielsweise Privatkunden, Freiberufler, Gewerbe
Aktiv	Ja/Nein	
Umsatz	Währung	
Datum	Datum/Uhrzeit	Datum der Aufnahme in die Kundentabelle

Abb. 1.1: Struktur der Kundentabelle

Achten Sie besonders auf die Typangaben (*Felddatentyp*). Bei SQL-Abfragen kann der Typ sehr wichtig sein. Er bestimmt zumindest die Art, wie Abfragekriterien übergeben werden. Fast alle Felder sind vom Typ *Text*, auch die Felder für *PLZ* und *Telefon*. Lediglich für das Feld *Umsatz* haben wir einen numerischen Typ (*Währung*) verwendet. Das Feld *Aktiv* ist ein *Ja/Nein*-Feld. Hier sind folglich nur zwei Werte möglich. Natürlich benötigen wir auch ein Feld vom Typ *Datum*, weil Abfragen im kommerziellen Bereich sich sehr häufig auf Datumsangaben beziehen. Wir kommen auf dieses Thema noch ausführlich zurück. Nicht ganz unwichtig ist auch der Name, den Sie der Tabelle geben. Auch dieser wird in Abfragen regelmäßig benötigt. Wir haben unsere Tabelle *Kunden* genannt.

Hinweis zur Benennung von Tabellen und Feldern

Für Tabellen und Feldnamen sollten Sie nur alphanumerische Zeichen verwenden. Der Name sollte keine Leerzeichen und Sonderzeichen, also beispielsweise keine deutschen Umlaute enthalten. Als Trennzeichen ist eigentlich nur der Unterstrich geeignet, auch wenn viele Datenbanksysteme Sonderzeichen akzeptieren.

Beispieldaten verwenden

Nicht nur für den Einstieg in die SQL-Programmierung ist es wichtig, dass sich das Abfrageergebnis auch überprüfen lässt. Zumindest eine Plausibilitätskontrolle sollte möglich sein. Auch Profis testen komplexe Abfragen daher häufig mit bestimmten Testdaten. Sie können dann recht leicht feststellen, ob die Abfrage auch die gewünschten Ergebnisse erzeugt. Für Einsteiger sollte sich dieses Verfahren von selbst verstehen. Für die ersten Beispiele dieses Buchs haben wir daher die in Abbildung 1.2 gezeigten Daten verwendet.

Firma	Name	Ort	eMail	Kundensegment	Aktiv	Umsatz	Datum
Maier KG	Maier	Dresden	Meier@provider.de	Gewerbe	☑	2.312,33 €	11.11.01
Meier GmbH	Müller	Osnabrück	mm@t_online.de	Gewerbe	☑	22.728,18 €	12.12.01
Mayer & Söhne Gmb	Schulze	Leipzig	hmaier@web.de	Gewerbe	☑	15.004,55 €	12.12.01
Müller OHG	Meisel	Bad Homburg	kmueller@provider	Gewerbe	☑	450,00 €	11.11.01
Böger	Böger	Dresden	bb@provider.de	Freiberufler	☐	98.333,56 €	12.12.01
Hannibal	Kunz	Bad Essen	kkunz@web.de	Gewerbe	☐	0,00 €	11.11.01
Wünsche GbR	Wünche	Bad Essen	rwuensche@provic	Privat	☐	1.200,00 €	11.11.01
Rumsfeld	Rumsfeld	Freiburg	br@provider.com	Privat	☐	2.000,00 €	10.10.01
Schulze	Karlson	Köln	karlson@provider.	Gewerbe	☐	0,00 €	10.10.01

Datensatz: 1 von 9

Abb. 1.2: Testdaten für die ersten Übungen

Die Abbildung zeigt nur die für die Beispiele des Buches relevanten Daten. Felder wie *Vorname*, *Straße*, *Telefon* usw. werden wir im folgenden Text praktisch nicht benötigen. Sie können dafür beliebige Daten eingeben, ohne von den Beispielen abweichende Ergebnisse zu erzielen.

Wenn Sie die Beispiele des Buchs korrekt nachvollziehen wollen, sollten Sie auch die gleichen Daten verwenden.

Access-Abfragen

Um unter Access eine neue Abfrage zu definieren, wählen Sie am einfachsten die Menüoption *Einfügen/Abfrage*. Sie erhalten dann einen Dialog angezeigt, in welchem Sie die Option *Entwurfsansicht* wählen sollten. Access stellt für den Entwurf von Abfragen und die Anzeige der

Ergebnistabelle einen Abfragemodus zur Verfügung, der sich in drei Ansichten schalten lässt:

▶ Entwurf

▶ Datenblattansicht (Ergebnistabelle)

▶ SQL

Zwischen diesen Ansichten wechseln Sie über das Menü *Ansicht* oder einen Symbolschalter, den Sie in der Werkzeugleiste finden. Der Entwurfsmodus präsentiert eine Tabellenstruktur, in welcher Sie die einzelnen Felder der Abfrage per Drag&Drop auswählen und eine Bedingung definieren können.

Wechseln Sie in den SQL-Modus, werden die Definitionen, die Sie im Entwurfsmodus vorgenommen haben, als SQL-Kommandos angezeigt (siehe Abbildung 1.3). Entwurfs- und SQL-Modus sind also nur zwei unterschiedliche Ansichten der gleichen Funktion.

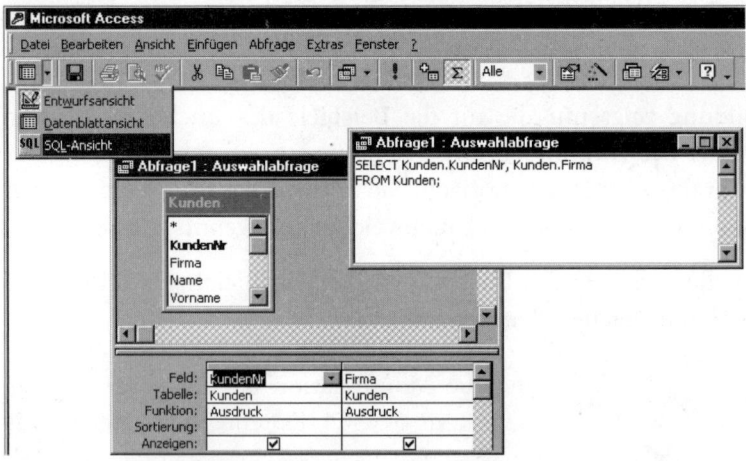

Abb. 1.3: Abfrage in der Entwurfsansicht und der SQL-Ansicht

Für unsere Zwecke können Sie natürlich gleich in die SQL-Ansicht wechseln, weil es in diesem Buch eben darum geht, die SQL-Programmierung kennen zu lernen. Allerdings kann es durchaus lehrreich sein, einmal eine Abfrage im Entwurfsmodus zu definieren und sich dann die SQL-Kommandos anzeigen zu lassen. In diesem Buch werden wir jedoch nicht auf den Entwurfsmodus eingehen.

Abb. 1.4: Ergebnistabelle einer Auswahlabfrage unter Access

Sobald Sie eine Abfrage definiert haben, wechseln Sie über die Option *Ansicht / Datenblattansicht* zur Ergebnistabelle. Access zeigt dann umgehend das Ergebnis Ihrer Abfrage an. Abbildung 1.4 zeigt das Ergebnis für unsere Testtabelle (Kunden). Wir haben das Fenster etwas verkleinert, so dass nur die ersten sechs Datensätze erscheinen.

Beachten Sie, dass Sie in Access die Daten der Ergebnistabelle einer Abfrage editieren können. Die Änderungen werden dann auch in der eigentlichen Datentabelle, also in unserer Kundentabelle, wirksam.

Hinweis zu anderen Datenbanken

Fast alle Beispiele des folgenden Textes wurden auch mit einer MySQL-Datenbank getestet. Leider stellt MySQL nur ein DOS-Tool für die Verwaltung der Datenbank und die Manipulation der Daten zur Verfügung. Um etwas komfortabler mit MySQL-Datenbanken arbeiten zu können, besteht jedoch die Möglichkeit, ein separates grafisches Tool aus dem Internet herunterzuladen. In Kapitel 17 *»MySQL-Datenbank-Server«* stellen wir dieses Tool vor. Für Datenbanken mit ODBC-Treiber, und das sind praktisch alle unter Windows lauffähigen Datenbanken, finden Sie im Internet ebenfalls grafische Tools.

Der folgende Text geht davon aus, dass bereits eine Datenbank mit Daten existiert. Die Struktur sollte der weiter oben vorgestellten Access-Tabelle entsprechen.

Grundsätzlich können Sie auch andere Datenbanksysteme wie beispielsweise den SQL-Server von Microsoft, Oracle oder auch DB2 von IBM verwenden. Ein Anweisung für den Umgang mit diesen Systemen finden Sie in diesem Buch jedoch nicht.

1.7 Groß- und Kleinschreibung

SQL unterscheidet nicht zwischen Groß- und Kleinschreibung. Sie können alle Sprachelemente und auch alle Bezeichner für Tabellen und Spalten groß-, klein- oder gemischt schreiben. Es ist aber üblich, die eigentlichen SQL-Kommandos und die zugehörigen Klauseln grundsätzlich großzuschreiben und Bezeichner für Tabellen und Felder (Spalten) klein. Der erste Buchstabe von Tabellen- und Feldnamen wird dabei häufig großgeschrieben. Dieser Konvention folgt auch das vorliegende Buch. Ein Beispiel:

```
SELECT Firma FROM Kunden
```

Auf die Bedeutung der einzelnen Elemente dieser Zeile kommen wir im folgenden Text noch zurück. Sie sollten aus der Anweisung aber schon erkennen, dass es sich bei den Elementen SELECT und FROM um SQL-Sprachelemente handelt, während die Elemente *Firma* und *Kunden* zur gerade verwendeten (abgefragten) Tabelle gehören. Diese lassen sich daher auch als variable Teile bezeichnen, weil Sie je nach verwendeter Datenbank bzw. Tabelle wechseln können.

1.8 Zeilenumbruch und Zeilenabschluss

Jede SQL-Anweisung besteht nur aus einer einzigen Zeile. Sie können jedoch nahezu beliebige Zeilenumbrüche einfügen, um die Anweisung optisch zu strukturieren. Eigentlich ist die gesamte Zeile auch mit einem Strichpunkt (Semikolon) abzuschließen. Ein Beispiel:

```
SELECT Firma
FROM Kunden;
```

Nur sehr wenige Datenbanken bestehen aber noch darauf. Wenn Sie mit MySQL arbeiten und dazu das DOS-Tool *mysql.exe* verwenden, ist das Abschlusszeichen unbedingt erforderlich. Beim Zugriff über eingebettete SQL-Anweisungen reagiert MySQL jedoch mit einer Fehlermeldung, wenn dabei das Abschlusszeichen verwendet wird. Access ist in dieser Hinsicht toleranter. Bei Abfragen, die Sie im Entwurfsmodus definieren, erzeugt Access jedoch immer ein Semikolon. Die Beispiele des folgenden Textes verzichten auf den Strichpunkt.

1.9 Zusammenfassung, Fragen und Übungen

Zusammenfassung

▶ SQL ist zunächst eine Abfragesprache, mit der sich Daten nach bestimmten Kriterien aus einer Datenbank auslesen lassen.

▶ SQL dient aber auch der Datenmanipulation, also dem Hinzufügen, Ändern und Löschen von Daten. Zudem können Sie mit SQL-Kommandos Datenbanken und Tabellen erzeugen bzw. löschen oder deren Struktur ändern.

▶ Eine Datenbank ist jede mehr oder weniger geordnete Sammlung von Daten. Programme zur Verwaltung von Datenbanken werden *Datenbank-Management-Systeme* (DBMS) genannt.

▶ SQL-Datenbanken sind in der Regel so genannte Relationale Datenbanken. Diese speichern Daten in Tabellen (Relationen), wobei jede Zeile einen Datensatz bildet. Jede Spalte (auch Feld oder Attribut genannt) bezeichnet eine Eigenschaft des betreffenden Objekts.

Fragen und Übungen

1. Welche Aufgaben lassen sich mit SQL-Kommandos erledigen?

2. Was ist bei SQL-Anweisungen bezüglich der Verwendung von Groß- und Kleinschreibung zu beachten?

3. Was kann unter SQL alles als »Abfrage« bezeichnet werden?

4. Starten Sie, soweit Sie über das Programm verfügen, Microsoft Access und wechseln Sie hier in den Abfragemodus. Definieren Sie eine Abfrage im Entwurfsmodus und lassen Sie sich den von Access erzeugten SQL-Code in der SQL-Ansicht anzeigen.

Einfache Auswahlabfragen

SQL

2 Einfache Auswahlabfragen

SQL stellt eigentlich nur recht wenige Kommandos zur Verfügung. Die Flexibilität und Leistungsfähigkeit der Sprache kommt durch eine große Zahl von Klauseln und so genannte Prädikate zustande. Das wohl am häufigsten benötigte Kommando ist SELECT. Auf dieses Kommando und einige seiner wichtigsten Klauseln wollen wir daher zuerst eingehen.

2.1 Das SELECT-Kommando

Der SELECT-Befehl stellt den zentralen SQL-Befehl dar. Mit SELECT ist es möglich, auch sehr komplexe Abfragen über mehrere Tabellen in wenigen Zeilen zu definieren. Die Minimal-Syntax des Befehls hat folgende Form:

```
SELECT Spalte1, Spalte2,.., Spalte(n)
FROM Tabelle
```

Damit haben Sie praktisch das Grundmuster einer SQL-Abfrage. In der SELECT-Zeile werden die Spalten (Felder) aufgelistet, die in der Ergebnistabelle erscheinen sollen. Die FROM-Klausel bestimmt die Tabelle, aus der die Werte stammen. Ein Anwendung auf unsere Kundentabelle könnte folgende Form haben:

```
SELECT KundenNr, Firma, Ort
FROM Kunden
```

Die Felder, die in der Ergebnistabelle erscheinen sollen, müssen durch Kommata separiert aufgelistet werden. Hinter dem letzten Feld erscheint jedoch kein Komma mehr. Die Auflistung der Spalten hat zur Folge, dass die anderen Spalten in der Ergebnistabelle nicht berücksichtigt werden. Mit dem Beispiel erhalten Sie eine Ergebnistabelle wie die aus Abbildung 2.1. Das Fenster ist etwas verkleinert, so dass in der Abbildung nicht alle Datensätze zu sehen sind. Die Abfrage liefert aber alle Datensätze, die in der Kundentabelle enthalten sind.

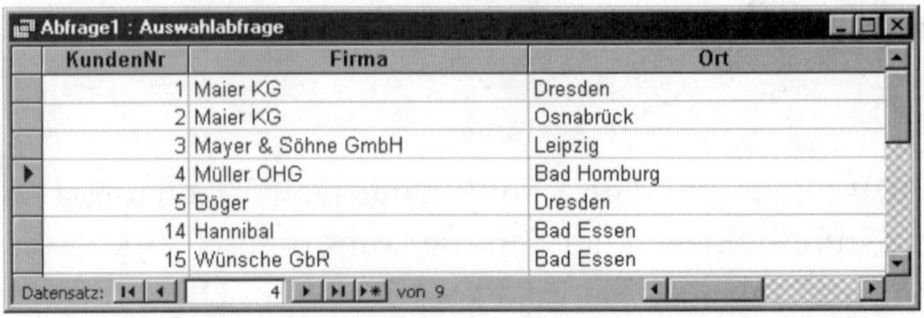

KundenNr	Firma	Ort
1	Maier KG	Dresden
2	Maier KG	Osnabrück
3	Mayer & Söhne GmbH	Leipzig
4	Müller OHG	Bad Homburg
5	Böger	Dresden
14	Hannibal	Bad Essen
15	Wünsche GbR	Bad Essen

Abb. 2.1: Ergebnistabelle (Teilansicht)

Sollen alle Spalten der betreffenden Tabelle ausgegeben werden, können Sie statt der Auflistung auch einfach das Sternchen verwenden. Mit der folgenden Anweisung erhalten Sie alle Spalten und alle Zeilen der Tabelle *Kunden*, also praktisch die ganze Tabelle:

```
SELECT * FROM Kunden
```

Allerdings kann das Sternchen auch zu Problemen führen. Das gilt beispielsweise, wenn die Tabelle auch Memofelder und Felder für Binärdaten, etwa Grafiken, enthält. Es kann daher vorteilhafter sein, immer eine Feldliste zu verwenden.

Verschiedene Schreibweisen

SQL ist keineswegs so vereinheitlicht, wie Sie das vielleicht erwarten würden. Nicht nur bei Zahl und Art der Sprachelemente müssen Sie mit Unterschieden rechnen. Auch die Verwendung von Tabellen und Feldnamen kann differieren. Gelegentlich werden Sie daher Anweisungen wie die folgende finden:

```
SELECT 'KundenNr', 'Firma'
FROM Kunden
```

Die Einschließung der Spaltennamen in Anführungszeichen sollte nur mit wenigen SQL-Datenbanken funktionieren. Bei unseren Versuchen bestand nur die Borland-Datenbank *JdataStore* auf Anführungszeichen. Bei anderen Datenbanken oder auch bei der Einbettung des SQL-Strings in andere Programmiersprachen müssen Sie in diesem Fall sogar mit einer Fehlfunktion rechnen. Access meldet in diesem Fall zwar keinen Fehler, erzeugt aber unsinnige Ergebnisse.

Eckige Klammern in Access

Access kann eckigen Feldnamen auch in eckige Klammern setzen. Diese Option ermöglicht es, auch Sonderzeichen und Leerzeichen in Feldnamen zu verwenden. Wenn eine Tabelle beispielsweise Feldnamen (Spaltenbezeichnungen) wie die folgen enthält, können diese in SQL-Kommandos normalerweise so nicht verwendet werden:

```
Straße
Datum des Erstkontakts
```

Um solche Feldnamen in SQL-Anweisungen verwenden zu können, müssen Sie eine entsprechende Anweisung wie folgt schreiben:

```
SELECT [Straße], [Datum des Erstkontakts]
FROM Kunden
```

Beachten Sie, dass diese Anweisung mit unserer Beispieltabelle nicht funktioniert, weil diese keine entsprechenden Felder enthält. Bei anderen Datenbanken werden Sie Sonderzeichen und Leerzeichen ohnehin nicht einsetzen können. Es dürfte daher die sicherste Methode sein, auf die genannten Zeichen und auch auf die deutschen Umlaute zu verzichten, auch dann, wenn Sie nur mit Access arbeiten. Die Straße schreiben Sie folglich als *Strasse* und das Datum des Erstkontakts wird schlicht zum *Erstkontaktdatum* oder, noch einfacher, zum *Datum*.

Vollständige Spaltenbezeichnungen

Wenn Sie Daten lediglich aus einer einzigen Tabelle auslesen, genügt die oben vorgestellte Schreibweise, bei der lediglich die Spaltennamen anzugeben sind. Die Tabelle wird ja schon in der FROM-Klausel bezeichnet. Bei Abfragen über mehrere Tabellen können aber gleiche Spaltennamen vorkommen. Sie müssen dann die Spalten mit dem kompletten Namen ansprechen. Diesen bilden Sie nach dem Schema *Tabelle.Spalte*. Aus dem Tabellen- und dem Spaltennamen *Kunden* und *Firma* wird so die folgende Zusammensetzung:

```
Kunden.Firma
```

Die schon weiter oben gezeigte Abfrage sollte dann wie folgt aussehen.

```
SELECT Kunden.KundenNr,
       Kunden.Firma,
       Kunden.Ort
FROM Kunden
```

Tabellen- und Spaltennamen sind also durch einen Punkt zu verknüpfen. Die FROM-Klausel ist aber auch weiterhin unverzichtbar.

Reihenfolge der Spalten

Sie sind nicht an die Reihenfolge der Spalten gebunden, die Sie in der Tabelle vorfinden. Die Reihenfolge, die Sie mit einer SQL-Abfrage erhalten, wird durch die Reihenfolge in der SQL-Anweisung bestimmt. Wenn Sie beispielsweise das Feld *Firma* an erster Stelle benötigen, ist eben eine SQL-Zeile wie die folgende erforderlich:

```
SELECT Firma, KundenNr, Ort
FROM Kunden
```

Verwenden Sie hingegen das Sternchen, erhalten Sie alle Felder in der Reihenfolge, in der diese auch in der Tabelle enthalten sind.

2.2 Die WHERE-Klausel

Mit der Feldliste der SELECT-Anweisung nehmen Sie eine Spaltenauswahl vor. Wollen Sie nur bestimmte Datensätze (Zeilen) ausgeben, müssen Sie eine Bedingung definieren und diese mit der WHERE-Klausel an die Abfrage anfügen. Ein Bedingung bezieht sich in der Regel auf den

Inhalt einer Spalte. Die folgende Anweisung gibt beispielsweise nur Kunden aus, die aus dem Ort Dresden stammen:

```
SELECT * FROM Kunden
WHERE Ort = 'Dresden'
```

Das Feld *Ort* muss natürlich in der betreffenden Tabelle enthalten sein. Beachten Sie, dass der Wert der Bedingung in einfache Anführungszeichen gesetzt wird. Das gilt aber nur für Zeichenfolgen (Strings). Numerische Wert übergeben Sie ohne Anführungszeichen. Abbildung 2.2 zeigt das Ergebnis der Abfrage für unsere Beispieltabelle.

KundenNr	Firma	Name	Vorname	Strasse	Ort	Telefon
1	Maier KG	Maier	Klaus	Maierweg 17	Dresden	0352-34252
5	Böger	Böger	Herbert	Großer Kam	Dresden	0567-45362

Abb. 2.2: **Ergebnistabelle mit ausgewählten Datensätzen**

Nur Datensätze, die der Bedingung genügen, werden in die Ergebnistabelle aufgenommen. Da unsere Tabelle lediglich zwei Kunden aus Dresden enthält, liefert die Ergebnistabelle auch nur zwei Datensätze.

Das folgende Beispiel verwendet einen Größer-Vergleich. Es liefert nur Datensätze an, die im Umsatzfeld einen Wert größer als 1000 aufweisen:

```
SELECT Firma, Name, Ort, Umsatz
FROM Kunden
WHERE Umsatz > 1000
```

Das Ergebnis dieser Abfrage zeigt Abbildung 2.3. Die meisten unserer Kunden (6 von 9) erfüllen die Bedingung und landen folglich in der Ergebnistabelle.

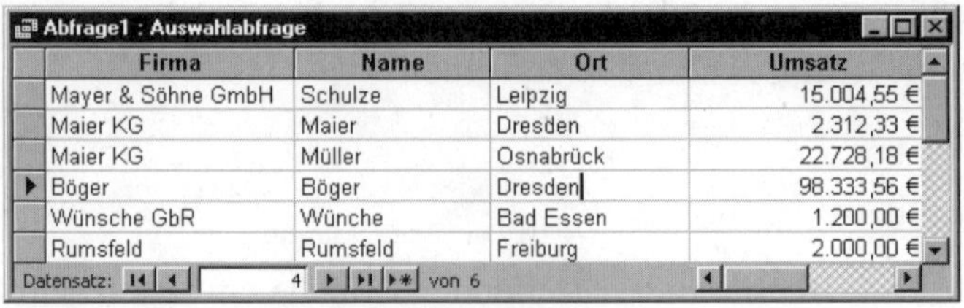

Abfrage1 : Auswahlabfrage

Firma	Name	Ort	Umsatz
Mayer & Söhne GmbH	Schulze	Leipzig	15.004,55 €
Maier KG	Maier	Dresden	2.312,33 €
Maier KG	Müller	Osnabrück	22.728,18 €
Böger	Böger	Dresden	98.333,56 €
Wünsche GbR	Wünche	Bad Essen	1.200,00 €
Rumsfeld	Rumsfeld	Freiburg	2.000,00 €

Datensatz: 4 von 6

Abb. 2.3: Ergebnistabelle für Größer-Vergleich

Eine Bedingung kann sehr komplex sein und sich über mehrere Felder erstrecken. Zu diesem Zweck stellt SQL Operatoren und Funktionen zur Verfügung, auf die wir weiter unten noch eingehen werden.

Verwendung von Datentypen

Jede Programmiersprache kennt eine Unzahl von Datentypen. Da die Datenverwaltung die zentrale Aufgabe einer Datenbank bildet, sind unter SQL eher noch mehr Datentypen zu finden. Wir werden die üblicherweise unterstützten Typen in Kapitel 16 »*SQL-Datentypen*« noch ausführlich vorstellen. An dieser Stelle sollen und einige Basistypen genügen, die Tabelle 2.1 zusammenfasst.

Typ	Bezeichnung	Bedeutung
Text	CHAR	Wird für Textfelder mit bis zu 255 Zeichen verwendet. Die Bezeichnung des Typs kann je nach Datenbanksystem variieren. So bezeichnet Access diesen Typ beispielsweise als TEXT.
Ganzzahl	INTEGER	Wird für Ganzzahlen verwendet. Der Wertebereich kann sich von Datenbank zu Datenbank unterscheiden.
Dezimalzahl	DOUBLE	Wird für Fließkommazahlen verwendet.
Datum	DATE	Wird für Datumswerte verwendet.

Tab. 2.1: Die wichtigsten SQL-Datentypen

Kenntnisse über den Datentyp benötigen Sie nicht nur bei der Erzeugung von neuen Tabellen. Wie wir schon gesehen haben, ist der Typ auch bei der Verwendung der WHERE-Klausel regelmäßig zu berücksichtigen. Beachten Sie auch, dass die Bezeichnungen nicht immer einheitlich sind. So finden Sie den Typ *CHAR* unter Access auch als *TEXT*.

Numerische Datentypen

Alle Zahlenangaben werden häufig als numerische Typen bezeichnet. Das ist auch absolut korrekt, hilft aber dennoch nicht weiter. Gerade bei den numerischen Typen finden sich unzählige Sonderformen. So werden zunächst ganzzahlige Typen unterschieden, die es selbst wieder in verschiedenen Ausprägungen gibt. Die Unterschiede beziehen sich auf den Wertebereich, den der jeweilige Typ darstellen kann. Wir haben in Tabelle 2.1 nur den Typ *Integer* aufgelistet, der lediglich Werte zwischen -32.768 und +32.767 akzeptiert. Das gilt jedoch nur für Access. Andere Datenbanksysteme definieren für den Typ *Integer* auch einen anderen Wertebereich. Ähnlich problematisch ist der Umgang mit Fließkommazahlen. Dazu gehört auch der Typ *Währung*, den wir für das Feld *Umsatz* verwenden. Solche Typen können Dezimalstellen enthalten, die dann auch bei Abfragen zu berücksichtigen sind. Das folgende Beispiel zeigt, wie Sie Dezimalzahlen in einer WHERE-Klausel behandeln:

```
SELECT Firma, Ort, Umsatz
FROM Kunden
WHERE Umsatz > 100.55
```

Für Dezimalzahlen ist also ein Dezimalpunkt erforderlich, nicht das im deutschsprachigen Raum übliche Dezimalkomma. Kurz: Der Umgang mit Datentypen, insbesondere mit numerischen Typen, ist nicht ganz einfach. Sie müssen sich also schon darum kümmern, welche Datentypen von Ihrem Datenbanksystem unterstützt werden und wie Sie diese sinnvoll einsetzen.

Autowert

Viele Datenbanken unterstützen inzwischen eine Variante des numerischen Typs, die in Access *Autowert* (in anderen Datenbanksystemen *AutoIncrement*) genannt wird. Dabei handelt es sich um einen ganzzahligen Typ, der automatisch vom Datenbanksystem als fortlaufende Nummer vergeben wird. Der Typ *Autowert* wird häufig für Felder wie Kunden-, Artikel- oder Personalnummer verwendet. Ein solches Feld enthält immer eindeutige Einträge, weil das Datenbanksystem schon dafür sorgt, dass der gleiche Wert nicht zweimal vergeben wird. Wenn Sie diesen Typ beispielsweise für die Kundennummer verwenden, müssen Sie aber akzeptieren, dass die Nummer automatisch verwaltet wird. Sie haben keine Möglichkeit, den Wert zu ändern. Die Einträge in Autowert-Feldern bleiben nach der Zuweisung jedoch unverändert, so dass Sie für jeden Kunden eine feste Nummer erhalten. In Abfragen können Sie diese daher auch als Kriterium einsetzen:

```
SELECT Firma, Ort, Umsatz
FROM Kunden
WHERE KundenNr = 3
```

Den Kunden, den Sie damit ermitteln, werden Sie immer unter dieser Nummer finden. Das gilt auch, wenn Sie davor liegende Datensätze löschen.

Datumstyp

Sehr wichtig ist natürlich der Datumstyp. Dieser verlangt in WHERE-Klauseln nach einer besonderen Behandlung, wobei einzelne Datenbanksysteme auch noch unterschiedliche Angaben erwarten. Das folgende Beispiel funktioniert so nur mit Access:

```
SELECT Firma, Ort, Umsatz, Datum
FROM Kunden
WHERE Datum = #12/12/01#
```

Sie müssen also nicht nur Nummernzeichen für die Einschließung verwenden, sondern auch ein im deutschsprachigen Raum unübliches Trennzeichen (/). Erst damit erhalten Sie ein Ergebnis wie das aus Abbildung 2.4. Alternativ besteht auch die Möglichkeit, den Bindestrich (-) als Trennzeichen zu einzusetzen.

```
#12-12-01#
```

Der Punkt funktioniert jedoch nicht. Die Jahresangabe kann natürlich auch vierstellig erfolgen.

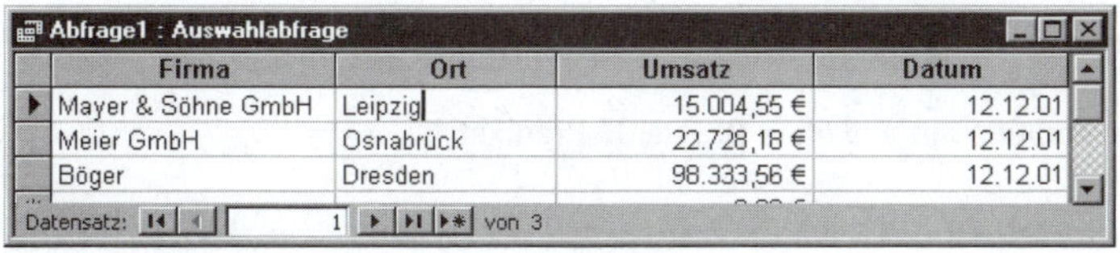

Firma	Ort	Umsatz	Datum
Mayer & Söhne GmbH	Leipzig	15.004,55 €	12.12.01
Meier GmbH	Osnabrück	22.728,18 €	12.12.01
Böger	Dresden	98.333,56 €	12.12.01

Abb. 2.4: Ergebnis einer Abfrage mit Datumsvergleich

Andere Datenbanksysteme akzeptieren die von Access erwartete Darstellung nicht. Kurz: Datumswerte sind in SQL-Abfragen grundsätzlich recht problematisch. Im Zusammenhang mit Datumsfunktionen stellen wir diesen Typ noch ausführlich vor.

2.3 SELECT-Prädikate

Der `SELECT`-Befehl kann zusätzlich drei Prädikate verwenden: `ALL`, `DISTINCT` und `DISTINCTROW`. Das Prädikat `ALL` bestimmt, dass alle Datensätze angezeigt werden, auch solche, die identische Zeilen liefern. Dieses Prädikat ist praktisch voreingestellt, so dass Sie normalerweise darauf verzichten können. Mit dem Prädikat `DISTINCT` unterdrücken Sie gleiche Zeilen in der Ergebnistabelle. Das folgende Beispiel zeigt dann gleiche Firmennamen nur einmal an.

```
SELECT DISTINCT Firma
FROM Kunden
```

Wie Sie aus Abbildung 2.5 ersehen, unterschlägt die erste Abfrage (mit DISTINCT) eine Maier KG. Da Sie auf diese Art bestimmte Informationen unterdrücken, sollten Sie DISTINCT nur sehr zurückhaltend einsetzen. In der Regel wird dieses Prädikat nicht benötigt.

Abb. 2.5: Ergebnistabelle mit und ohne DISTINCT-Prädikat

Ein Nebeneffekt, der bei der Verwendung von DISTINCT auftritt, ist die Sortierung der Datensätze. Ohne das Prädikat verwendet Access für die Anzeige der Ergebnistabelle die Reihenfolge, in der die Datensätze eingegeben wurden.

Wollen Sie die Anzeige von identischen Zeilen aus der Datenbank unterdrücken, müssen Sie DISTINCTROW verwenden. DISTINCTROW funktioniert üblicherweise nur bei Verwendung von Feldern aus mehreren Tabellen. Durch die Verknüpfung der Tabellen können sich identische Zeilen ergeben, deren gleichzeitige Anzeige sich dann durch dieses Prädikat verhindern lässt.

Für unsere ersten Übungen ist DISTINCTROW daher ohne Bedeutung. Sofern Sie SQL-Anweisungen in einer anderen Programmiersprache einsetzen, kann es sinnvoll sein, auch das ALL-Prädikat zu verwenden. Bei der Programmpflege sehen Sie dann sofort, dass hier auch alle Datensätze gemeint sind.

2.4 Aliasnamen verwenden

Spaltennamen sind gelegentlich sehr lang und enthalten nicht selten auch Leer- oder Sonderzeichen. In diesen und anderen Fällen ist es oft sinnvoll, eigene Namen, so genannte Aliasnamen, zu verwenden. In der Ergebnistabelle werden die betreffenden Spalten dann mit den Aliasnamen angezeigt. Einen Alias definieren Sie mit der optionalen Klausel `AS`. Ein Beispiel:

```
SELECT Firma AS Kunde,
       Ort AS Firmensitz
FROM Kunden
```

Das vorstehende Beispiel erzeugt für das Feld *Firma* den Alias *Kunde* und für *Ort* den Alias *Firmensitz*. Abbildung 2.6 zeigt das Ergebnis der Abfrage als Access-Tabelle.

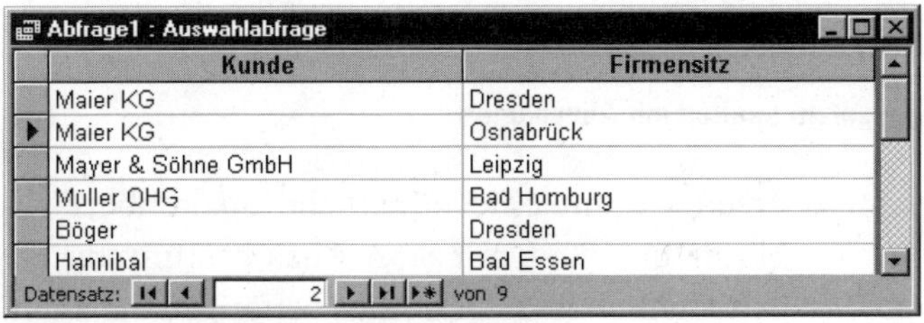

Kunde	Firmensitz
Maier KG	Dresden
Maier KG	Osnabrück
Mayer & Söhne GmbH	Leipzig
Müller OHG	Bad Homburg
Böger	Dresden
Hannibal	Bad Essen

Abb. 2.6: Ergebnistabelle mit Aliasnamen

In der Ergebnistabelle können Sie jetzt nur noch über die Bezeichnungen *Kunde* und *Firmensitz* auf die beiden Datenspalten zugreifen. Diese Funktion wird Ihnen bei der direkten Anwendung von SQL-Befehlen nicht sehr nützlich erscheinen. Das ändert sich jedoch, wenn Sie SQL-Anweisungen in andere Programmiersprachen einbetten. Dort werden die Namen der Ergebnisspalten für die Weiterverarbeitung benötigt. In Kapitel 18 »*Was Sie noch wissen sollten*« kommen wir darauf zurück. Beachten Sie, dass ein Aliasname für jede Spalte separat vergeben werden muss. Spalten, für die Sie keinen Alias vergeben, werden mit ihrem ursprünglichen Namen angezeigt.

Hilfreich ist die Aliasbezeichnung auch, wenn Sie mehrere Spalten der Ursprungstabelle zu einer Spalte zusammenfassen, etwa wie im folgenden Beispiel:

```
SELECT Firma + ', ' + Ort + ', ' + Strasse AS Kunde
FROM Kunden
```

In diesem Beispiel setzen wir drei Spalten der Ursprungstabelle zu einer Spalte in der Ergebnistabelle zusammen. Ohne Alias würde das betreffende Datenbanksystem nicht wissen, welchen Namen es für die einzelne Ergebnisspalte vergeben soll. Schließlich sind drei Namen zu berücksichtigen.

Abb. 2.7: Zusammengesetzte Spalten mit Aliasnamen

Das Datenbanksystem erzeugt dann eine künstliche Spaltenbezeichnung, die wenig Aussagekraft hat. Erst mit dem Alias bestimmen Sie selbst, wie die Ergebnisspalte heißen soll. Den Alias benötigen Sie auch, wenn Sie Funktionen verwenden und Datensätze gruppieren. Er wird uns daher im folgenden Text noch häufiger begegnen. Beachten Sie auch die eingefügten Kommata, diese werden als Zeichenfolgen in einfachen Anführungszeichen übergeben. Unsere Zeichenfolge besteht lediglich aus dem Komma und einem Leerzeichen. Sie können aber auch andere alphanumerische Zeichen verwenden.

> **HINWEIS**
> Nebenbei haben wir hier schon einen Operator, den so genannten Verknüpfungsoperator (+) kennen gelernt. Das Pluszeichen dient eben nicht nur der Addition, sondern ermöglicht auch die Verknüpfung von Zeichenketten. Wir kommen noch darauf zurück.

2.5 Nach Spaltenwerten sortieren

Die Datensätze der Ergebnistabelle liegen zunächst in der Sortierung vor, in der diese in die Ursprungstabelle eingegeben wurden. Mit der Klausel ORDER BY lässt sich jedoch jede Spalte als Sortierfeld verwenden. Dabei bestimmen die Ergänzungen ASC und DESC, ob auf- oder absteigend sortiert werden soll. Standardmäßig ist eine aufsteigende Sortierung (ASC = ascending) vorgesehen. Das folgende Beispiel sortiert nach der Spalte *Firma*:

```
SELECT KundenNr, Firma, Ort
FROM Kunden
ORDER BY Firma
```

Es ist also nicht die Reihenfolge der Felder in der SELECT-Zeile, welche die Sortierung vorgibt.

KundenNr	Firma	Ort
5	Böger	Dresden
14	Hannibal	Bad Essen
2	Maier KG	Osnabrück

Abb. 2.8: Nach dem Feld *Firma sortierte Ergebnistabelle*

Eine absteigende Sortierung kann für Datumsfelder sinnvoll sein. Die Datensätze mit den neuesten Datumswerten werden dann zuerst angezeigt. Sie müssen dazu das Schlüsselwort DESC verwenden:

```
SELECT KundenNr, Firma, Ort, Datum
FROM Kunden
ORDER BY Datum DESC
```

Auch bei numerischen Werten, etwa bei unserem Feld *Umsatz*, kann eine absteigende Sortierung gewünscht sein. Die Kunden mit den höchsten Umsätzen werden dann zuerst angezeigt:

```
SELECT KundenNr, Firma, Ort, Umsatz
FROM Kunden
ORDER BY Umsatz DESC
```

Die Anweisung lässt sich natürlich noch durch eine WHERE-Klausel ergänzen. So liefert die folgende Abfrage nur die Umsätze der Kunden aus Dresden:

```
SELECT KundenNr, Firma, Ort, Umsatz
FROM Kunden
WHERE Ort = 'Dresden'
ORDER BY Umsatz DESC
```

Beachten Sie unbedingt die Reihenfolge: Die ORDER BY-Klausel kommt ganz zum Schluss. Erst muss die komplette Abfrage definiert sein, inklusive der Bedingung, dann kann sortiert werden.

Sortierung über mehrere Spalten

Grundsätzlich besteht auch die Möglichkeit, nach mehreren Spalten zu sortieren. Die einzelnen Spalten sind dann durch Kommata zu trennen. Die zweite Spalte kommt jedoch nur zum Zuge, wenn im ersten Sortierfeld identische Einträge enthalten sind:

```
SELECT KundenNr, Firma, Ort
FROM Kunden
ORDER BY Ort, Firma
```

Das vorstehende Beispiel sortiert zunächst nach der Spalte *Ort*. Nur wenn hier identische Einträge vorliegen, wird das Feld *Firma* berücksichtigt. Sie können natürlich auch die Reihenfolge in der Feldliste entsprechend ändern, damit die Priorität des ersten Sortierfelds sichtbar wird. Notwendig ist das jedoch nicht.

2.6 Zahl der Datensätze vorgeben

Eine restriktive `WHERE`-Klausel schränkt die Datensatzauswahl schon weitgehend ein. Sie haben damit aber noch keine Möglichkeit, die Zahl der Datensätze genau vorzugeben. Um nur eine bestimmte Zahl von Datensätzen zu erhalten, müssen Sie eine zusätzliche Klausel verwenden. Allerdings ist dieses Sprachelement nicht einheitlich geregelt. Unter MySQL ist dafür die Klausel `LIMIT` zuständig, während Access dafür den Begriff `TOP` verwendet. Das folgende Beispiel funktioniert unter Access. Es liefert nur die ersten drei Datensätze:

```
SELECT TOP 3 Firma, Ort, Umsatz
FROM Kunden
ORDER BY Umsatz DESC
```

Die Klausel macht normalerweise nur Sinn, wenn Sie die Datensätze sortieren oder mit einer `WHERE`-Klausel versehen. Abbildung 2.9 zeigt das Ergebnis der Abfrage.

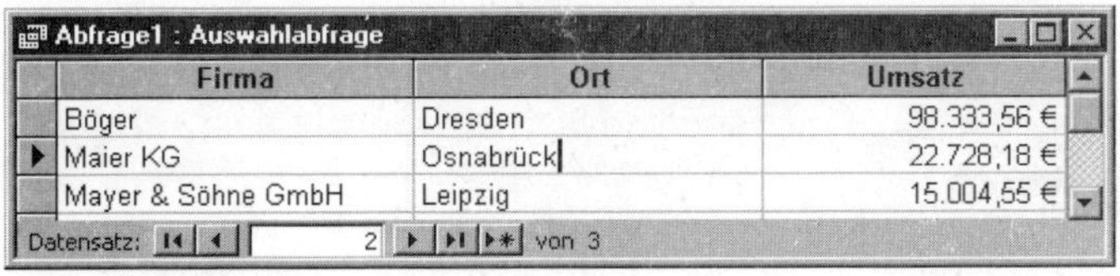
Abfrage1 : Auswahlabfrage

Firma	Ort	Umsatz
Böger	Dresden	98.333,56 €
Maier KG	Osnabrück	22.728,18 €
Mayer & Söhne GmbH	Leipzig	15.004,55 €

Datensatz: 2 von 3

Abb. 2.9: Auswahl mit der TOP-Klausel

Die Anwendung von `TOP` und `LIMIT` unterscheidet sich erheblich. `TOP` folgt direkt auf das Schlüsselwort `SELECT` und kennt nur einen Parameter: die Zahl der Datensätze. `LIMIT` wird als letzte Klausel eingesetzt und kann zwei Parameter aufnehmen, den ersten und den letzten Satz. Wenn es sich bei der Tabelle *Kunden* um eine MySQL-Tabelle handelt, erhalten Sie die ersten drei Datensätze mit der folgenden Anweisung:

```
SELECT * FROM Kunden
ORDER BY Umsatz
LIMIT 3
```

Wollen Sie einen Bereich vorgeben, sind die beiden Werte nach der LIMIT-Klausel durch Kommata zu trennen.

2.7 Zusammenfassung, Fragen und Übungen

Zusammenfassung

▶ Der wichtigste SQL-Befehl ist SELECT. Er dient der Definition von Auswahlabfragen.

▶ Der Zweck einer Auswahlabfrage besteht zunächst darin, Zeilen und Spalten einer Tabelle nach bestimmten Kriterien auszuwählen.

▶ Auswahlabfragen erzeugen in der Regel eine Ergebnistabelle.

▶ Der SELECT-Befehl verfügt über eine Reihe von Klauseln, mit denen sich Auswahlabfragen genauer bestimmen lassen. Die wichtigste Klausel ist FROM, die unbedingt anzugeben ist.

▶ Die Ausgabe der Ergebnistabelle lässt sich nach bestimmten Spalten sortieren.

▶ In der WHERE-Klausel lassen sich Bedingungen definieren. Nur Datensätze, die dieser Bedingung genügen, werden in die Ergebnistabelle übernommen.

▶ SQL unterscheidet zwischen verschiedenen Datentypen. Diese Typen können bei der Bildung von Auswahlbedingungen (WHERE-Klausel) wichtig werden.

▶ Für die Ergebnistabelle können eigene Spaltennamen (Aliasnamen) definiert werden.

▶ Die Zahl der in der Ergebnistabelle anzuzeigenden Datensätze lässt sich vorgeben.

Fragen und Übungen

1. Welche Bedeutung hat der SELECT-Befehl für die Abfragesprache SQL?

2. Wie lässt sich die Zahl der in der Ergebnistabelle angezeigten Spalten einschränken?

3. Was ist bei der Angabe der Spaltennamen in der SELECT-Anweisung zu beachten?

4. Wie lässt sich die Zahl der angezeigten Zeilen (Datensätze) einschränken?

5. Welche Bedeutung hat die FROM-Klausel?

6. Welche Funktion können Aliasnamen erfüllen?

7. Welche Bedeutung hat der Datentyp für die WHERE-Klausel?

8. Mit welcher Klausel lassen sich Sortierungen vorgeben und wie kann die Richtung der Sortierung gesteuert werden?

9. Was ist unter einer qualifizierten Spaltenbezeichnung (Feldnamen) zu verstehen und wann werden solche Bezeichnungen benötigt?

10. Welche wesentlichen Unterschiede bestehen bei numerischen Datentypen?

Operatoren und Funktionen

SQL

3 Operatoren und Funktionen

In SQL-Anweisungen lassen sich auch Berechnungen vornehmen. Die Sprache verfügt zu diesem Zweck über eine Reihe von Funktionen und Operatoren, die Sie in ähnlicher Form auch in »normalen« Programmiersprachen wie beispielsweise Java finden. Der Umfang ist jedoch etwas geringer.

3.1 Ausdrücke

Im Folgenden werden wir häufig den Begriff *Ausdruck* verwenden. Darunter sind Formeln zu verstehen, die Sie vielleicht aus der Tabellenkalkulation Excel kennen. Der Ausdruck

```
4 + 5
```

besteht aus den Operanden 4 und 5 und dem Plus-Operator. Ein Ausdruck hat einen Wert (hier den Wert 9) und einen Typ (hier numerisch). Folglich sprechen wir von numerischen, alphanumerischen, logischen und Datumsausdrücken. Als Operanden können auch Funktionen dienen. Wir kommen später noch darauf zurück. Der folgende Ausdruck ist vom alphanumerischen Typ. Er verkettet mehrere Zeichenfolgen zu einer neuen Zeichenfolge:

```
'Leipzig' + ', ' + 'Barfußgäßchen'
```

Eigentlich könnten wir schon einen schlichten Operanden, also beispielsweise den Wert 1 oder die Zeichenfolge Leipzig, als Ausdruck bezeichnen. Wir wollen aber etwas willkürlich darauf bestehen, dass zu einem Ausdruck auch mindestens ein Operator bzw. eine Funktion gehört. Die vorstehenden Beispiele können Sie mit fast allen Datenbanksystemen ausführen, wenn Sie davor den SELECT-Befehl setzen:

```
SELECT 'Leipzig' + ', ' + 'Barfußgäßchen'
```

Sehr sinnvoll ist das jedoch nicht. Ausdrücke werden Sie wohl auch häufiger in WHERE-Klauseln verwenden.

3.2 Operatoren

Die Operatoren unterscheiden sich üblicherweise nach dem Datentyp. So stehen mathematische, logische und relationale Operatoren (Vergleichsoperatoren) zur Verfügung. Diese werden von nahezu allen SQL-Dialekten in der gleichen Form angeboten.

Operator	Funktion
+	Addition
-	Subtraktion
*	Multiplikation
/	Division
MOD	Berechnet den Restwert einer Division (nicht in allen Datenbanksystemen verfügbar)

Tab. 3.1: Mathematische Operatoren

Operatoren verwenden Sie, um beispielsweise berechnete Felder zu erzeugen. Wie schon angedeutet, können Sie Ausdrücke direkt per SELECT-Anweisung ausführen lassen. Ein Beispiel mit mathematischen Operatoren bewirkt dann eine Berechnung:

```
SELECT 10+30*10
```

Die »Ergebnistabelle« besteht lediglich aus einer einzelnen Zelle. Wollen Sie die Bezeichnung der Spalte selbst bestimmen, müssen Sie einen Aliasnamen definieren. Die Anweisung ist dann wie folgt zu erweitern:

```
SELECT 10+30*10 AS Ergebnis
```

Zumindest in Access und MySQL können Sie auch den MOD-Operator einsetzen. Dieser berechnet den Restwert einer Division. Das folgende Beispiel liefert den Restwert 1:

```
SELECT 2345 MOD 2 AS Ergebnis
```

Diese Anweisung verwendet keine Tabelle. Sie kann daher mit praktisch jeder Datenbank ausgeführt werden. Sinnvoller sind natürlich Anweisungen, die Werte aus einer Datenbank entnehmen und diese mit Hilfe von Operatoren und Funktionen manipulieren.

Berechnete Spalten

Die Ergebnistabelle kann nicht nur Spalten enthalten, die direkt einer Tabelle entstammen, sondern auch solche, die von der Abfrage erzeugt werden. Es handelt sich dann praktisch um virtuelle Spalten, die beispielsweise durch Berechnungsformeln in der SQL-Anweisung entstehen. So können Sie für unsere Kundentabelle eine Spalte in der Ergebnistabelle erzeugen, welche auf Basis der *Umsatz*-Spalte die Umsatzsteuer berechnet und ausgibt. Die erforderliche Anweisung hat folgende Form:

```
SELECT Firma, Ort, Umsatz,
       Umsatz*0.16 AS Umsatzsteuer
FROM Kunden
```

Das vorstehende Beispiel erzeugt eine Ergebnistabelle mit vier Spalten (siehe Abbildung 3.1). Die vierte Spalte (*Umsatzsteuer*) hat keine Entsprechung in der Ursprungstabelle. Es handelt sich praktisch um eine virtuelle Spalte, die in der Ergebnistabelle jedoch wie jede andere Spalte erscheint.

Firma	Ort	Umsatz	Umsatzsteuer
Wünsche GbR	Bad Essen	1.200,00 €	192
Rumsfeld	Freiburg	2.000,00 €	320

Datensatz: 1 von 9

Abb. 3.1: Ergebnistabelle mit berechneter Spalte

Berechnungen sind auch in der WHERE-Klausel möglich. Das folgende Beispiel zeigt alle Kunden an, deren Bruttoumsatz (Umsatz plus Umsatzsteuer) über 2.000 Euro beträgt:

```
SELECT Firma, Ort, Umsatz
FROM Kunden
WHERE (Umsatz + Umsatz * 0.16) > 2000
```

In dieser Anweisung sollten Sie zwei Dinge beachten: Zum einen müssen Dezimalzahlen mit einem Dezimalpunkt, nicht mit einem Dezimalkomma geschrieben werden. Außerdem können Sie runde Klammern verwenden, um zusammengehörende Ausdrücke bzw. die Priorität von Teilausdrücken zu kennzeichnen. Die Bedingung verwendet zudem einen Vergleichsoperator.

Vergleichsoperatoren

Da es in Abfragen sehr häufig darum geht, Daten nach bestimmten Kriterien auszuwählen, werden Sie regelmäßig Vergleichsoperatoren benötigen. Tabelle 3.2 zeigt eine Übersicht.

Operator	Bedeutung
=	Identität, Gleichheit
<	Kleiner als
>	Größer als
<=	Kleiner oder gleich
>=	Größer oder gleich
!= oder <> (Access)	Ungleich

Tab. 3.2: Vergleichsoperatoren

Diese Operatoren setzen Sie praktisch nur in der WHERE-Klausel ein. Bis auf Gleichheits- und Ungleichheitsoperatoren dienen diese überwiegend numerischen Vergleichen bzw. Datumsvergleichen.

```
SELECT Firma, Name, Ort, Umsatz
FROM Kunden
WHERE Umsatz >= 10000
ORDER BY Umsatz DESC
```

Das vorstehende Beispiel liefert alle Datensätze, für die das Feld *Umsatz* einen Wert größer oder gleich 10.000 aufweist. Grundsätzlich eignen sich die Vergleichsoperatoren für alle Datentypen. So können Sie damit auch Zeichenfolgen und Textfelder vergleichen. SQL verfügt zu diesem Zweck jedoch über spezielle Operatoren, auf die wir weiter unten noch eingehen werden.

Spezielle Vergleichsoperatoren

Für besondere Aufgaben können Sie zudem Vergleichsoperatoren einsetzen, die Sie in anderen Programmiersprachen so nicht finden. Tabelle 3.3 zeigt zunächst Operatoren, die überwiegend für Vergleiche von numerischen Daten verwendet werden.

Operator	Funktion
BETWEEN	Prüft, ob ein Wert zwischen zwei Werten liegt.
IN	Prüft, ob ein Wert in einer Liste von Werten enthalten ist.

Tab. 3.3: Vergleichsoperatoren für numerische Typen

Der Operator BETWEEN wird zusammen mit dem Operator AND eingesetzt, so dass sich beispielsweise der folgende Code ergibt:

```
SELECT Firma, Name, Ort, Umsatz
FROM Kunden
WHERE Umsatz BETWEEN 1000 AND 2000
ORDER BY Umsatz DESC
```

Ober- und Untergrenze werden in den Vergleich einbezogen. Die vorstehende Abfrage liefert daher gegebenenfalls auch die Grenzwerte

1.000 und 2.000 (siehe Abbildung 3.2). Beachten Sie, dass `BETWEEN` auch für Datumsbereiche verwendet werden kann.

Firma	Name	Ort	Umsatz
Rumsfeld	Rumsfeld	Freiburg	2.000,00 €
Wünsche GbR	Wünsche	Bad Essen	1.200,00 €

Abb. 3.2: Ergebnistabelle der Abfrage mit BETWEEN

Der `IN`-Operator erwartet eine Werteliste. Dabei kann es sich um eine Liste numerischer Werte oder auch um Zeichenfolgen (Strings) handeln. Das folgende Beispiel verwendet Strings. Numerische Werte sind nicht in Anführungszeichen zu setzen.

```
SELECT Firma, Name, Ort, Kundensegment
FROM Kunden
WHERE Kundensegment IN ('Gewerbe', 'Freiberufler')
```

Beachten Sie, dass sich Ausdrücke mit `BETWEEN` und `IN` häufig auch durch die Verknüpfung einfacher logischer Ausdrücke bilden lassen. In diesem Fall sind jedoch Verknüpfungen mit logischen Operatoren erforderlich, auf die wir weiter unten erst eingehen.

Mustervergleich

Für Vergleiche mit Zeichenfolgen (Strings), insbesondere für die Prüfung auf Teilidentität, stehen spezielle String-Vergleichsoperatoren zur Verfügung, die einen Mustervergleich ermöglichen (siehe Tabelle 3.4). Der zu vergleichende Feldinhalt muss dabei nur zum Teil mit der Zeichenfolge des Musters übereinstimmen.

Operator	Bedeutung
LIKE	Prüft, ob eine Übereinstimmung mit einem Muster besteht.
NOT LIKE	Prüft, ob keine Übereinstimmung mit einem Muster besteht.

Tab. 3.4: Operatoren für Mustervergleich

Das Muster kann verschiedene Ersatzzeichen enthalten. Diese entsprechen jedoch nicht den üblichen Symbolen, wie sie in so genannten regulären Ausdrücken verwendet werden.

Zeichen	Bedeutung
%	Ersetzt beliebig viele Zeichen. Access unterstützt das Prozentzeichen nur bei Verwendung der Jet-Engine.
_ (Unterstrich)	Ersetzt genau ein Zeichen. Auch dieses Zeichen wird von Access normalerweise nicht unterstützt.

Tab. 3.5: Ersatzzeichen für Mustervergleich ANSI-SQL

Die in Tabelle 3.5 vorgestellten Zeichen entsprechen dem SQL-ANSI-Standard. Für Access-Abfragen sind hingegen die in Tabelle 3.6 gezeigten Platzhalter zu verwenden.

Zeichen	Bedeutung
*	Ersetzt beliebig viele Zeichen.
?	Ersetzt genau ein Zeichen.

Tab. 3.6: Ersatzzeichen für Mustervergleich Access-SQL

Sehr hilfreich ist das Prozentzeichen (in Access das Zeichen *), weil es im Vergleichsmuster auch mehrfach vorkommen darf. Die folgende Anweisung liefert alle Datensätze, bei denen an einer beliebigen Stelle im Feld *Firma* der Wortteil *GmbH* enthalten ist:

```
SELECT Firma, Name, Ort, Umsatz
FROM Kunden
WHERE Firma LIKE '%GmbH%'
```

Für Access ist die WHERE-Klausel wie folgt zu formulieren:

```
WHERE Firma LIKE '*GmbH*'
```

Auch der Unterstrich lässt sich im Ausdruck mehrfach verwenden. Jeder Unterstrich steht dann für genau ein Zeichen. In diesem Fall muss aber die Zahl der Zeichen mit der Zahl der Musterzeichen genau übereinstimmen. Sinnvoller sind sicher Muster, die beide Ersatzzeichen kombinieren. Das folgende Beispiel findet unabhängig von der Schreibweise alle Maier, soweit diese als GmbH firmieren:

```
SELECT Firma, Name, Ort, Umsatz
FROM Kunden
WHERE Firma LIKE 'M__er%GmbH%'
```

Das mittlere Prozentzeichen sorgt dafür, dass zwischen *Maier* und *GmbH* eine beliebige Anzahl von Zeichen stehen kann. Auch zusammengesetzte Firmenbezeichnungen wie *Maier&Söhne GmbH* werden daher mit diesem Muster herausgefiltert. Die entsprechende Access-Variante der WHERE-Klausel hat folgende Form:

```
WHERE Firma LIKE 'M??er*GmbH*'
```

Grundsätzlich können Sie das Vergleichsmuster auch in doppelte Anführungszeichen setzen. Zumindest mit Access sollte das keine Probleme bereiten.

Logische Operatoren

Wie in fast allen Programmiersprachen üblich, können Sie Bedingungen mit Hilfe von logischen Operatoren zu komplexeren Bedingungen verknüpfen. Tabelle 3.7 zeigt die in SQL verfügbaren logischen Operatoren.

Operator	Bedeutung
AND	Liefert den Wahrheitswert wahr (*true*), wenn beide Teilbedingungen logisch wahr sind.
OR	Liefert den Wahrheitswert *true*, wenn mindestens eine Teilbedingung logisch wahr ist.
NOT	Kehrt den Wahrheitswert eines logischen Ausdrucks um.

Tab. 3.7: Logische Operatoren

Wenn Sie die zuletzt gezeigte Anweisung um eine zusätzliche Bedingung erweitern, erhalten Sie beispielsweise den folgenden Code (Access):

```
SELECT Firma, Name, Ort, Umsatz
FROM Kunden
WHERE Firma LIKE 'M??er*' AND Umsatz > 5000
```

Verknüpfen Sie mehr als zwei Bedingungen, müssen Sie eventuell runde Klammern einsetzen, um die Priorität bestimmter Teilausdrücke festzulegen. Die folgenden beiden WHERE-Klauseln liefern unterschiedliche Ergebnisse, weil wir die Klammern anders gesetzt haben, obwohl beide Ausdrücke sonst identisch sind:

```
...

WHERE (Firma LIKE 'M??er*' OR Firma LIKE 'Müller*')
      AND Umsatz > 5000
...

WHERE Firma LIKE 'M??er*' OR (Firma LIKE 'Müller*'
      AND Umsatz > 5000)
```

Der erste Ausdruck sucht alle Maiers und Müllers, soweit diese mehr als 5.000 Euro Umsatz gemacht haben. Der zweite Ausdruck liefert hingegen alle Maiers, unabhängig von deren Umsatz, und alle Müllers mit mehr als 5.000 Euro Umsatz.

Firma	Name	Ort	Umsatz
Mayer & Söhne GmbH	Schulze	Leipzig	15.004,55 €
Maier KG	Müller	Osnabrück	22.728,18 €

Firma	Name	Ort	Umsatz
Mayer & Söhne GmbH	Schulze	Leipzig	15.004,55 €
Maier KG	Maier	Dresden	2.312,33 €
Maier KG	Müller	Osnabrück	22.728,18 €

Abb. 3.3: Unterschiedliche Ergebnismengen durch Klammerung

Abbildung 3.3 zeigt die Unterschiede der Ergebnismengen. Die Klammerung sollten Sie also sehr überlegt einsetzen. Es kann sinnvoll sein, komplexe Bedingungen nach und nach aufzubauen und schon die Einzelschritte zu testen.

Negation mit NOT

Wollen Sie alle Firmen ermitteln, die keine Maiers sind, verwenden Sie am besten den NOT-Operator:

```
SELECT * FROM Kunden
WHERE NOT Firma LIKE "M??er*"
```

Der NOT-Operator kann ebenfalls Klammern erfordern, wenn er sich auf einen verknüpften Ausdruck bezieht. Zudem können Sie die WHERE-Klausel auch wie folgt schreiben:

```
WHERE  Firma NOT LIKE "M??er*"
```

Der NOT-Operator kann also auch vor dem LIKE-Operator stehen. Beachten Sie, dass wir für diese Beispiele die Access-Variante verwendet haben. Auf anderen Systemen müssen Sie den Unterstrich (statt ?) und das Prozentzeichen (statt *) verwenden. Als Ersatz für NOT LIKE können Sie unter bestimmten Umständen zudem den Ungleich-Operator (<>) verwenden, der eigentlich für nummerische Werte und Datumswerte vorgesehen ist. Da keine Ersatzzeichen zulässig sind, eignet sich dieser Operator nur für exakte Vergleiche, etwa mit dem Feld *Ort*:

```
SELECT *
FROM Kunden
WHERE Ort <> 'Dresden'
```

So liefert das vorstehende Beispiel alle Datensätze mit Ausnahme der Kunden aus Dresden. Bezüglich der Verwendung mit Textfeldern ist der Ungleich-Operator also nicht sehr leistungsfähig.

Der Wert NULL

SQL kennt eine nicht ganz unproblematische Besonderheit: den Wert NULL. Dieser Wert, der in Vergleichen ebenfalls vorkommen kann, ist eigentlich keinem der schon vorgestellten Datentypen zuzuordnen. Er steht für einen nicht definierten Wert bzw. für einen leeren Feldinhalt. Wichtig ist vor allem, dass mit dem Wert NULL nicht der numerische Wert 0 gemeint ist und auch nicht die leere Zeichenfolge „". Der Wert NULL kann jedoch mit jedem Datentyp verglichen werden. Dafür sind die in Tabelle 3.8 gezeigten Operatoren definiert.

Operator	Bedeutung
IS NULL	Vergleicht einen Wert bzw. ein Feld mit dem Wert NULL und liefert bei Übereinstimmung den Wahrheitswert wahr (*true*).
IS NOT NULL	Vergleicht einen Wert bzw. ein Feld mit dem Wert NULL und liefert bei Übereinstimmung den Wahrheitswert falsch (*false*).

Tab. 3.8: Operatoren für den Vergleich mit dem Wert NULL

Mit den Operatoren ist beispielsweise ein Vergleich wie in der WHERE-Klausel des folgenden Beispiels möglich:

```
SELECT Firma, Ort, Umsatz
FROM Kunden
WHERE Strasse IS NULL
```

Hier vergleichen wir den Wert des Felds *Strasse* mit dem Wert NULL. Die Anweisung liefert alle Kunden, für die im Feld *Strasse* kein Eintrag vorgenommen wurde. Diese Prüfung funktioniert in Access nur mit Textfeldern. Numerische Felder werden von Access mit dem Wert 0 vorbelegt und haben daher von Anfang an einen bestimmten Wert.

Wichtig! Der Wert NULL kann bei der Definition einer Tabelle für einzelne Spalten ausgeschlossen werden. Unser vorstehendes Beispiel liefert dann keine Datensätze, weil Spalten, für die der Wert NULL nicht zugelassen wurde, mit dem Wert 0 bzw. einer leeren Zeichenfolge vorbelegt werden.

3.3 Funktionen

Funktionen sind Rechenanweisungen, die (in der Regel) Parameter erwarten und die einen Wert zurückgeben. Der Datentyp des Rückgabewerts bestimmt auch den Typ der Funktionen. Die Parameter, auch Argumente genannt, werden in runden Klammern übergeben. Die Funktion SQRT erzeugt beispielsweise die Quadratwurzel. Als Parameter erwartet Sie den Wert, aus dem die Wurzel gezogen werden soll:

```
SQRT(144)
```

Um die Funktion zu testen, können Sie den SELECT-Befehl davor setzen. Die folgende Anweisung berechnet den Funktionswert (allerdings nur mit MySQL, nicht mit Access):

```
SELECT SQRT(144)
```

Bei den SQL-Funktionen ist zunächst zwischen »normalen« Funktionen und den so genannten Aggregatfunktionen zu unterscheiden. Letztere fassen die Werte ganzer Spalten zusammen, etwa indem sie die Summe oder den Durchschnittswert der Spaltenwerte ermitteln. Weiter unten gehen wir auf diese Funktionen noch ausführlich ein. Die »normalen« Funktionen setzen Sie in der Feldliste des SELECT-Befehls und in der WHERE-Klausel ein. Diese modifizieren Werte in der Ergebnistabelle. Die folgende Anweisung modifiziert die Ausgabe des Firmennamens. Die Funktion UPPER sorgt dafür, dass dieser nun in Großbuchstaben angezeigt wird.

```
SELECT UPPER(Firma)
FROM Kunden
```

Access geht wieder eigene Wege und verwendet statt der Funktion UPPER die Funktion UCASE:

```
SELECT UCASE(Firma)
FROM Kunden
```

Die Ausgabe (siehe Abbildung 3.4) hat keinerlei Einfluss auf die in der Kundentabelle gespeicherten Daten. Diese behalten ihre ursprüngliche Schreibweise bei.

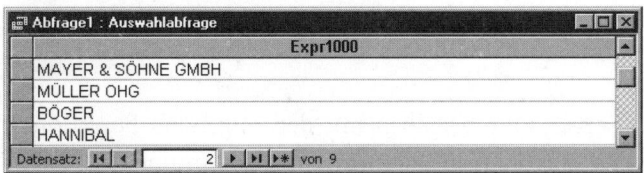

Abb. 3.4: Umwandlung in Großbuchstaben mit UPPER (bzw. UCASE)

Für WHERE-Klauseln sind Funktionen oft noch wichtiger. Hier können Sie beispielsweise helfen, fehlerhafte Ergebnisse zu vermeiden. Das gilt insbesondere für die Datumsfunktionen, auf die wir später noch ausführlich eingehen.

Wie auch in anderen Programmiersprachen lassen sich mathematische, logische, Datums- und String-Funktionen (Zeichenketten-Funktionen) unterscheiden. In einer fünften Gruppe fassen wir sonstige Funktionen zusammen.

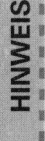

HINWEIS | Funktionen, insbesondere mathematische Funktionen, lassen sich mit unserer Kundentabelle nur begrenzt einsetzen. Um halbwegs sinnvolle Anwendungsfälle präsentieren zu können, verwenden wir daher im Folgenden häufiger eine Artikel-Tabelle. Deren Struktur können Sie im Anhang nachschlagen.

Mathematische Funktionen

Da der Umfang der generell von SQL 92 unterstützten mathematischen Funktionen recht groß ist, zeigt Tabelle 3.9 zunächst nur einen kleinen Ausschnitt. Insbesondere die trigonometrischen Funktionen fehlen in dieser Übersicht. Aber auch die hier genannten Funktionen werden nicht von allen Datenbanksystemen unterstützt. Besonders Access verwendet oft etwas abweichende Namen. So findet sich hier die schon vorgestellte Funktion zum Errechnen der Quadratwurzel beispielsweise unter der Bezeichnung SQR.

```
SELECT SQR(144)
```

Die meisten SQL-Server sollten jedoch mit den folgenden Funktionen und den noch vorzustellenden problemlos zurechtkommen. Im Zweifelsfall werden Sie aber die Dokumentation zu Rate ziehen müssen, um herauszufinden, welche Funktionen in Ihrem Datenbanksystem zur Verfügung stehen.

Funktion	Bedeutung
ABS	Liefert den Absolutwert einer Zahl.
CEILING	Liefert die kleinste Ganzzahl (Integer), die nicht kleiner ist als ein vorgegebener Wert. Die Funktion ist in Access nicht enthalten.
FLOOR	Liefert die größte Ganzzahl (Integer), die nicht größer ist als ein vorgegebener Wert. Die Funktion ist in Access nicht enthalten.
INT	Liefert den ganzzahligen Anteil einer Dezimalzahl. Die Dezimalstellen werden also praktisch abgeschnitten.
LOG	Ermittelt den natürlichen Logarithmus eines Werts.
MOD	Liefert den Rest einer ganzzahligen Division.
POW POWER	Potenziert einen Wert. Die Funktion ist in Access nicht enthalten. MySQL unterstützt beide Varianten.

Funktion	Bedeutung
ROUND	Rundet einen Wert auf eine Ganzzahl oder eine Dezimalzahl auf oder ab. Die Funktion existiert in zwei Varianten. Bei der zweiten Variante kann die Zahl der Nachkommastellen angegeben werden, auf die auf- oder abgerundet werden soll.
SQRT	Liefert die Quadratwurzel. Die Funktion ist in Access nicht enthalten. Sie müssen stattdessen die Funktion SQR verwenden.

Tab. 3.9: Mathematische Funktionen

Wie Sie aus der Tabelle ersehen, werden viele SQL-Funktionen von Access nicht unterstützt. Allerdings bedeutet das nicht, dass Access in SQL-Anweisungen nur sehr wenige Funktionen erlaubt. Access erlaubt in SQL-Anweisungen sogar sehr viele Funktionen. Diese unterscheiden sich jedoch in der Benennung von den üblichen SQL-Funktionen. Da es uns in diesem Buch um SQL und nicht um Access geht, verzichten wir auf die Darstellung der meisten Access-Funktionen. Einige der folgenden Beispiele können Sie daher nur ausprobieren, wenn Sie mit einem anderen Datenbanksystem, beispielsweise MySQL, arbeiten.

Potenzieren

Bis auf die zweite Variante von ROUND und die Funktion POWER kommen alle in Tabelle 3.9 genannten Funktionen mit einem Argument aus: dem zu bearbeitenden Wert. POWER erwartet im ersten Argument die zu potenzierende Zahl und im zweiten die Potenz:

```
SELECT POWER(100, 2)
```

Wenn zwei oder mehr Argumente benötigt werden, sind diese, wie vorstehend gezeigt, durch Kommata zu trennen. Als Argumente verwenden Sie in der Regel die Namen bestimmter Spalten. Diese dürfen natürlich auch nur Zahlenwerte enthalten. In unseren Beispieltabellen kommen dafür Felder wie *Umsatz* oder *Preis* in Betracht. Es dürfte allerdings nicht sehr sinnvoll sein, solche Werte zu potenzieren. Die vorstehende Anweisung funktioniert nicht mit Access. Wenn Sie dafür

MySQL verwenden, müssen Sie auf das abschließende Semikolon achten.

Modulo – Rest einer Division ermitteln

Mit der Funktion MOD erhalten Sie den Rest einer Division. Diese Funktion steht beispielsweise unter MySQL zur Verfügung. Hier können Sie die folgende Zeile ausführen:

```
SELECT MOD(10, 3)
```

Die Anweisung teilt den Wert 10 durch den Wert 3 und liefert als Ergebnis den Wert 1. Unter Access müssen Sie MOD als Operator verwenden. Die Anweisung hat dann folgende Form:

```
SELECT 10 MOD 3
```

Auch unter MySQL können Sie an Stelle der Funktion den gleichnamigen Operator einsetzen.

Zahlenwerte runden

In geschäftlichen Anwendungen ist eher die Funktion ROUND von Interesse, weil sie möglich macht, Berechnungen durchzuführen und die Werte mit der korrekten Anzahl von Dezimalstellen darzustellen. Die Funktion benötigt zwei Argumente:

```
ROUND(Wert, Dezimalstellen)
```

Im ersten Argument ist der Ausdruck anzugeben, dessen Wert gerundet werden soll. Im zweiten Argument bestimmen Sie die Anzahl der Dezimalstellen. Ein Beispiel:

```
SELECT Artikelname, Preis,
       ROUND(Preis*0.16, 2) As Mehrwertsteuer
FROM Artikel
```

Beachten Sie, dass nicht alle Funktionen von allen SQL-Datenbanken unterstützt werden. Die vorstehende Anweisung können Sie zumindest mit Access und MySQL verwenden. Beachten Sie auch, dass es wenig Sinn macht, ein Feld vom Typ *Währung*, etwa unser *Umsatz*-Feld, auf zwei Dezimalstellen runden zu wollen. Solche Felder sind bereits mit einer internen Formatierung ausgestattet, die für eine passende Rundung sorgt. Hier kann es allerdings Sinn machen, nur den jeweils ganzzahligen Anteil des Umsatzes auszugeben oder gar auf volle Tausenderbeträge abzurunden. Der Firmenvorstand will vielleicht nicht unbedingt wissen, dass der Kunde *Maier* einen Umsatz von 256.637 Euro verursacht hat. Die genaue Zahl ist nur für die Rechnungsstellung wichtig. Auch für Marketing- und Vertriebsaktionen genügt bereits die Information, dass es mehr als 250.000 Euro waren. Solche Zahlen sind schneller zu überblicken und lassen sich auch leichter vergleichen. Die folgende SQL-Anweisung gibt die Werte des *Umsatz*-Felds nur als Tausender aus:

```
SELECT Firma, Ort,
       ROUND(Umsatz/1000, 0)*1000 AS Umsatz2002
FROM Kunden
```

Diese Anweisung ist schon etwas komplizierter. Sie demonstriert aber recht deutlich das Leistungsvermögen der SQL-Funktionen. Abbildung 3.5 zeigt, wie die Umsatzwerte der Tabelle *Kunden* (hintere Tabelle) interpretiert werden. Die vordere Tabelle zeigt die Abfrageergebnisse:

Abb. 3.5: Originaltabelle und Abfragedaten (Teilansicht)

Da der Ausdruck, der zu diesem Ergebnis geführt hat, für Einsteiger nicht ganz einfach zu interpretieren ist, wollen wir ihn etwas genauer betrachten. Zunächst teilen wir den Wert des Felds *Umsatz* durch den Wert 1000:

```
Umsatz/1000
```

Aus dem Wert 22.728,18 wird so der Wert 22,72818. Diesen Teilausdruck setzen wir nun als erstes Argument in die Funktion ROUND ein. Als zweites Argument der Funktion verwenden wir den Wert 0. Damit erhalten wir einen auf- bzw. abgerundeten Wert ohne Dezimalzahlen:

```
ROUND(Umsatz/1000, 0)
```

Statt des ursprünglichen Werts (22.728,18) liefert dieser Ausdruck den aufgerundeten Wert 23. Wenn wir diesen wieder mit 1.000 multiplizieren, ergibt sich der Wert 23.000. Da wir in der Ergebnistabelle nicht das Feld *Umsatz* erhalten, sondern ein berechnetes Feld, ist es sinnvoll, dafür auch noch einen eigenen Namen zu vergeben:

```
ROUND(Umsatz/1000, 0)*1000 AS Umsatz2002
```

Wir haben hier die Bezeichnung *Umsatz2002* gewählt, weil der Name *Umsatz* schon für ein reales Feld verwendet wird und daher nicht als Aliasname zur Verfügung steht.

Zeichenketten-Funktionen

Sehr umfangreich sind auch die Funktionen zur Bearbeitung von Zeichenketten (String-Bearbeitung), von denen Tabelle 3.10 ebenfalls nur eine Auswahl zeigt.

Funktion	Bedeutung
ASCII	Ermittelt den ASCII-Code eines Zeichens. Wird ein String als Argument übergeben, liefert die Funktion den ASCII-Wert des ersten Zeichens. Viele Datenbanksysteme verwenden an Stelle der ASCII-Funktion die Funktion ASC.

Funktion	Bedeutung
CHARACTER_LENGTH LEN	Ermittelt die Länge einer Zeichenfolge. Häufig finden Sie stattdessen die Funktion LEN, die den gleichen Zweck erfüllt.
CONVERT	
POSITION INSTR	Ermittelt, ob ein String in einem anderen String enthalten ist und liefert dessen Position. MySQL und Access verwenden die Funktion INSTR.
LEFT	Liefert einen Teilstring aus einem anderen String, beginnend beim ersten Zeichen.
LOWER / LCASE	Verwandelt alle Buchstaben eines Strings in Kleinbuchstaben.
SUBSTRING / MID	Liefert einen Teilstring aus einem String. Access verwendet die Funktion MID, die auch von MySQL unterstützt wird.
TRIM	Entfernt führende und folgende Leerzeichen.
UPPER / UCASE	Verwandelt alle Buchstaben eines Strings in Großbuchstaben.

Tab. 3.10: String-Funktionen

Je nach Funktion erhalten Sie als Rückgabewert einen numerischen Wert oder wieder eine Zeichenfolge. Das folgende Beispiel ermittelt die Länge der Einträge im Feld *Firma*:

```
SELECT CHARACTER_LENGTH(Firma)
FROM Kunden
```

Für MySQL- und Access-Abfragen werden Sie die folgende Variante verwenden müssen:

```
SELECT LEN(Firma)
FROM Kunden
```

Sehr sinnvoll ist dieses Beispiel sicher nicht. Als Ergebnis erhalten Sie lediglich eine Spalte mit lauter numerischen Werten. Bestimmte

Funktionen, und dazu gehört eben auch CHARACTER_LENGTH, werden erst in komplexen Verschachtelungen sinnvoll. Wir werden weiter unten darauf eingehen. Hilfreicher sind zunächst Funktionen wie POSITION, LEFT, TRIM und UPPER.

Teilstringvergleich

Die Funktion INSTR kann ähnliche Aufgaben erfüllen wie der schon vorgestellte LIKE-Operator. Die Funktion erwartet zwei Argumente:

```
INSTR (Zu durchsuchender Text, Suchmuster)
```

Im ersten Argument ist die zu durchsuchende Zeichenfolge zu übergeben, im zweiten das Muster, nach dessen Vorkommen gesucht werden soll. Kann das Muster gefunden werden, liefert die Funktion dessen Position. Im folgenden Beispiel sucht die Funktion in der ersten Zeichenfolge nach der Position des Worts *Bad*:

```
SELECT INSTR('Bad Essen', 'Bad')
```

Die Zählung beginnt dabei mit dem Wert 1. Wird keine Übereinstimmung gefunden, liefert die Funktion den Wert 0. Nur deshalb lässt sich die Bedingung wie im folgenden Beispiel definieren.

```
SELECT Firma, Ort, Umsatz
FROM Kunden
WHERE INSTR(Ort, 'Bad')
```

SQL betrachtet Werte ungleich 0 als *true*. Normalerweise müssten Sie die WHERE-Klausel wie folgt schreiben:

```
... WHERE INSTR(Ort, 'Bad') > 0
```

Das Beispiel liefert alle Orte, die mit dem Wort *Bad* beginnen. Allerdings erhalten Sie damit auch Orte wie *Baden-Baden* angezeigt, weil auch darin die Zeichenfolge *Bad* enthalten ist. Um das auszuschließen, müssen Sie dem Suchmuster nur noch ein Leerzeichen hinzufügen:

```
... WHERE INSTR(Ort, 'Bad ')
```

Es sollte aber auch wirklich nur ein Leerzeichen sein, weil schon das zweite den Vergleich scheitern lässt.

Teilstringermittlung

Die Funktionen LEFT und SUBSTRING (bzw. MID) können nützlich sein, wenn es darum geht, aus einer Zeichenfolge nur einen Ausschnitt anzuzeigen. Im ersten Argument der Funktion LEFT ist der String zu übergeben, aus dem ein Teilstring herausgeschnitten werden soll. Im zweiten Argument geben Sie die Zahl der Zeichen an, die Sie erhalten wollen. Beachten Sie im folgenden Beispiel auch den Aliasnamen. Wenn Sie eine Funktion in der Feldliste der SELECT-Anweisung verwenden, erhalten Sie immer ein berechnetes Feld. In der Ergebnistabelle erscheint dann als Spaltenüberschrift nicht mehr der Feldname, den Sie in der Funktion verwendet haben, sondern ein Ausdruck wie beispielsweise *Exprnn*. Um für die Weiterverarbeitung einen brauchbaren Namen zu erhalten, sollten Sie unbedingt einen eigenen Namen vergeben.

```
SELECT LEFT(Artikelname, 10) AS Artikel, Preis
FROM Artikel
```

Sinnvoller ist vielleicht die folgende Abfrage, welche die Kunden nach Postleitzahlgebieten sortiert ausgibt:

```
SELECT Firma, Ort, Umsatz,
       LEFT(PLZ, 1) AS PLZGebiet
FROM Kunden
ORDER BY PLZ
```

Sie erhalten damit eine Ausgabe wie die in Abbildung 3.6. Die Funktion LEFT lässt sich eigentlich auch auf numerische Felder anwenden. Sehr sinnvoll ist das jedoch nicht. Unser Feld *PLZ* ist vom Typ *Text* (*CHAR*) und deshalb besser für den Einsatz von LEFT geeignet.

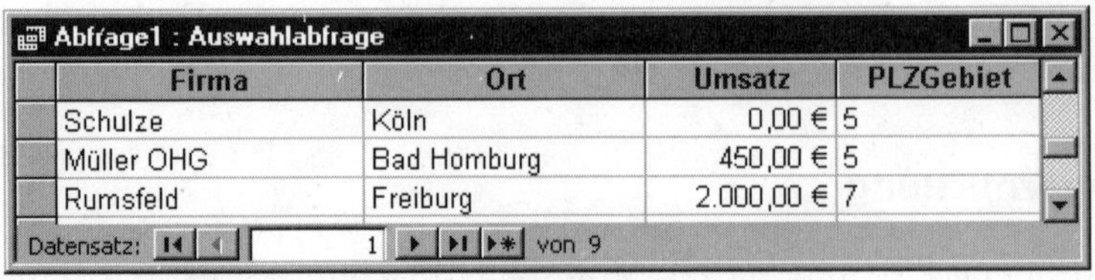

Firma	Ort	Umsatz	PLZGebiet
Schulze	Köln	0,00 €	5
Müller OHG	Bad Homburg	450,00 €	5
Rumsfeld	Freiburg	2.000,00 €	7

Datensatz: 1 von 9

Abb. 3.6: Datensätze nach PLZ-Gebiet ausgeben

Die Funktion SUBSTRING benötigt drei Argumente. Im ersten Argument muss wieder der String erscheinen, aus dem ein Teil herausgeschnitten werden soll. Das zweite Argument bestimmt die Startposition. Wenn Sie dieses Argument auf den Wert 1 setzen, entspricht die SUBSTRING-Funktion in der Wirkung der LEFT-Funktion. Der Ausschnitt beginnt dann beim ersten Zeichen. Das dritte Argument bestimmt die Länge des auszuschneidenden Strings. Beachten Sie, dass Access die Funktion SUBSTRING nicht kennt. Sie müssen stattdessen die Funktion MID verwenden, welche die gleichen Aufgaben erfüllt und auch die gleichen Argumente erwartet. Die Funktion MID steht auch in MySQL zur Verfügung. Die folgende Anweisung funktioniert daher mit beiden Datenbanken:

```
SELECT  MID('peter.pan@t-online.de', 11, 20)
        AS Provider
```

Die Zeile ermittelt aus einer E-Mail-Adresse den Provider. Eine Tabellenspalte haben wir hier nicht als Argument eingesetzt, weil es wenig Sinn macht, aus einem Spaltenwert einen bestimmten Teil auszuschneiden. Die Funktionen LEFT und MID (bzw. SUBSTRING) werden Sie selten alleine verwenden. Häufiger kommen diese in komplexen Ausdrücken mit verschachtelten Funktionen zum Einsatz. In Kapitel 4 »Komplexe SQL-Ausdrücke« stellen wir einige Anweisungen zu diesem Thema vor.

Werte trimmen

Die Trimm-Funktionen bewirken, dass überflüssige Leerzeichen am Anfang oder Ende einer Zeichenfolge entfernt werden. Diese Funktionen können bei der Formatierung der Ausgabe sinnvoll sein, wenn Einträge möglicherweise Leerzeichen enthalten. So akzeptiert Access beispielsweise Eingaben mit führenden Leerzeichen. Wenn Sie die entsprechende Spalte in einer Abfrage verwenden, erhalten Sie auch dieses Leerzeichen angezeigt. Die folgende Anweisung unterdrückt solche Leerzeichen für das Feld *Firma*:

```
SELECT TRIM(Firma)
FROM Kunden;
```

Wichtiger ist jedoch die Verwendung in der WHERE-Klausel. Wenn Sie in die Kundentabelle einen *Maier* mit einem führenden Leerzeichen aufgenommen haben, werden Sie ihn mit der folgenden Anweisung nicht finden:

```
SELECT Name, Ort
FROM Kunden
WHERE Name = 'Maier'
```

Erst die folgende Änderung der WHERE-Klausel bewirkt, dass der gewünschte Kunde gefunden wird:

```
WHERE TRIM(Name) = 'Maier'
```

Beachten Sie, dass viele Datenbankanwendungen automatisch dafür sorgen, dass keine führenden Leerzeichen in die Datenbank geschrieben werden. Die TRIM-Funktion sollte daher in den meisten Fällen entbehrlich sein. Zumindest bei fremden Daten können Sie sich aber nicht immer darauf verlassen. In solchen Fällen bietet die Trimmung einen guten Schutz vor fehlerhaften Abfrageergebnissen.

Datumsfunktionen

Die Behandlung von Datumswerten gehört zu den Techniken, die der SQL-Programmierer besonders häufig benötigt und die immer wieder für negative Überraschungen sorgen. Da die Datumsverarbeitung auf dem amerikanischen Format (Jahr-Monat-Tag) basiert, ist sie im europäischen Raum recht fehlerträchtig. Wenn Sie den Datumswert direkt als Kriterium, etwa in einer WHERE-Klausel, verwenden, müssen Sie bei den meisten Datenbanken das amerikanische Format eingeben. Die Übergabe kann grundsätzlich als String erfolgen. Access erwartet jedoch einen String, der in Nummernzeichen einzuschließen ist, während andere Datenbanken mit den üblichen Anführungszeichen auskommen. Ein Beispiel mit Access hat folgende Form:

```
SELECT Firma, Ort, Datum
FROM Kunden
WHERE Datum = #2001-11-11#
```

Die Anweisung, die in dieser Form nicht unter MySQL funktioniert, liefert alle Kunden, die zu einem bestimmten Zeitpunkt in die Datenbank aufgenommen wurden (siehe Abbildung 3.7).

Firma	Ort	Datum
Müller OHG	Bad Homburg	11.11.01
Maier KG	Dresden	11.11.01
Hannibal	Bad Essen	11.11.01

Datensatz: 1 von 4

Abb. 3.7: Abfrageergebnis mit Datumsangabe

Zumindest Access akzeptiert auch das deutsche Format (Tag-Monat-Jahr). Sie müssen jedoch auf den Punkt als Trennzeichen verzichten und stattdessen den Schrägstrich oder den Bindestrich verwenden. Führende Nullen müssen nicht angegeben werden, so dass (in Access) unter anderem folgende Formate möglich sind:

- ▶ 27-03-01 oder 27/03/01

- ▶ 27-03-2001

- ▶ 27-3-01

- ▶ 2001-03-27

- ▶ 2001-3-27

Bei Verwendung des amerikanischen Formats erwartet die deutsche Access-Version jedoch die Angabe einer vierstelligen Jahreszahl. Für andere Datenbanksysteme bilden Sie den String mit den üblichen Anführungszeichen:

```
SELECT Firma, Ort, Datum
FROM Kunden
WHERE Datum = '2001-11-17'
```

Die Bearbeitung von Datumswerten kann mit Hilfe spezieller Funktionen erfolgen. Tabelle 3.11 zeigt lediglich eine Auswahl der verfügbaren Datumsfunktionen. Auch hier gilt wieder, dass die Funktionen in dieser Form nicht in allen SQL-Dialekten zu finden sind.

Funktion	Bedeutung
DATE CURRENT_DATE	Ermittelt das aktuelle Datum (Access). Unter MySQL können Sie die Funktionen CURRENT_DATE, CURDATE, SYSDATE und NOW verwenden.
DAYOFMONTH	Ermittelt den Tag des Monats.
DAYNAME	Ermittelt den Namen des Wochentags.
MONTH	Ermittelt den Monat als numerischen Wert.
MONTHNAME	Ermittelt den Monatsnamen.
QUARTER	Ermittelt das Quartal.
YEAR	Ermittelt das Jahr.

Tab. 3.11: Datumsfunktionen

Die Anwendung der Funktionen setzt ein gültiges Datum voraus, das Sie beispielsweise aus einer Datentabelle erhalten, soweit diese über eine Datumsspalte verfügt.

```
SELECT Firma, Ort, YEAR(Datum) AS Kunde_seit
FROM Kunden
```

Die Anweisung liefert eine Ergebnistabelle wie die aus Abbildung 3.8. Sie erhalten damit grundsätzlich eine vierstellige Jahreszahl angezeigt.

Firma	Ort	Kunde_seit
Maier KG	Dresden	2001
Maier KG	Osnabrück	2001
Mayer & Söhne GmbH	Leipzig	2001

Datensatz: 2 von 10

Abb. 3.8: Jahreszahl aus einem Datum ermitteln

Das Datum können Sie auch als String übergeben. In diesem Fall verwenden Sie den Datums-String als Funktionsargument, weswegen auch Access normale Anführungszeichen erwartet. Diese Option nutzen Sie vorzugsweise für die Formulierung von WHERE-Bedingungen:

```
SELECT Firma, Ort, Datum
FROM Kunden
WHERE YEAR(Datum) > YEAR('2001-03-15')
```

Beachten Sie die etwas hinterhältige Fragestellung: In der Bedingung wird ein komplettes Datum angegeben; wir fragen aber tatsächlich nur, ob das Jahr des Spaltenwerts größer als das Jahr des Datums im Kriterium ist. Korrekter wäre wohl eine WHERE-Klausel wie die folgende:

```
WHERE YEAR(Datum) > 2001
```

Da die Funktion YEAR einen numerischen Wert liefert, eben das vierstellige Jahr, können wir auch gleich die Jahreszahl als Kriterium einsetzen.

Das Tagesdatum als Kriterium

Nicht selten wird für Vergleiche das Tagesdatum benötigt. Dieses erhalten Sie mit der Funktion DATE. Beachten Sie, dass es sich dabei um das Systemdatum Ihres Rechners handelt. Sie können also nur ein korrektes Tagesdatum erhalten, wenn Sie dafür sorgen, dass auf Ihrem Rechner auch immer das korrekte Datum eingestellt ist. Die folgende Anweisung gibt das Tagesdatum aus:

```
SELECT Date()
```

Je nach Datenbanksystem bzw. Datentyp erhalten Sie nur den Datumswert (Access) oder einen kombinierten Datums- und Zeitwert. In Vergleichen können Sie die DATE-Funktion als Kriterium verwenden:

```
SELECT Firma, Datum
FROM Kunden
WHERE Datum = DATE()
```

Unter MySQL können Sie die WHERE-Klausel mit Hilfe der NOW-Funktion formulieren:

```
... WHERE Datum = NOW()
```

HINWEIS Mit dem Datum muss häufig auch gerechnet werden, etwa um Zahlungsfristen zu ermitteln. Einen entsprechenden Textabschnitt finden Sie im folgenden Kapitel 4 *»Komplexe SQL-Ausdrücke«*.

3.4 Zusammenfassung, Fragen und Übungen

Zusammenfassung

▶ In SQL-Anweisungen lassen sich Ausdrücke verwenden.

▶ Ausdrücke werden aus Operanden und Operatoren gebildet. Als Operanden können auch Funktionen dienen.

▶ SQL unterscheidet zwischen numerischen, alphanumerischen, logischen und Vergleichsoperatoren.

▶ Ausdrücke lassen sich für die Bildung berechneter Felder verwenden.

▶ Ausdrücke können auch in den Bedingungen der WHERE-Klausel vorkommen. Hier werden vor allem Vergleichoperatoren verwendet, mit denen sich logische Ausdrücke bilden lassen.

▶ SQL verfügt über eine Vielzahl von Funktionen. Bezeichnung und Zahl der Funktionen können sich jedoch je nach SQL-Dialekt unterscheiden.

▶ Funktionen werden in der Regel nach dem Datentyp ihres Rückgabewerts unterschieden. Wichtig sind vor allem mathematische Funktionen, Zeichenkettenfunktionen (String-Funktionen) und Datumsfunktionen.

Fragen und Übungen

1. Was sind Ausdrücke?

2. Für welche Aufgaben werden Operatoren benötigt?

3. Was ist bei berechneten Feldern zu beachten?

4. Wofür steht der Wert NULL?

Fragen und Übungen

5. Wie lässt sich ein Vergleich mit einem Suchmuster realisieren?

6. Wozu verwenden Sie logische Operatoren und welche dieser Operatoren kennen Sie?

7. An welchen Stellen können Funktionen in SQL-Anweisungen eingesetzt werden?

8. Was ist unter dem Trimmen einer Zeichenfolge zu verstehen und warum kann es sinnvoll sein, Zeichenfolgen zu trimmen?

9. Was ist bei der Verwendung von Datumswerten in WHERE-Klauseln zu beachten?

Komplexe SQL-Ausdrücke

4 Komplexe SQL-Ausdrücke

In diesem Kapitel wollen wir das bisher Gelernte vertiefen. Wir gehen dabei besonders auf komplexe Ausdrücke in SELECT-Anweisungen und hier insbesondere auf Bedingungen in der WHERE-Klausel ein.

Die WHERE-Klausel wurde schon mehrfach angesprochen. Sie ist die wohl wichtigste Klausel in komplexeren SQL-Anweisungen. Nur die WHERE-Klausel bestimmt, welche Datensätze überhaupt berücksichtigt werden. Das gilt nicht allein für die einfache Ausgabe mit SELECT, sondern auch für das problematische Löschen und die Änderung von Datensätzen. Entsprechend komplex kann die Bedingung sein, mit der die Datensätze ausgewählt werden.

4.1 Bedingungen kombinieren

Eine Bedingung kann sich gleichzeitig auf mehrere Felder beziehen oder auch mehrere Kriterien für ein Feld enthalten. Teilbedingungen sind dann, wie schon früher gezeigt, mit logischen Operatoren (AND, OR) zu verknüpfen. Die folgende Anweisung lässt beispielsweise nur Datensätze zu, die entweder zum Kundensegment *Freiberufler* oder zum Segment *Gewerbe* gehören. Die Ergebnistabelle finden Sie in Abbildung 4.1.

```
SELECT Firma, Ort, Kundensegment
FROM Kunden
WHERE Kundensegment = 'Freiberufler' OR
      Kundensegment = 'Gewerbe'
```

Eigentlich wurden hier zwei Bedingungen gebildet und mit dem Operator OR (Oder) verknüpft. Es sollte klar sein, dass in diesem Fall keine AND-Verknüpfung möglich ist. Wenn Sie in beiden Teilbedingungen das gleiche Feld verwenden, kann dieses nun mal nicht gleichzeitig zwei Einträge enthalten.

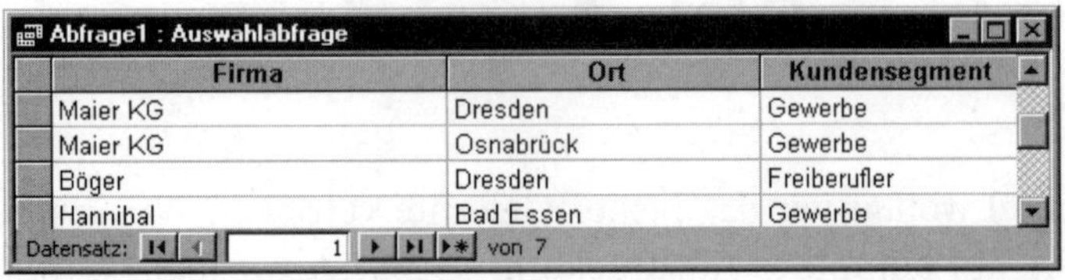

Abfrage1 : Auswahlabfrage

Firma	Ort	Kundensegment
Maier KG	Dresden	Gewerbe
Maier KG	Osnabrück	Gewerbe
Böger	Dresden	Freiberufler
Hannibal	Bad Essen	Gewerbe

Datensatz: 1 von 7

Abb. 4.1: Abfrageergebnis für Abfrage mit kombinierten Bedingungen

Natürlich können Sie nicht nur auf Übereinstimmung prüfen. Auch Vergleichsoperatoren stehen in SQL zur Verfügung. Das folgende Beispiel liefert nur Datensätze, die im Feld *Umsatz* einen größeren Wert als 1.000 und gleichzeitig im Feld *Ort* den Eintrag *Leipzig* enthalten:

```
SELECT Firma, Ort, Umsatz
FROM Kunden
WHERE Umsatz > 1000 AND Ort = 'Leipzig'
```

In diesem Fall muss jeder Datensatz beide Bedingungen erfüllen, wenn er in der Ergebnistabelle erscheinen soll. Jede zusätzliche Bedingung, die Sie per AND-Verknüpfung hinzufügen, verringert in der Regel die Zahl der Datensätze in der Ergebnistabelle.

Priorität der Teilbedingungen

Bei nur zwei Teilbedingungen kommen Sie auch noch ohne Priorisierung durch runde Klammern aus. Spätestens ab der dritten Teilbedingung müssen Sie sich überlegen, in welcher Reihenfolge die Teilbedingungen abgearbeitet werden sollen und wie Sie diese Reihenfolge sicherstellen. Das folgende Beispiel kommt noch ohne Klammern aus, weil die ‚natürliche' Priorität bzw. Reihenfolge der Operatoren für die gewünschte Reihenfolge bei der Abarbeitung sorgt:

```
SELECT Firma, Ort, Umsatz
FROM Kunden
WHERE Umsatz > 10000 AND Ort = 'Dresden' OR
      Ort = 'Leipzig'
```

Wenn wir die Reihenfolge der Teilbedingungen ändern, etwa nach dem folgenden Muster, erhalten wir gegebenenfalls auch ein anderes Ergebnis:

```
WHERE Ort = 'Dresden' OR Ort = 'Leipzig' AND
    Umsatz > 10000
```

Eigentlich wollen wir alle Dresdner und alle Leipziger auswählen, mit denen wir über 10.000 Euro Umsatz erzeugt haben. Tatsächlich erhalten wir jedoch alle Leipziger, die diesen Umsatz erreichen, und alle Dresdner, unabhängig von deren Umsatz. Die vorstehende Klausel liefert in unserem Sinne also falsche Ergebnisse. Der Schlüssel zum Verständnis liegt in der Reihenfolge, in der die Abfrage abgearbeitet wird. Die letzte WHERE-Klausel bewertet zunächst den folgenden Teilausdruck:

```
Ort = 'Leipzig' AND Umsatz > 10000
```

Liefert dieser den Wert *wahr* (*true*), wird der Gesamtausdruck wahr, weil der dann noch zu bewertende Restausdruck folgende Form hat:

```
Ort = 'Dresden' OR TRUE
```

Ein ODER-Vergleich erzeugt aber automatisch den Wert *wahr*, wenn zumindest ein Teilausdruck den Wert *wahr* liefert. Das gilt auch umgekehrt. Wenn es sich um einen Dresdner handelt, wird die erste Bedingung wahr. Unabhängig davon, welchen Wert die AND-Verknüpfung der beiden letzten Bedingungen ergibt. Damit wird auch der Gesamtausdruck wahr, auch wenn wir mit dem Dresdner weniger als 10.000 Euro Umsatz erzielt haben. Die folgende WHERE-Klausel verwendet Klammern und vermeidet damit die Probleme mit der Reihenfolge:

```
WHERE (Ort = 'Dresden' OR Ort = 'Leipzig')
    AND Umsatz > 10000
```

Wir können sogar die Teilbedingung mit dem Umsatzkriterium nach vorne setzen, ohne ein anderes Ergebnis zu erzielen. Ausdrücke in Klammern werden unabhängig von ihrer Position im Gesamtausdruck immer zuerst berechnet. Um unabhängig von der Reihenfolge eine eindeutige Abarbeitung zu gewährleisten, müssen Sie daher Klammern setzen, sobald Sie mehr als zwei Teilbedingungen verwenden.

4.2 Komplexe Berechnungen

Einfache Berechnungen haben wir bereits kennen gelernt. Gerade in geschäftlichen Anwendungen werden Sie aber sehr häufig recht komplexe Rechenoperationen ausführen müssen. So sind in einer Artikel-Tabelle üblicherweise nur der Nettopreis und der Mehrwertsteuersatz gespeichert. Mehrwertsteuer und Bruttopreis müssen regelmäßig errechnet werden. In die Berechnung gehen dann zwei Felder ein. Die folgende Zeile zeigt zunächst die Berechnungsformel für die Mehrwertsteuer:

```
Preis * MwStSatz
```

Diese Formel gilt jedoch nur, wenn Sie den Mehrwertsteuersatz auch als Dezimalwert (0.16 oder 0.07) gespeichert haben. Enthält das Feld *MwStSatz* jedoch Integer-Werte (16 oder 7), ist eine etwas erweiterte Formel zu verwenden:

```
Preis * MwStSatz / 100
```

Unsere Artikel-Tabelle soll Dezimalwerte enthalten, so dass wir mit der ersten Variante auskommen. Das folgende Beispiel berechnet sowohl die Mehrwertsteuer als auch den Bruttopreis:

```
SELECT ArtikelNr, Artikelname,
       Preis AS Nettopreis,
       Preis * MwStSatz AS Mehrwertsteuer,
       (Preis * MwStSatz) + Preis AS Bruttopreis
FROM Artikel
```

Auch für das in der Tabelle vorhandene Feld *Preis* haben wir einen Aliasnamen vergeben (*Nettopreis*), damit die Bedeutung der Werte erkennbar wird. Dahinter verbirgt sich jedoch lediglich die normale Preisspalte. Die Ergebnistabelle enthält also nur zwei berechnete Spalten: *Mehrwertsteuer* und *Bruttopreis*. Das Ergebnis wird je nach Datenbank vermutlich etwa unterschiedlich dargestellt. Abbildung 4.2 zeigt, wie Access die Anweisung umsetzt. Der Bruttopreis verwendet ein Währungsfeld als Basis. Access definiert daher auch für das berechnete Feld den Typ *Währung*.

ArtikelNr	Artikelname	Nettopreis	Mehrwertsteuer	Bruttopreis
1	Liebermann: Spielende Kinder	3.500,00 DM	559,999987483025	4.060,00 DM
2	Schale	250,00 DM	39,9999991059303	290,00 DM
3	Altes Buch	180,00 DM	12,6000000536442	192,60 DM

Abb. 4.2: Ergebnistabelle mit zwei berechneten Spalten

In die Formel für die Mehrwertsteuer geht jedoch lediglich das Feld *MwStSatz* ein. Dieses Feld ist vom Typ *Float*. Für das berechnete Feld *Mehrwertsteuer* wird daher ebenfalls dieser Typ verwendet, was zu sehr vielen Nachkommastellen führt. Es kann daher sinnvoll sein, die Werte noch zu formatieren oder zumindest die ROUND-Funktion darauf anzusetzen. Die Formel für das erste berechnete Feld hätte dann folgende Form:

```
ROUND(Preis * MwStSatz, 2) AS Mehrwertsteuer
```

Sicherheitshalber sollte die ROUND-Funktion auch bei der letzten Formel zum Einsatz kommen. Inzwischen dürfte Ihnen diese Aufgabe keine größeren Probleme mehr bereiten. Wir wollen deshalb nicht weiter darauf eingehen.

Berechnete Spalten als Operanden

Grundsätzlich besteht sogar die Möglichkeit, eine berechnete Spalte, also eine in der Datentabelle gar nicht existierende Spalte, als Operanden einzusetzen. So können Sie die berechnete Spalte *Mehrwertsteuer* gleich bei der Berechnung einer anderen Spalte, der Bruttopreisspalte,

---

verwenden. Die Formel für die Berechnung des Bruttopreises hätte dann folgende Form:

```
Preis + Mehrwertsteuer AS Bruttopreis
```

Die vollständige Anweisung sieht damit wie folgt aus:

```
SELECT ArtikelNr, Artikelname,
       Preis AS Nettopreis,
       Preis * MwStSatz AS Mehrwertsteuer,
       Preis + Mehrwertsteuer AS Bruttopreis
FROM Artikel
```

Ob das mit allen SQL-Datenbanken funktioniert, können wir allerdings nicht garantieren. Zumindest MySQL und Access kommen damit gut zurecht.

4.3 Verschachtelte Funktionen

Viele Funktionen machen erst dann Sinn, wenn sie als Argumente in anderen Funktionen verwendet werden. Wir haben es dann mit verschachtelten Funktionen zu tun. Nachfolgend wollen wir ein etwas umfangreicheres Beispiel erarbeiten. Die folgende Anweisung liefert einen Teil der E-Mail-Adresse unserer Kunden. Wir haben diesen Teil mit dem Alias *Provider* bezeichnet:

```
SELECT  Firma,
        MID(eMail, 8, 20) AS Provider
FROM Kunden
```

Allerdings dürfte es damit nur in Ausnahmefällen gelingen, den Provider-Namen, also den Teil der Adresse, der hinter dem Klammeraffen steht, zu erhalten. Da wir die Startposition für die Bildung des Ausschnitts willkürlich auf den Wert 8 gesetzt haben, erhalten wir eher irgendeinen Ausschnitt der Adresse, der bei der achten Position beginnt.

Funktionen als Funktionsargument

Wir müssen die Startposition daher erst ermitteln. Zu diesem Zweck lässt sich die Funktion INSTR verwenden. Als Startpunkt kann der Klammeraffe dienen. Dessen Position in der E-Mail-Adresse erhalten wir mit dem folgenden Ausdruck:

```
INSTR(eMail, '@')
```

Diesen Ausdruck müssen wir nun in das zweite Argument der MID-Funktion einsetzen, also dort, wo zuvor noch der feste Wert 8 stand. Die Funktion INSTR wird damit zum Argument der MID-Funktion:

```
MID(eMail, INSTR(eMail, '@'), 20) AS Provider
```

INSTR ermittelt für jeden Datensatz individuell die passende Startposition. Allerdings erhalten wir mit dem Provider auch noch den Klammeraffen angezeigt (also beispielsweise @t-online.de oder @web.de). Erst wenn wir die Startposition noch um ein Zeichen nach rechts verschieben, fällt auch dieses Zeichen weg:

```
MID(eMail, INSTR(eMail, '@') + 1, 20) AS Provider
```

Die vollständige Anweisung hat nun folgende Form:

```
SELECT  Firma,
    MID(eMail, INSTR(eMail, '@')+1, 20) AS Provider
FROM Kunden
```

Damit erhalten wir schon eine recht saubere Anzeige des Provider-Namens. Abbildung 4.3 zeigt das Ergebnis.

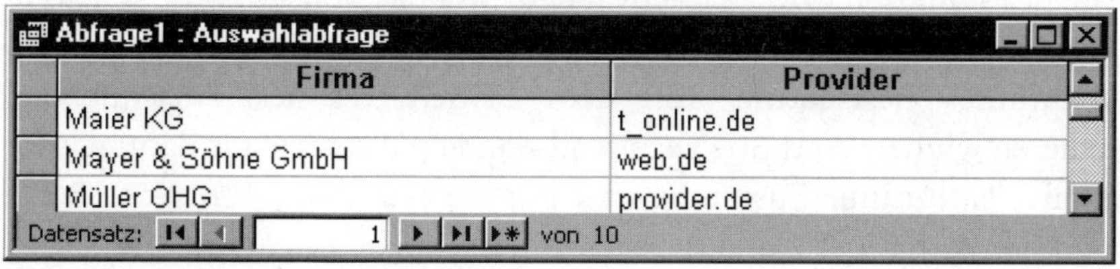

Firma	Provider
Maier KG	t_online.de
Mayer & Söhne GmbH	web.de
Müller OHG	provider.de

Datensatz: 1 von 10

Abb. 4.3: Ergebnistabelle mit berechneter Spalte

Grundsätzlich könnten wir mit entsprechendem Aufwand auch noch den Punkt und die Endung *de* aus der Bezeichnung entfernen. Diese Knobelei möchten wir aber gerne Ihnen überlassen.

Nach dem gleichen Muster können Sie aus Telefonnummern die Rufnummer oder die Vorwahl ermitteln. Auch andere Werte, die häufig nach einem bestimmten Schema aus zwei Elementen zusammengesetzt sind, beispielsweise Straße und Hausnummer, lassen sich auf diese Art aufspalten.

4.4 Rechnen mit Datumswerten

Ein sicherlich sehr komplexes Thema ist das Rechnen mit Datumswerten. Das Problem gründet unter anderem darin, dass ein Datum meistens als Zeichenfolge erscheint, während es sich bei der Differenz um numerische Werte handelt, etwa eine Anzahl von Tagen. Um ein neues Datum aus dem aktuellen Datum und einer bestimmten Anzahl von Tagen zu errechnen, genügt unter Access folgende Anweisung:

```
SELECT DATE() + 30
```

Damit erhalten Sie am 26.09.2001 das Datum *26.10.2001*. MySQL kann mit dieser Zeile jedoch nichts anfangen. Tatsächlich ist die Datumsarithmetik unter MySQL oft eine sehr umständliche Angelegenheit. Ein ähnliches Ergebnis wie mit der vorstehenden Zeile erhalten Sie unter MySQL mit der folgenden Anweisung:

```
SELECT FROM_DAYS(TO_DAYS(CURRENT_DATE()) + 30)
```

Mit der Funktion TO_DAYS verwandeln wir das von CURDATE gelieferte Tagesdatum zunächst in Tage. Dieser Wert bezieht sich auf ein bestimmtes Basisdatum, mit dem MySQL rechnet. Anschließend addieren wir den Wert 30 (Tage) und wandeln das Ergebnis dann wieder in ein Datum um. Zuständig ist dafür die Funktion FROM_DAYS. Beide Funktionen (TO_DAYS und FROM_DAYS) sind nicht Bestandteil des SQL-Standards und werden daher in der Regel auch nicht von anderen Datenbanken unterstützt.

Spaltenwerte in Datumsberechnungen

Eher noch etwas problematischer ist die Berechnung auf Basis eines Spaltenwerts. Das folgende Beispiel gibt ein Zahlungsziel aus. Es verwendet dabei die Spalte *Datum* aus der Tabelle *Rechnungen*:

```
SELECT Datum + 30 AS Zahlungsziel
FROM Rechnungen
```

Da unsere Rechnungstabelle ein Feld für die Zahlungsfrist enthält, müssen wir diese nicht als Konstante addieren, sondern können die entsprechende Spalte einsetzen. Wir erhalten dann folgende Anweisung:

```
SELECT Datum + Zahlungsfrist AS Zahlungsziel
FROM Rechnungen
```

Diese Anweisungen funktionieren jedoch nur mit Access. Für MySQL ist folgende Variante erforderlich:

```
SELECT FROM_DAYS(TO_DAYS(Datum) + 30) AS Zahlungsziel
FROM Artikel
```

Noch komplizierter wird die Berechnung, wenn Rechnungsdaten auf Zahlungsverzug überprüft werden sollen. In diesem Fall ist auch das aktuelle Datum zu berücksichtigen. Da mit dem folgenden Beispiel nur Rechnungen angezeigt werden sollen, bei denen das Zahlungsziel überschritten ist, muss der Ausdruck als Bedingung in die WHERE-Klausel gesetzt werden. Wir erhalten dann folgende Abfrage (nur Access):

```
SELECT RechnungsNr,
       Rechnungsbetrag,
       Datum
FROM Rechnungen
WHERE (Date() - Datum) > 30
```

Sie können auch noch die Zahl der Tage ermitteln, um die das Rechnungsdatum bereits überschritten ist. Dazu müssen Sie die SELECT-

Anweisung um ein berechnetes Feld erweitern. Das folgende Beispiel gibt auch noch das Tagesdatum aus. Es erzeugt also zwei berechnete Felder:

```
SELECT RechnungsNr,
       Rechnungsbetrag,
       Datum AS Rechnungsdatum,
       Date() AS Tagesdatum,
       Date() - Datum AS Differenz
FROM Rechnungen
WHERE (Date() - Datum) > 30
```

Eine Ergebnistabelle könnte mit dieser Abfrage beispielsweise die in Abbildung 4.4 gezeigten Werte liefern. Je nach den von Ihnen verwendeten Daten erhalten Sie allerdings andere Ergebnisse angezeigt.

RechnungsNr	Rechnungsbetrag	Rechnungsdatum	Tagesdatum	Differenz
3	1.385,55 €	10.08.01	08.10.01	59
4	977,04 €	22.03.01	08.10.01	200
(AutoWert)	0,00 €			

Abb. 4.4: Ergebnistabelle mit berechneten Datumsspalten

Allerdings erhalten Sie damit alle Rechnungen, bei denen das Rechnungsdatum um mehr als 30 Tage überschritten ist, auch solche, die längst bezahlt sind. Um das zu vermeiden, ist die Bedingung in der WHERE-Klausel wie folgt zu erweitern:

```
WHERE ((Date() - Datum) > 30) AND NOT Bezahlt
```

Wir prüfen also noch zusätzlich, ob die Spalte *Bezahlt* noch nicht auf den Wert wahr (*true*) gesetzt ist. Erst wenn beide Bedingungen erfüllt sind, rechtfertigt das eine Mahnung.

4.5 Zusammenfassung, Fragen und Übungen

Zusammenfassung

▶ In der WHERE-Klausel lassen sich mehrere Bedingungen zu komplexen Bedingungen kombinieren.

▶ Die Priorität der Teilbedingungen kann durch Klammerung gesteuert werden.

▶ Spalten in der Ergebnistabelle lassen sich auch mit Hilfe von Berechnungen bilden.

▶ Beim Berechnen von Spalten können Funktionen auch wieder als Argumente anderer Funktionen eingesetzt werden.

▶ Mit Datumswerten kann ebenfalls gerechnet werden. So lässt sich beispielsweise die Differenz zwischen Datumswerten ermitteln.

Fragen und Übungen

1. Wie lässt sich die gewünschte Reihenfolge bei der Abarbeitung kombinierter Bedingungen in der WHERE-Klausel sicherstellen?

2. Können berechnete Spalten auch selbst wieder in Berechnungen als Operanden verwendet werden?

3. Was ist unter der Verschachtelung von Funktionen zu verstehen?

4. Welche Möglichkeiten bietet das Rechnen mit Datumswerten?

INSERT – Datensätze einfügen

SQL

5 INSERT – Datensätze einfügen

Mit SQL-Befehlen wie DELETE, INSERT und UPDATE manipulieren Sie die Daten einer Datenbank. Die Anweisungen verändern die betreffenden Datentabellen. Sie erzeugen jedoch keine Ergebnistabellen. Das bedeutet, dass Sie zunächst nicht wissen, ob die Operation erfolgreich war. Um den Erfolg (oder Misserfolg) einer Operation beurteilen zu können, müssen Sie die Tabellen anschließend mit SELECT abfragen. Sind die Tabellen gleichzeitig geöffnet, was beispielsweise unter Access möglich ist, lassen sich Änderungen auch unmittelbar überprüfen. Es kann jedoch sein, dass Sie die Tabellen nach einigen Operationen erst schließen und gleich wieder öffnen müssen, damit die Änderungen angezeigt werden.

Mit INSERT fügen Sie einer Tabelle Datensätze hinzu. Sie können einen neuen Datensatz in der INSERT-Anweisung definieren oder die Daten aus einer anderen Tabelle entnehmen. Die Syntax des Befehls richtet sich nach dieser Unterscheidung.

5.1 Neue Datensätze einfügen

Für das Einfügen eines neuen Datensatzes ohne Rückgriff auf eine Quelltabelle ist folgende Syntax erforderlich.

Die Syntax

```
INSERT INTO Zieltabelle (Spalte1, Spalte2, ...)
VALUES (Wert1, Wert2, ...)
```

Mit *Zieltabelle* ist der Name der Tabelle gemeint, an die ein neuer Datensatz angefügt werden soll. Anschließend sind in runden Klammern die Spalten aufzuzählen, in die Sie Werte eintragen wollen. Die Werte selbst werden in der VALUES-Klausel angegeben. Diese müssen bezüglich der Reihenfolge den aufgezählten Spalten entsprechen. Sie müssen jedoch nicht notwendigerweise alle Spalten der betreffenden Tabelle verwenden. Das folgende Beispiel schreibt lediglich Werte in die Spalten *Firma*, *Ort* und *PLZ*:

```
INSERT INTO Kunden (Firma, Ort, PLZ)
VALUES ('Bauer OHG', 'Osnabrück', '49123')
```

Alle Spalten, für die wir keine Werte vorgesehen haben, erhalten in der Regel den Typ NULL zugewiesen. Allerdings kann bei der Definition der Tabelle für jede Spalte angegeben werden, ob der Typ NULL zulässig sein soll. Wurde der Typ NULL ausgeschlossen, müssen die Felder bei der Wertzuweisung berücksichtigt werden.

HINWEIS

Wenn Sie die Abfrage unter Access ausführen wollen, können Sie nicht einfach in die Datenblattansicht wechseln, wie das bei SELECT-Abfragen üblich ist. Sie müssen vielmehr die Menüoption *Abfrage/Ausführen* wählen oder den gleichnamigen Symbolschalter betätigen. Die Kundentabelle zeigt die Änderungen zudem erst an, wenn Sie diese erneut öffnen.

Wichtig: das Primärschlüsselfeld

Bei Tabellen mit Primärschlüssel muss das Schlüsselfeld des angefügten Datensatzes einen eindeutigen Wert erhalten. Der Datensatz kann sonst nicht eingefügt werden. Wenn Sie für das Schlüsselfeld jedoch den Typ *Autowert* (*AutoIncrement*) gewählt haben (wie in unserer Kundentabelle), entfällt der Schlüsselwert. Dieser wird dann beim Einfügen des Datensatzes automatisch vom Datenbanksystem erzeugt. Sind Sie selber für die Kundennummer zuständig, müssen Sie gegebenenfalls erst die höchste Kundennummer (bzw. den höchsten Schlüsselwert) der vorhandenen Datensätze ermitteln, beispielsweise mit einer Anweisung wie der folgenden:

```
SELECT MAX(KundenNr) AS hoechste_Kundennummer
FROM Kunden
```

Um die neue Kundennummer zu berechnen, addieren Sie dann den Wert 1. Auf die hier verwendete Aggregatfunktion MAX gehen wir in einem späteren Kapitel noch ausführlich ein. Momentan müssen Sie die Anweisung, die mit jeder Datenbank funktionieren sollte, noch nicht verstehen. Wenn Sie es dennoch ausprobieren wollen, erhalten Sie eine Ergebnistabelle mit nur einem Wert angezeigt.

Numerische Werte einfügen

Numerische Werte übergeben Sie üblicherweise ohne Anführungszeichen. Bei Dezimalzahlen ist an Stelle des Kommas ein Dezimalpunkt zu verwenden. Grundsätzlich können Sie aber auch numerische Werte in einfache Anführungszeichen setzen, also als Strings übergeben. Die schon gezeigte Anweisung hätte dann folgende Form:

```
INSERT INTO Kunden (Firma, Ort, Umsatz)
VALUES ('Bauer OHG', 'Osnabrück', '1000.55')
```

Diese Variante sollte ebenfalls mit praktisch allen Datenbanken funktionieren. Getestet haben wir sie aber nur mit Access und MySQL.

Datumswerte einfügen

Etwas problematischer ist die Zuweisung von Datumswerten. Diese sind in Anführungszeichen einzuschließen und müssen zudem in einem bestimmten Format übergeben werden, etwa in der folgenden Form:

```
'2001-07-17'
```

Die folgende Anweisung funktioniert mit Access und MySQL. Sie sollte in der Regel auch mit anderen Datenbanken keine Probleme bereiten:

```
INSERT INTO Kunden (Firma, Ort, Datum)
VALUES ('Bauer OHG', 'Osnabrück', '2001-07-17')
```

Beachten Sie, dass Sie unter Access die Menüoption *Abfrage/Ausführen* wählen müssen, um diese »Anfügeabfrage« zu starten.

Alle Spaltenwerte berücksichtigen

Wenn Sie alle Spalten mit Daten füllen wollen, können Sie auf die Aufzählung der Spalten in der INSERT-Anweisung verzichten. In diesem Fall muss aber die VALUES-Klausel alle Spalten berücksichtigen. Dabei können Sie dennoch einzelne Spalten freilassen, indem Sie den betreffenden Spalten den so genannten NULL-Wert zuweisen:

```
INSERT INTO Kunden
VALUES (123, 'Bauer OHG', 'Osnabrück', NULL,
        NULL, NULL, NULL, NULL, NULL, NULL,
        NULL, NULL,NULL)
```

Das vorstehende Beispiel füllt eigentlich nur die ersten drei Spalten mit »richtigen« Werten. Alle anderen Spalten erhalten den Wert NULL zugewiesen, bleiben also leer.

Berechnungen in Spaltenwerten

Die Werte in der VALUES-Klausel können zudem Berechnungen enthalten. Das folgende Beispiel berechnet für das Umsatzfeld den Nettoumsatz:

```
INSERT INTO Kunden (Firma, Ort, Umsatz)
VALUES ('Bauer OHG', 'Osnabrück', 1160/1.16)
```

In der Berechnungsformel lassen sich zudem Spaltennamen verwenden, so dass Sie gerade eingefügte Feldwerte für Berechnungen nutzen können.

5.2 Daten aus anderen Tabellen einfügen

In großen Datenbanken müssen häufig Datensätze in andere Tabellen kopiert werden. Das ist beispielsweise der Fall, wenn Daten archiviert werden sollen. Für viele Daten gelten zudem gesetzliche Aufbewahrungsfristen. So sind Rechnungsdaten in der Regel zehn Jahre lang aufzubewahren. Solche Daten sollen aber nicht die ganze Zeit in den Arbeitstabellen verbleiben, weil sie das Zeitverhalten und damit die Leistung des Systems negativ beeinflussen. Der Zugriff wird aufgrund der wachsenden Datenmenge mit der Zeit immer langsamer. In regelmäßigen Abständen landen daher ältere Daten in Archiven. Darunter sind Tabellen zu verstehen, die eine ähnliche Struktur aufweisen wie die eigentlichen Arbeitstabellen. Um Daten in andere Tabellen zu kopieren, werden üblicherweise INSERT-Anweisungen verwendet.

Die Syntax

Für eine Anweisung, die Datensätze aus einer Tabelle oder Abfrage in eine andere Tabelle einfügt, gilt folgende Syntax:

```
INSERT INTO Zieltabelle (Spalte1, Spalte2, ...)
SELECT Spalte1, Spalte2, ...
FROM Quelltabelle
WHERE Bedingung
```

Die Anweisung verbindet praktisch eine INSERT- und eine SELECT-Anweisung. Die SELECT-Anweisung bestimmt, welche Spalten und welche Datensätze aus der Quelltabelle übernommen werden. Für die Auswahl der Datensätze ist ein WHERE-Klausel zuständig. Diese bezieht sich auf die SELECT-Anweisung, also die Datensätze in der Quelltabelle.

Daten in Zieltabelle kopieren

Der INSERT-Zweig legt nur noch die Zieltabelle und die Spalten fest, in welche die Daten geschrieben werden sollen. Das folgende Beispiel kopiert Daten aus der Tabelle *Kunden*, die zum Kundensegment *Freiberufler* gehören, in die Tabelle *Kundenauswahl*:

```
INSERT INTO Kundenauswahl (KundenNr, Firma,
                          Kundensegment, Datum)
SELECT KundenNr,
       Firma,
       Kundensegment,
       Datum
FROM Kunden
WHERE Kunden.Kundensegment = 'Freiberufler'
```

Die Zieltabelle (hier *Kundenauswahl*) muss zuvor erstellt worden sein. Ohne die WHERE-Klausel werden alle Datensätze aus der Quelltabelle in die Zieltabelle übernommen. Beachten Sie, dass die Operation die Daten in der Quelltabelle unverändert lässt. Es findet also nur ein Kopiervorgang statt. Sollen die betreffenden Datensätze auch aus der Quelltabelle entfernt werden, müssen Sie diese separat löschen.

Tabellen mit ungleicher Struktur

Das vorstehende Beispiel verwendet Tabellen mit identischer Struktur, was aber nicht unbedingt erforderlich ist. Häufig werden Sie die Struktur der Zieltabelle nicht beeinflussen können. Meistens ist das auch nicht nötig, weil schon eine relativ ähnliche Struktur genügt, um Datensätze oder zumindest Teile davon in die Zieltabelle kopieren zu können.

Die Spalten des INSERT- und des SELECT-Zweiges müssen lediglich bezüglich Zahl und Typ übereinstimmen. Das gilt jedoch nicht für die Spaltenbezeichnungen. Im folgenden Beispiel, das wegen der Datumsberechnung in der WHERE-Klausel nur mit Access funktioniert, unterscheiden sich die Spaltenbezeichnungen:

```
INSERT INTO Rechnungsarchiv (Nr, KdNr,
                             Betrag, Datum)
SELECT RechnungsNr,
       KundenNr,
       Rechnungsbetrag,
       Datum
FROM Rechnungen
WHERE Datum <  (DATE() - 365)
```

Die Anweisung kopiert alle Rechnungen, die älter als ein Jahr (365 Tage) sind, in die Tabelle *Rechnungsarchiv*. Beachten Sie aber, dass die Datensätze auch noch weiterhin in der Quelltabelle (*Rechnungen*) enthalten sind. Damit sich die Operation auch lohnt, und Ihre Rechnungstabelle von alten Rechnungen entlastet wird, müssen Sie die gleichen Datensätze nun in der Rechnungstabelle löschen. In Kapitel 7 »*DELETE – Datensätze löschen*« zeigen wir, was dabei zu beachten ist.

Berechnete Felder kopieren

Es ist durchaus möglich, auch Daten in die Zieltabelle zu »kopieren«, die in der Quelltabelle gar nicht existieren. In diesem Fall bilden Sie im SELECT-Teil der Abfrage einfach ein berechnetes Feld. Für dieses Feld muss allerdings in der Zieltabelle ein Feld passenden Typs vorhanden sein. Für das folgende Beispiel wollen wir annehmen, dass in der Zieltabelle *Kundenauswahl* Felder mit der Bezeichnung *Nettoumsatz* und *Bruttoumsatz* enthalten sind. Unsere Kundentabelle verfügt jedoch nur über ein Feld mit der Bezeichnung *Umsatz*, das sich auf den Nettoumsatz bezieht. Um beim Kopieren dennoch beide Felder der Zieltabelle füllen zu können, müssen wir ein Feld berechnen, beispielsweise mit der folgenden Formel:

```
(Umsatz * 0.16) + Umsatz As Brutto
```

Die komplette Abfrage könnte folgende Form haben:

```
INSERT INTO Kundenauswahl (Firma, Ort, Nettoumsatz,
                          Bruttoumsatz)
SELECT Firma, Ort, Umsatz,
(Umsatz * 0.16) + Umsatz As Brutto
FROM Kunden
```

Es ist nicht einmal nötig, dem berechneten Feld den gleichen Namen zu geben wie dem Zielfeld. Im vorstehenden Beispiel trägt das Feld in der Zieltabelle die Bezeichnung *Bruttoumsatz*, während wir das berechnete Feld einfach *Brutto* genannt haben. Entscheidend ist die Reihenfolge, in der die Felder im INSERT- bzw. im SELECT-Teil erscheinen.

Beachten Sie, dass unter Access wieder die Menüoption *Abfrage/Ausführen* für den Start der Operation erforderlich ist. Da wir für das letzte Beispiel keine spezielle Funktion verwendet haben, können Sie es praktisch mit jedem Datenbanksystem verwenden.

Hinweise zur Typkompatibilität

Wie schon angemerkt, genügt es, wenn die Typen der Quell- und der Zielspalte kompatibel sind. Es ist nicht erforderlich, dass beide genau den gleichen Typ aufweisen. Dennoch sind einige Regeln zu beachten, um Fehlfunktionen auszuschließen. So können Sie numerische Werte nur kopieren, wenn das Zielformat auch in der Lage ist die Daten aufzunehmen. Es ist in der Regel nicht möglich, einen Double-Wert (Fließkommazahl) in ein Feld vom Typ *Integer* (Ganzzahl) zu kopieren. Umgekehrt sollte es hingegen keine Probleme geben. Bei Textfeldern ist auf die Länge der Felder zu achten. Das Zielfeld muss mindestens die Länge des Quellfelds haben. Andernfalls werden Teile der zu kopierenden Zeichenfolgen einfach abgeschnitten.

5.3 Zusammenfassung, Fragen und Übungen

Zusammenfassung

▶ INSERT kann in zwei Syntaxvarianten verwendet werden. In der ersten Variante dient INSERT dem Einfügen von neuen Datensätzen in eine Tabelle. Mit jeder INSERT-Anweisung wird dabei immer nur ein neuer Datensatz erzeugt.

▶ INSERT kann gleichzeitig Werte in die Spalten des neuen Datensatzes eintragen. Für die Übergabe der Werte ist die VALUES-Klausel zuständig. Die einzelnen Werte sind wie üblich durch Kommata zu trennen.

▶ Mit INSERT lassen sich zudem Datensätze aus einer Tabelle in eine andere Tabelle kopieren. Für die Auswahl der zu kopierenden Daten ist eine integrierte SELECT-Anweisung zuständig.

▶ Die Datentypen des einzufügenden Werts und der Typ der Zielspalte müssen kompatibel sein. Eine vollständige Typübereinstimmung ist in der Regel nicht erforderlich.

▶ Datumswerte sind in der Regel wie Zeichenfolgen zu behandeln und daher in Anführungszeichen zu setzen.

▶ Beim Einfügen von Datensätzen kann der Feldinhalt auch berechnet werden. Die entsprechenden Spalten in der Zieltabelle müssen aber schon vorhanden sein. Mit INSERT können also keine Spalten in der Zieltabelle erzeugt werden.

Fragen und Übungen

1. Was ist bei der Angabe von Feld- und Werteliste zu beachten?

2. Wie sind Primärschlüsselfelder zu behandeln?

3. Welche Bedeutung hat die WHERE-Klausel beim Kopieren von Datensätzen in eine andere Tabelle?

4. Was ist bei der Datenübergabe aus anderen Tabellen zu beachten?

5. Können beim Kopieren von Daten in eine Zieltabelle auch berechnete Felder verwendet werden und was ist dabei zu beachten?

UPDATE – Datensätze ändern

SQL

6 UPDATE – Datensätze ändern

Für Änderungen an bestehenden Datensätzen verwenden Sie UPDATE-Anweisungen. Sie definieren damit so genannte Aktualisierungsabfragen, bei denen sich einzelne Spaltenwerte ändern lassen. Die Syntax des UPDATE-Befehls hat folgende Form:

```
UPDATE Tabelle
SET Spalte1 = NeuerWert,
    Spalte2 = NeuerWert,
    ...
WHERE Bedingung
```

Zunächst ist die Tabelle zu benennen, in der Sie Daten ändern wollen. In der SET-Klausel bestimmen Sie dann die zu ändernden Spalten und auch gleich den zugehörigen neuen Wert. Wie üblich sind Zeichenfolgen in einfache Anführungszeichen einzuschließen. Jede Zuweisung in der SET-Klausel trennen Sie von der vorhergehenden durch ein Komma. Auf die letzte Zuweisung folgt kein Komma mehr.

> **HINWEIS** Beachten Sie, dass Sie unter Access die Menüoption *Abfrage/Ausführen* wählen müssen, um diese Änderungsabfrage zu starten. Alternativ können Sie auch den gleichnamigen Symbolschalter betätigen.

6.1 Einzelne Datensätze ändern

Mit UPDATE können Sie gleich mehrere Datensätze auf einmal ändern. Wenn Sie auf eine WHERE-Klausel verzichten, also keine Datensätze auswählen, bezieht sich eine Aktualisierungsabfrage gleich auf alle Datensätze der betreffenden Tabelle. Die WHERE-Klausel ist daher in der Regel unverzichtbar. Diese bestimmt, welche Datensätze geändert werden sollen. Wenn Sie lediglich einen bestimmten Datensatz ändern wollen,

---

müssen Sie ein eindeutiges Kriterium wählen, das auch wirklich nur für diesen einen Datensatz gilt. Normalerweise wird es sich dabei um den Primärschlüssel handeln. In der Bedingung geben Sie dann die Nummer, beispielsweise die Kunden- oder Artikelnummer, des zu ändernden Datensatzes an:

```
UPDATE Kunden
SET Umsatz = 5000,
    Kundensegment = 'Freiberufler'
WHERE KundenNr = 14
```

Das vorstehende Beispiel ändert für den Datensatz mit der Nummer 14 die Einträge in den Feldern *Umsatz* und *Kundensegment*. Bei einer solchen Bedingung können Sie sicher sein, dass auch höchstens ein Datensatz geändert wird. Andere Bedingungen, insbesondere mit Größer-/Kleiner-Vergleichen, können sich auf unbestimmt viele Datensätze beziehen. Das gilt aber auch für Bedingungen, die auf den ersten Blick eindeutig erscheinen. Das folgende Beispiel ändert beispielsweise die Adresse des Kunden *Maier KG*:

```
UPDATE Kunden
SET PLZ = '33333',
    Ort = 'Dreibrücken',
    Strasse = "Unter den Linden 15"
WHERE Firma = 'Maier KG'
```

Das gilt jedoch nur, wenn sich in der Tabelle nur ein Kunde mit diesem Firmennamen findet. Gibt es mehrere Maier KGs, erhalten alle die neue Adresse zugewiesen, auch die, die nicht umgezogen sind. Kurz: Der UPDATE-Befehl ist ähnlich gefährlich wie der noch vorzustellende DELETE-Befehl. Sie sollten ihn daher auch mit großer Vorsicht einsetzen und die Bedingung der WHERE-Klausel am besten erst mit einer SELECT-Anweisung testen. Eine Testanweisung für unser vorstehendes Beispiel hat dann folgende Form:

```
SELECT * FROM Kunden
WHERE Firma = 'Maier KG'
```

Die SELECT-Anweisung liefert Ihnen genau die Datensätze, die mit UPDATE geändert werden. Entspricht jedoch kein Datensatz der Bedingung, wird auch keine Änderung vorgenommen.

Numerische Werte ändern

Numerische Dezimalwerte sind wie üblich mit einem Dezimalpunkt an Stelle des üblichen Dezimalkommas zu übergeben. Eine Einschließung in Anführungszeichen ist nicht erforderlich und in der Regel auch nicht zu empfehlen:

```
UPDATE Kunden
SET Umsatz = 345.78
WHERE KundenNr = 5
```

Einige Datenbanksysteme können aber auch mit Dezimalwerten umgehen, die in Anführungszeichen übergeben werden. Das gilt beispielsweise für Access. In diesem Fall erwartet die deutsche Version jedoch einen Dezimalwert mit dem im deutschsprachigen Raum üblichen Dezimalkomma. Die SET-Klausel hat dann folgende Form:

```
SET Umsatz = '345,78'
```

Die Verwendung eines Dezimalpunkts erzeugt in diesem Fall sogar einen falschen Eintrag. Access ignoriert dann den Punkt und behandelt den kompletten Wert als Integer (Ganzzahl). Weil jedoch zu bezweifeln ist, dass andere Datenbanksysteme dem Access-Beispiel folgen, würden wir Ihnen empfehlen, nur die Variante ohne Anführungszeichen zu verwenden. In diesem Fall ist auch der Dezimalpunkt erforderlich. Unproblematisch sind natürlich ganzzahlige Werte. Diese können bei vielen Datenbanksystemen auch in Anführungszeichen übergeben werden, ohne falsche Einträge zu erzeugen.

Datumswerte ändern

Bei der Zuweisung von Datumswerten ist wieder auf das Format zu achten. Der Wert selbst ist in Anführungszeichen einzuschließen. Die folgende Anweisung funktioniert mit Access und MySQL. Sie sollte in der Regel auch mit anderen Datenbanken keine Probleme bereiten:

```
UPDATE Kunden
SET Datum = #2002-01-01#
WHERE Datum < #2002-01-01#
```

Die vorstehende Variante funktioniert mit Access. Hier muss zumindest in der WHERE-Klausel das Nummernzeichen verwendet werden. Für MySQL und andere Datenbanken ist folgende Version gedacht:

```
UPDATE Kunden
SET Datum = '2002-01-01'
WHERE Datum < '2002-01-01'
```

Die Bedingung in der WHERE-Klausel kann auch nach folgendem Schema gebildet werden. Zumindest SQL und andere Datenbanksysteme unterstützen diese Variante:

```
WHERE Datum < {D '2002-01-01'}
```

Diese Schreibweise lässt sich auch auf andere Typen anwenden, beispielsweise Zeitwerte. In der Regel sollten Sie aber mit den schon gezeigten Varianten auskommen.

Tagesdatum zuweisen

Die Zuweisung des Tagesdatums kann mit Hilfe einer Datumsfunktion erfolgen. Unter Access ist das die Funktion DATE:

```
UPDATE Kunden
SET Datum = DATE()
WHERE Datum < #2002-01-01#
```

MySQL stellt dafür die Funktion CURDATE zur Verfügung. Wir sind bereits weiter oben darauf eingegangen.

```
UPDATE Kunden
SET Datum = CURDATE()
WHERE Datum < {D '2002-01-01'}
```

Das Ergebnis ist natürlich von der Einstellung der Systemzeit auf Ihrem Rechner abhängig.

6.2 Mehrere Datensätze gezielt ändern

Die Änderung mehrerer Datensätze mit einer UPDATE-Anweisung ist gelegentlich sogar erwünscht. Auch in diesem Fall müssen Sie aber genau auf die Bedingung in der WHERE-Klausel achten, um nicht unbeabsichtigt auch andere Datensätze zu ändern. Hier gilt ebenfalls die Empfehlung, die Bedingung zuvor mit einer SELECT-Anweisung zu testen. Diese könnte beispielsweise wie folgt aussehen:

```
SELECT * FROM KUNDEN
WHERE Kundensegment = 'Gewerbe'
```

Wichtig ist wieder nur die Bedingung der WHERE-Klausel. Liefert diese die gewünschten (die zu ändernden) Datensätze, übernehmen Sie die WHERE-Klausel für die UPDATE-Anweisung. Das folgende Beispiel ändert für die mit SELECT angezeigten Datensätze den Eintrag im Feld *Kundensegment*:

```
UPDATE Kunden
SET Kundensegment = 'Gewerbebetrieb'
WHERE Kundensegment = 'Gewerbe'
```

Häufiger werden Sie Änderungen in betrieblichen Tabellen, etwa in Artikel-Tabellen, vornehmen müssen. Das folgende Beispiel ändert in der Tabelle *Artikel* den Mehrwertsteuersatz für alle Artikel, die bisher zum Satz von 16% (0.16) abgerechnet wurden, auf den Wert 17% (0.17):

```
UPDATE Artikel
SET MwStSatz = 0.17
WHERE MwStSatz = 0.16
```

Lassen Sie die Bedingung mit der WHERE-Klausel weg, werden die betreffenden Spalten in allen Datensätzen geändert. Das dürfte in unserem Fall aber nicht erwünscht sein, weil in der Tabelle auch Artikel enthalten sein können, die nur zum halben Steuersatz abzurechnen sind. Die Anweisung funktioniert mit Access, MySQL und eigentlich jeder anderen SQL-Datenbank.

6.3 Berechnete Werte zuweisen

In unseren bisherigen Beispielen wurden die Einträge unabhängig von ihrem alten Inhalt ersetzt. Sie können den Inhalt aber auch durch einen berechneten Wert ersetzen, der den bisherigen Wert berücksichtigt. Das gilt natürlich vor allem für Spalten vom numerischen Typ. So können Sie die Werte der Spalte *Preis* in der Tabelle *Artikel* durch einen berechneten Wert ersetzen, der den bisherigen Wert mit einem bestimmten Faktor multipliziert. Das folgende Beispiel nimmt eine allgemeine Preiserhöhung für alle Artikel (alle Datensätze) der Artikel-Tabelle vor:

```
UPDATE Artikel
SET Preis = Preis * 1.1
```

Alle Einträge in der Spalte *Preis* werden mit dem Faktor 1.1 (1,1) multipliziert, so dass sich eine zehnprozentige Preisanhebung ergibt. Aus dem Preis 3,00 Euro wird so der Preis 3,30 Euro. Sie können also nicht nur neue Werte einfügen, sondern diese auf Basis alter Werte auch berechnen. Da wir auf eine WHERE-Klausel verzichtet haben, werden alle Datensätze, also alle Artikelpreise, geändert.

Bei der vorstehenden Anweisung handelt es sich um ein Beispiel, das Sie nicht unbedingt auf eine Geschäftsdatenbank anwenden sollten. In der Regel muss ein Gewerbetreibender geschäftliche Vorgänge dokumentieren und auch noch nach Jahren belegen können. Üblicherweise werden Sie daher bei Preisänderungen einen neuen Datensatz anlegen und den alten Datensatz archivieren.

Die Berechnungsformel kann auch mehrere Felder umfassen. Wenn Sie zudem noch eine WHERE-Klausel verwenden, erhalten Sie schon eine recht komplexe Anweisung:

```
UPDATE Artikel
SET Mehrwertsteuer = Preis * MwStSatz,
    Bruttopreis = Preis * MwStSatz + Preis
WHERE MwStSatz > 0
```

Mit dieser Anweisung schreiben wir Einträge in die Felder *Mehrwertsteuer* und *Bruttopreis*. Beachten Sie dabei die Formel für das zweite Feld. Wir können uns nicht auf die gerade berechnete Mehrwertsteuer beziehen (*Preis + Mehrwertsteuer*), sondern müssen den Mehrwertsteuerteil erneut berechnen. Die Spalte *Bruttopreis* würde sonst leer bleiben.

6.4 Spalteneinträge mit UPDATE »löschen«

Mit Hilfe von UPDATE-Anweisungen können Sie einzelne Spalteneinträge auch löschen. Dazu weisen Sie den betreffenden Spalten je nach Datentyp einfach einen Leerstring oder den Wert 0 zu:

```
UPDATE Artikel
SET Lieferzeit = 0,
    MwStSatz = 0,
```

UPDATE – Datensätze ändern

```
      Bruttopreis = 0,
      Artikelgruppe = ''
WHERE Preis = 0
```

Das vorstehende Beispiel »löscht« mehrere Einträge, wenn für einen Artikel kein Preis mehr definiert ist.

Richtig löschen mit dem »Wert« NULL

Allerdings funktioniert das nicht mit Werten vom Typ *Datum*. Auch versetzen Sie das Feld damit nicht in den ursprünglichen Zustand, wie er vor der ersten Zuweisung bestand. Jedes Feld hat zunächst den »Wert« *Null*. Damit ist gemeint, dass diese Spalte wirklich keinen Eintrag enthält, auch nicht die Werte 0 oder »Leerstring«. Um diesen Zustand wiederherzustellen, müssen Sie den Spaltenwert auch auf NULL setzen. Ein Beispiel:

```
UPDATE Artikel
SET Lieferzeit = NULL,
    MwStSatz = NULL,
    Bruttopreis = NULL,
    Artikelgruppe = NULL
WHERE   Preis = 0
```

Das Beispiel setzt allerdings voraus, dass die betreffenden Spalten auch den Wert NULL akzeptieren. Ist das nicht der Fall, erhalten Sie eine Fehlermeldung angezeigt. Die Eigenschaft, NULL-Werte zuzulassen, wird bereits bei der Erzeugung der Datentabelle festgelegt. Wir kommen weiter unten noch darauf zurück. Der Wert NULL lässt sich auch auf Datums- und Zeitspalten anwenden.

6.5 Zusammenfassung, Fragen und Übungen

Zusammenfassung

▶ Mit UPDATE lassen sich die Einträge einzelner Spalten ändern. Die bestehenden Einträge werden überschrieben.

▶ Die Zuweisung neuer Werte kann gezielt auf bestimmte Spalten erfolgen.

▶ Spalteneinträge lassen sich mit einer UPDATE-Anweisung gleich in mehreren Datensätzen ändern.

▶ Die Zuweisung von Werten kann auch durch Berechnung der Werte erfolgen.

▶ Mit UPDATE lassen sich einzelne Einträge auch löschen.

Fragen und Übungen

1. Welche Klausel ist für die Wertzuweisung an eine Spalte zuständig?

2. Welche Bedeutung hat die Bedingung der WHERE-Klausel bei UPDATE-Anweisungen?

3. Wie lassen sich Spalteneinträge mit Hilfe der UPDATE-Anweisung löschen?

4. Wie lässt sich gefahrlos testen, ob eine UPDATE-Anweisung nur die Datensätze ändert, die auch geändert werden sollen?

5. Was ist bei der Zuweisung von Datumswerten zu beachten?

6. Lassen sich mit der UPDATE-Anweisung auch Werte zuweisen, die alte Feldinhalte berücksichtigen?

7. Wie lassen sich Feldeinträge löschen?

8. Definieren Sie eine UPDATE-Anweisung, welche die Spalte *Datum* in unserer Kundentabelle auf das aktuelle Tagesdatum setzt.

DELETE – Datensätze löschen

SQL

7 DELETE – Datensätze löschen

Mit DELETE löschen Sie alle Datensätze, die einer bestimmten Bedingung genügen. Auch bei diesem Befehl kommt es daher wieder auf die WHERE-Klausel an. Wenn Sie darauf verzichten, werden tatsächlich alle Datensätze gelöscht. Wie die Syntax zeigt, ist der Befehl auch recht leicht anzuwenden:

```
DELETE FROM Tabelle
WHERE Bedingung
```

Da die WHERE-Klausel nicht unbedingt notwendig ist, genügt bereits folgende Anweisung, um alle Datensätze unserer Tabelle *Kunden* zu löschen:

```
DELETE FROM Kunden
```

Beachten Sie, dass DELETE die Datensätze vollständig entfernt. Es wird also nicht nur der Inhalt der betreffenden Datensätze gelöscht.

7.1 WHERE-Klausel definieren

Üblicherweise wird jede DELETE-Anweisung eine WHERE-Klausel enthalten. Am sichersten ist eine Bedingung, die sich nur auf einen bestimmten Datensatz bezieht. Die folgende Anweisung löscht nur den Datensatz mit der Artikelnummer 38:

```
DELETE FROM Artikel
WHERE ArtikelNr = 38
```

Bedingungen, die für eine unbestimmte Anzahl von Datensätzen gelten, sind nicht ganz ohne Risiko:

```
DELETE FROM Artikel
WHERE Artikelgruppe = 'Keramik'
```

Das vorstehende Beispiel löscht alle Artikel der Artikelgruppe *Keramik*. Das folgende entfernt alle Kunden aus unserer Kundentabelle, die bereits länger als ein Jahr in der Tabelle gespeichert sind, aber noch keinen Umsatz erzeugt haben:

```
DELETE FROM Kunden
WHERE Datum + 365 < NOW
      AND Umsatz <= 0
```

Die Anweisung gilt jedoch nur für Access. Unter MySQL ist die folgende Variante erforderlich:

```
DELETE FROM Kunden
WHERE
FROM_DAYS(TO_DAYS(Datum) + 365) < CURRENT_DATE()
AND Umsatz <= 0
```

Da der DELETE-Befehl bei fehlerhafter Anwendung zu sehr unangenehmen Konsequenzen führen kann, ist wieder zu empfehlen, die Bedingung in der WHERE-Klausel erst mit einer SELECT-Anweisung zu testen. Die Datensätze, die Sie in diesem Fall mit SELECT angezeigt erhalten, werden dann mit DELETE gelöscht.

HINWEIS Besonders kritisch sind natürlich komplexe Bedingungen, die sich aus mehreren Einzelbedingungen zusammensetzen. Hier kann es eventuell sinnvoll sein, mehrere einfache DELETE-Anweisungen zu verwenden, die jeweils nur eine Bedingung enthalten. Allerdings funktioniert das nur, wenn die Bedingungen sich mit OR verknüpfen lassen. Bei Verknüpfungen mit AND ist eine Aufteilung auf mehrere Einzelanweisungen in der Regel nicht möglich.

7.2 Markieren statt Löschen

In Geschäftsdatenbanken werden Datensätze selten sofort gelöscht. Es ist vielmehr üblich, Datensätze, die irgendwann gelöscht (oder archiviert) werden sollen, zunächst als gelöscht zu markieren. Dazu enthalten die Tabellen oft eine zusätzliche Spalte, etwa mit dem Namen *Status*. Hier kann dann mit UPDATE-Anweisungen beispielsweise der Wert *D* für *Deleted* eingetragen werden:

```
UPDATE Artikel
SET Status = 'D'
WHERE Artikelgruppe = 'Holz'
```

Der Satz gilt dann als gelöscht, auch wenn er eigentlich noch vorhanden ist. In SELECT-Abfragen sollen solche Sätze natürlich nicht erscheinen. Daher muss die WHERE-Klausel immer auch eine Bedingung enthalten, die »gelöschte« Datensätze von der Anzeige ausschließt. Die folgende Anweisung berücksichtigt diese Forderung:

```
SELECT Artikelname, Lagerbestand, Status
FROM Artikel
WHERE (Lagerbestand > 0) AND (Status <> 'D')
```

Das Beispiel setzt allerdings voraus, dass immer ein Eintrag im Feld *Status* erfolgt, das Feld also nicht leer (NULL) bleibt. Access akzeptiert die Bedingung sonst nicht. Natürlich können Sie sich nun auch sehr leicht anzeigen lassen, welche Datensätze als »gelöscht« markiert sind. Dazu dient die folgende Anweisung:

```
SELECT Artikelname, Lagerbestand
FROM Artikel
WHERE Status = 'D'
```

Wenn Sie dabei feststellen, dass, wie vorgesehen, genau die richtigen Datensätze als »gelöscht« markiert wurden, können Sie diese irgendwann auch richtig löschen. Dazu genügt dann eine DELETE-Anweisung:

```
DELETE FROM Artikel
WHERE Status = 'D'
```

Dieser Weg dürfte für den Umgang mit Löschoperationen wohl der sicherste sein. Sie handeln sich damit allerdings etwas mehr Verwaltungsaufwand ein.

7.3 Zusammenfassung, Fragen und Übungen

Zusammenfassung

▶ DELETE löscht einen, mehrere oder alle Datensätze in einer Tabelle.

▶ DELETE verwendet optional eine WHERE-Klausel.

▶ Welche Datensätze gelöscht werden, ergibt sich aus der Bedingung der WHERE-Klausel.

Fragen und Übungen

1. Was passiert, wenn Sie den DELETE-Befehl ohne WHERE-Klausel einsetzen?

2. Wie stellen Sie sicher, dass bei Verwendung der DELETE-Anweisung auch nur ein bestimmter Datensatz gelöscht wird?

3. Wie können Sie prüfen, ob eine DELETE-Anweisung auch nur die gewünschten Datensätze löscht?

GROUP BY –
Datensätze gruppieren

SQL

8 GROUP BY – Datensätze gruppieren

Mit den schon vorgestellten Klauseln haben wir noch keineswegs alle Erweiterungen des SELECT-Befehls kennen gelernt. Insbesondere fehlt noch die GROUP BY-Klausel, die eine Zusammenfassung (Gruppierung) von Datensätzen erlaubt. Ganz eng mit der GROUP BY-Klausel verbunden sind die so genannten Aggregatfunktionen. Diese und andere Erweiterungen wollen wir nun im vorliegenden Kapitel besprechen.

8.1 Gruppierung von Datensätzen

Mit der Klausel GROUP BY bewirken Sie eine Gruppierung von Datensätzen. Damit ist gemeint, dass nicht mehr einzelne Datensätze betrachtet (und ausgegeben) werden, sondern nur noch Zusammenfassungen. In einer Zusammenfassung (Gruppierung) gehen dann die einzelnen Datensätze auf. Da dieser Vorgang nicht so leicht zu verstehen ist, wollen wir ein kurzes Beispiel präsentieren. Unsere Kundentabelle könnte beispielsweise die folgenden zwei Datensätze enthalten:

Firma	Ort	Umsatz
Maier AG	Dresden	20.000
Müller KG	Dresden	15.000

Wenn wir diese Datensätze nach dem Feld *Ort* gruppieren, erhalten wir beispielsweise die folgende Gruppierung:

```
Anzahl der Kunden aus Dresden: 2
```

Die Einzelinformationen sind also weitgehend untergegangen. Wir erhalten nur noch die Information angezeigt, dass unsere Kundentabelle zwei Kunden aus Dresden enthält. Da wir als Gruppierungsfeld die Spalte *Ort* verwendet haben, erhalten wir in diesem Fall in der Ergebnistabelle für jeden in der Kundentabelle vorhandenen Ort einen

Datensatz (eine Gruppe). Es ist zudem möglich, den Umsatz zu berücksichtigen und wieder bezüglich des Orts zu gruppieren. Eine Gruppe könnte dann beispielsweise folgende Form haben:

```
Umsatz der Kunden aus Dresden: 35.000
```

Welcher Kunde welchen Umsatz verursacht hat, ist hier nicht mehr zu erkennen. Wir erfahren nur noch, wie viel Umsatz wir mit allen Kunden aus Dresden zusammen gemacht haben.

Gruppieren ohne Aggregatfunktion

Die GROUP BY-Klausel lässt sich ohne Aggregatfunktionen einsetzen. Die damit erzielten Informationen sind in der Regel jedoch sehr dürftig. So liefert die folgende Anweisung lediglich eine Tabelle, die alle Orte ausgibt, welche in unserer Kundentabelle enthalten sind. Wir erfahren damit, wo wir überall Kunden haben:

```
SELECT Ort
FROM Kunden
GROUP BY Ort
```

Der Vorteil dieser Anweisung besteht darin, dass jeder Ort nur einmal ausgegeben wird, auch wenn viele Kunden im selben Ort wohnen. Lassen Sie die GROUP BY-Klausel weg, erhalten Sie ebenfalls alle Orte angezeigt, jedoch erscheinen dann Datensätze mit der gleichen Ortsangabe auch mehrfach in der Ergebnistabelle.

Etwas sinnvoller ist sicher die folgende Anweisung, die alle Artikelgruppen der Tabelle *Artikel* liefert:

```
SELECT Artikelgruppe
FROM Artikel
GROUP BY Artikelgruppe
```

Sie sollten versuchen, sich den Unterschied zu den bisherigen SELECT-Abfragen zu verdeutlichen. Die Einträge der Ergebnistabelle stehen nicht mehr für bestimmte Datensätze in der Ursprungstabelle, sondern für alle Datensätze, die zu einer Gruppe, in diesem Fall, zu einer Artikelgruppe, gehören. Sie können daher auch nicht mehr die Feldliste um beliebige Felder erweitern oder gar das Ersatzzeichen * verwenden. Die folgende Anweisung erzeugt daher eine Fehlermeldung:

```
SELECT * FROM Artikel
GROUP BY Artikelgruppe      „fehlerhafte Anweisung"
```

Für jede Gruppe wird in der Ergebnistabelle nur eine Zeile angezeigt. Wenn die Tabelle maximal zehn Artikelgruppen enthält, erscheinen in der Ergebnistabelle auch maximal zehn Zeilen (Gruppen). Zu jeder Gruppe können aber Tausende von Datensätzen gehören. Wollten Sie in der Ergebnistabelle auch noch den Artikelnamen oder andere Spalten ausgeben, findet sich dafür keine sinnvolle Möglichkeit. Die Artikelnamen müssten ja jeweils in der Zeile erscheinen, die für die ganze Gruppe steht. Etwas verständlicher wird die Gruppierung, wenn sich diese mit Aggregatfunktionen verbindet. Wir werden weiter unten darauf eingehen.

GROUP BY und WHERE-Klausel

Auch ohne Aggregatfunktion kann die GROUP BY-Klausel Sinn machen, wenn sie zusammen mit einer WHERE-Klausel eingesetzt wird. So lässt sich mit dieser Kombination beispielsweise folgende Frage beantworten:

```
In welchen Orten gibt es Kunden mit einem Umsatz von mehr als
10.000 Euro?
```

Als Antwort erwarten wir lediglich eine Liste mit diesen Orten. Dabei soll jeder Ort nur einmal erscheinen, auch wenn dort mehrere Kunden diese Bedingung erfüllen. Die Abfrage hat dann folgende Form:

```
SELECT Ort
FROM Kunden
WHERE Umsatz > 10.000
```

Allerdings erhalten Sie damit keine Informationen darüber, in welchen Orten der meiste Umsatz gemacht wird. Es ist durchaus möglich, dass die Kunden aus Leipzig zusammen einen wesentlich größeren Umsatz erzielen als die aus Dresden. Wenn aber kein Leipziger einen Umsatz von 10.000 erreicht, kommt Leipzig in der Ergebnistabelle nicht vor. Sie sollten sich daher über die Wirkungen der beiden Klauseln im Klaren sein: Die WHERE-Klausel sortiert zunächst alle Datensätze aus, die nicht der Bedingung gehorchen. Erst dann wird die GROUP BY-Klausel wirksam. Die Gruppierung wirkt also nur noch auf die Datensätze, die von der WHERE-Klausel übrig gelassen werden.

Gruppierung für Spalten mit wenigen Wertausprägungen

Wenn Sie GROUP BY ohne eine so genannte Aggregatfunktion verwenden, eignen sich dafür nur Spalten mit relativ wenigen Wertausprägungen. Würden Sie beispielsweise das Feld *Artikelname* als Gruppierungsfeld nutzen, erhielten Sie für jeden Artikel eine eigene Gruppe. Sinnvoll ist die Verwendung von GROUP BY, um beispielsweise ein HTML-Formular mit einer Auswahlliste zu bestücken, die dem Anwender die verfügbaren Artikelgruppen zur Auswahl anbietet.

Aggregatfunktionen

Mit Hilfe von Aggregatfunktionen erzeugen Sie statistische Auswertungen. So lassen sich beispielsweise Summen und Durchschnittswerte berechnen. Tabelle 8.1 zeigt Aggregatfunktionen, die normalerweise in allen SQL-Datenbanken verfügbar sind.

Aggregatfunktionen gelten immer für die ganze Spalte bzw. eine Auswahl von Werten dieser Spalte, nicht für einzelne Zeilenwerte. Sie werden daher auch als Spaltenfunktionen bezeichnet.

Funktion	Bedeutung
Count	Ermittelt für eine Spalte die Zahl der Datensätze.
Max	Ermittelt den höchsten Wert einer Spalte.
Min	Ermittelt den niedrigsten Wert einer Spalte.
Avg	Ermittelt den Durchschnittswert der Einträge einer Spalte.
Sum	Ermittelt die Summe der Werte einer Spalte.

Tab. 8.1: Aggregatfunktionen

Die Funktionen beziehen sich üblicherweise auf eine bestimmte Spalte. Diese ist im Argument der Funktion anzugeben. Wenn die Spalte bei bestimmten Datensätzen keine Einträge enthält (NULL), wird der betreffende Datensatz nicht berücksichtigt. Wollen Sie beispielsweise alle Datensätze zählen, sollten Sie daher eine Spalte verwenden, die auch für alle Datensätze einen Eintrag enthält. Üblicherweise wird es sich dabei um das Schlüsselfeld der betreffenden Tabelle handeln. Ein Beispiel:

```
SELECT COUNT(KundenNr)
FROM Kunden
```

Sie können aber auch jedes andere Feld in die Funktion einsetzen, beispielsweise das Feld *Firma*:

```
SELECT COUNT(Firma)
FROM Kunden
```

Möglicherweise wird aber ein abweichendes Ergebnis angezeigt, etwa wenn die Tabelle auch Privatkunden enthält, für die das Feld *Firma* natürlich leer ist. Sie müssen also sehr genau darauf achten, welche Felder Sie als Argumente der Aggregatfunktionen einsetzen. Unsere vorstehenden Beispiele liefern jeweils nur einen Wert: die Anzahl der Datensätze bzw. die Anzahl der Datensätze, die im betreffenden Feld einen Eintrag enthalten.

Als Argument der Aggregatfunktion können Sie zudem das Ersatz-zeichen (*) verwenden, wenn auch nur für die Funktion COUNT. Mit den meisten Datenbanken sollte daher auch das folgende Beispiel funktio-nieren:

```
SELECT COUNT(*)
FROM Kunden
```

Zu empfehlen sind jedoch die früher vorgestellten Varianten, die auch mit anderen Aggregatfunktionen Ergebnisse liefern.

Alias verwenden

Wenn andere Anwender den Ergebniswert interpretieren sollen, ist es sinnvoll, noch einen Aliasnamen zu bestimmen. SQL vergibt nämlich einen eigenen Namen. Das gilt auch dann, wenn Sie, wie im ersten Bei-spiel, als Argument der COUNT-Funktion eine bestimmte Tabellenspalte benennen. Um einen ordentlichen Namen für die Ergebnisspalte zu erhalten, können Sie daher einen Aliasnamen vorgeben. Unser erstes Beispiel hat dann folgende Form:

```
SELECT COUNT(KundenNr) AS Zahl_der_Kunden
FROM Kunden
```

Die Ergebnisspalte erhält hier die Bezeichnung *Zahl_der_Kunden*. Unter diesem Namen lässt sich das Ergebnis auch weiterverarbeiten, beispielsweise beim Einbetten von SQL-Anweisungen in andere Pro-grammiersprachen. Wir kommen später noch darauf zurück.

Summen bilden

Für die Funktion COUNT ist es relativ nebensächlich, auf welche Spalte sie angewendet wird. Sie zählt lediglich die Einträge. Alle anderen Aggregatfunktionen arbeiten aber mit diesen Einträgen. Die Funktio-nen lassen sich daher praktisch nur auf Spalten mit numerischen

Daten anwenden. Häufig wird es sich dabei um Spalten handeln, die Währungsangaben oder Mengen enthalten. Das folgende Beispiel ermittelt die Summe der Umsätze in unserer Kundentabelle:

```
SELECT SUM(Umsatz) AS Gesamtumsatz
FROM Kunden
```

Wenn Sie eine WHERE-Klausel hinzufügen, erhalten Sie die Umsätze nach bestimmten Kriterien angezeigt. So berechnet das folgende Beispiel den Gesamtumsatz aller Leipziger Kunden:

```
SELECT SUM(Umsatz) AS Gesamtumsatz_Leipzig
FROM Kunden
WHERE Ort = 'Leipzig'
```

Sie erhalten damit bereits eine Art Gruppierung, auch wenn wir die GROUP BY-Klausel momentan noch nicht verwenden.

Durchschnittswerte bilden

Für die Durchschnittsbildung ist die Funktion AVG zuständig. Das folgende Beispiel liefert den durchschnittlichen Umsatz aller unserer Kunden:

```
SELECT AVG(Umsatz) AS Durchschnitt
FROM Kunden
```

Das gilt allerdings nur, wenn die Spalte *Umsatz* für jeden Kunden einen Wert enthält. Wenn Sie in der Tabelle *Kunden* auch potenzielle Kunden (Interessenten) speichern, werden diese nicht berücksichtigt. In der Regel ist das auch so gewollt. Durch Hinzufügen einer WHERE-Klausel lässt sich die Funktion wieder auf eine bestimmte Kundengruppe anwenden:

```
SELECT AVG(Umsatz) AS Durchschnitt
FROM Kunden
WHERE Kundensegment = 'Freiberufler'
```

Innerhalb des Arguments kann auch ein komplexer Ausdruck stehen, der zudem mehr als nur ein Feld enthalten darf. Die folgende Anweisung berechnet beispielsweise den durchschnittlichen Bruttopreis der Artikel in der gleichnamigen Tabelle:

```
SELECT AVG(Preis + (Preis*MwStSatz)) AS Durchschnitt
FROM Artikel
```

Innerhalb der Argumentklammer verwenden wir gleich zwei Felder der betreffenden Tabelle (*Preis* und *MwStSatz*). Natürlich lassen sich auch mehrere Ergebnisse gleichzeitig anzeigen. So erzeugt das folgende Beispiel drei Durchschnittswerte:

```
SELECT AVG(Preis) AS Durchschnitt_Netto,
AVG(Preis*MwStSatz) AS Durchschnitt_MwSt,
AVG(Preis + (Preis*MwStSatz)) AS Durchschnitt_Brutto
FROM Artikel
```

Achten Sie dabei auf das Komma, das, wie bei der Aufzählung von Spalten, jede Spaltendefinition abschließt.

> **HINWEIS**
>
> Wichtig ist auch, dass sämtliche »Spalten« in der SELECT-Anweisung von Aggregatfunktionen gebildet werden. Es ist also nicht zulässig, ein normales Feld in die Liste aufzunehmen. Das wird erst möglich sein, wenn wir die Ausgabe auch noch gruppieren. Weiter unten kommen wir darauf zurück.

MAX und MIN

Mit den Funktionen MIN und MAX ermitteln Sie den kleinsten bzw. größten Wert einer Spalte bzw. einer Auswahl der Spaltenwerte. Den maximalen Preis erhalten Sie mit Anweisungen wie der folgenden:

```
SELECT MAX(Preis) AS maximaler_Preis
FROM Artikel
```

Wenn Sie eine Bedingung hinzufügen, gilt der Wert nur für eine Auswahl der Datensätze:

```
SELECT MAX(Preis) AS maximaler_Preis
FROM Artikel
WHERE Artikelgruppe = 'Glas'
```

Mit dieser Anweisung erhalten wir den höchsten Preis der Artikel, die zur Artikelgruppe *Glas* gehören. Sind für diese Artikelgruppe keine Artikel definiert, wird ein leeres Feld zurückgegeben. Wir werden weiter unten sehen, wie sich ähnliche Ergebnisse auch mit Hilfe der GROUP BY-Klausel erzielen lassen.

Die vorstehenden Beispiele erzeugen lediglich einen Wert, für den SQL einen eigenen Namen vergibt. Um den Namen der Ergebnisspalte selbst bestimmen zu können, ist daher wieder ein Aliasname erforderlich.

Ausdrücke als Funktionsargument

Das Argument einer Aggregatfunktion muss nicht notwendig aus nur einer Spalte bestehen. Auch Ausdrücke, die gegebenenfalls mehrere Spalten umfassen, lassen sich darin unterbringen. So ist es beispielsweise möglich, im Argument der Funktionen Berechnungen durchzuführen. Das folgende Beispiel berechnet den Wert des Lagerbestands für alle in der Tabelle *Artikel* gespeicherten Artikel:

```
SELECT SUM(Preis*Lagerbestand) AS Warenwert
FROM Artikel
```

Zu diesem Zweck multiplizieren wir Preis und Lagerbestand und summieren dann alle so berechneten Werte. Eine erweiterte Variante könnte auch noch den Abschreibungsbedarf errechnen, zumindest, wenn alle Artikel mit der gleichen Rate abgeschrieben werden. Das folgende Beispiel unterstellt einen Satz von 20 Prozent:

```
SELECT SUM(Preis*Lagerbestand) AS Warenwert,
       SUM(Preis*Lagerbestand*0.2)
       AS Abschreibungsbedarf
FROM Artikel
WHERE Artikelgruppe = 'Glas'
```

Die Anweisung verwendet zudem eine WHERE-Klausel, welche die
Berechnung auf eine bestimmte Artikelgruppe beschränkt. Wir werden
im nächsten Kapitel sehen, wie sich durch Verwendung der GROUP BY-
Klausel alle Artikelgruppen berücksichtigen lassen, ohne für jede
Gruppe eine neue Abfrage definieren zu müssen.

GROUP BY und Aggregatfunktionen

Sehr interessant ist die Möglichkeit, Aggregatfunktionen im Zusammenhang mit Gruppen einzusetzen. So können Sie beispielsweise den
Durchschnittsumsatz der einzelnen Kundensegmente mit einer Anweisung wie der folgenden ermitteln:

```
SELECT Kundensegment,
       AVG(Umsatz) AS durchschnittlicher_Umsatz
FROM Kunden
GROUP BY Kundensegment
```

Beachten Sie die Auflistung in der SELECT-Zeile: Die Liste besteht aus
einem normalen Feld (Kundensegment) und einer Aggregatfunktion,
also aus zwei Spalten. Diese Kombination ist nur möglich, wenn das
»normale« Feld in der GROUP BY-Klausel auch als Gruppierungsfeld verwendet wird.

Im Beispiel werden die Kundensegmente und die Durchschnittswerte
der Umsätze ermittelt und ausgegeben. Die Ergebnistabelle (Abbildung
8.1) enthält also zwei Spalten.

Abfrage1 : Auswahlabfrage

Kundensegment	durchschnittlicher_Umsatz
Freiberufler	98.333,56 DM
Gewerbe	6.749,18 DM
Privat	1.600,00 DM

Datensatz: 1 von 3

Abb. 8.1: Nach Kundensegmenten gruppierte Umsätze

Die Aggregatfunktion fasst also immer nur die Umsätze der in der GROUP BY-Klausel genannten Gruppe zusammen. In der Ergebnistabelle erhalten wir für jede Wertausprägung in der Gruppierungsspalte eine Zeile. Beachten Sie, dass wir in diesem Fall keine WHERE-Klausel verwendet haben. GROUP BY sorgt selbst dafür, dass die richtigen Datensätze für jede Gruppe ausgewählt werden. Wir werden später sehen, wie GROUP BY und WHERE zusammenarbeiten.

Natürlich lassen sich auch wieder mehrere Aggregatfunktionen gleichzeitig verwenden. Das folgende Beispiel ermittelt den minimalen und den maximalen Preis der einzelnen Artikel in unserer Artikel-Tabelle:

```
SELECT Artikelgruppe,
       MIN(Preis) AS minimaler_Preis,
       MAX(Preis) AS maximaler_Preis
FROM Artikel
GROUP BY Artikelgruppe
```

Die Anweisung liefert die genannten Preise für jede in der Tabelle enthaltene Artikelgruppe (siehe Abbildung 8.2).

Abfrage1 : Auswahlabfrage

Artikelgruppe	minimaler_Preis	maximaler_Preis
Glas	22,67	123,45
Holz	11,11	22,11
Keramik	87,9	370
Kupfer	123,45	222,45
Papier	22,33	123,45

Datensatz: 3 von 7

Abb. 8.2: Ergebnistabelle einer SELECT-Abfrage mit GROUP BY

Damit nicht unendlich viele Dezimalstellen ausgegeben werden, können Sie auf den berechneten Ausdruck auch noch die ROUND-Funktion anwenden. Sie erhalten dann eine Anweisung wie die folgende:

```
SELECT Artikelgruppe,
       ROUND(MIN(Preis), 2) AS minimaler_Preis,
       ROUND(MAX(Preis), 2) AS maximaler_Preis
FROM Artikel
GROUP BY Artikelgruppe
```

Das Feld *Artikelgruppe* lässt sich nur deshalb in der SELECT-Zeile verwenden, weil es auch in der GROUP BY-Klausel erscheint. In der vorstehenden Anweisung ist es nicht möglich, beispielsweise das Feld *Artikelname* hinzuzufügen. Dieses erscheint nicht als Gruppierungsfeld und darf daher auch nicht in der SELECT-Zeile stehen.

Allerdings können Sie weitere Aggregatfunktionen verwenden. Im Argument der Aggregatfunktionen lassen sich dabei auch andere Felder einsetzen. Sinnvoll ist das jedoch nicht, weil sich die Berechnungen dann auf unterschiedliche Spalten beziehen. Wollen Sie beispielsweise den Durchschnittspreis, die Anzahl der Artikel und den maximalen Preis für jede Artikelgruppe ermitteln, sollten Sie auch das gleiche Feld als Basis verwenden:

```
SELECT Artikelgruppe,
       AVG(Preis) AS Durchschnittspreis,
       COUNT(Preis) AS Artikelzahl,
       MAX(Preis) AS maximaler_Preis
FROM Artikel
GROUP BY Artikelgruppe
```

Das Beispiel erzeugt eine Ergebnistabelle mit vier Spalten. Für jede Artikelgruppe wird dabei jeweils eine Zeile angezeigt. Zudem berücksichtigt die Anweisung alle Datensätze der Tabelle. Wollen Sie nur bestimmte Datensätze zulassen, müssen Sie wieder eine WHERE-Klausel hinzufügen.

GROUP BY-Klausel und WHERE-Klausel

Kommt noch eine WHERE-Klausel hinzu, ändert sich das Ergebnis in der Regel, weil WHERE bereits eine Vorauswahl trifft. Im folgenden Beispiel werden nur solche Datensätze berücksichtigt, die im Feld *Lagerbestand* mindestens den Wert 1 enthalten:

```
SELECT Artikelgruppe,
       AVG(Preis) AS Durchschnittspreis,
       COUNT(Preis) AS Artikelzahl,
       MAX(Preis) AS MaxPreis
FROM Artikel
WHERE Lagerbestand > 0
GROUP BY Artikelgruppe
```

Durchschnittspreis, maximaler Preis und Artikelzahl beziehen sich auch nur noch auf diese Datensätze. Alle anderen werden erst gar nicht ausgewertet. Es ist zudem möglich, dass sich die Zahl der angezeigten Artikelgruppen verringert. Das wird der Fall sein, wenn alle Artikel einer bestimmten Artikelgruppe momentan keinen Lagerbestand aufweisen. Die komplette Gruppe erscheint dann auch nicht in der Ergebnistabelle.

Kurz: Die WHERE-Klausel filtert bereits die Datensätze. Nur solche Datensätze werden von der Aggregatfunktion und der GROUP BY-Klausel berücksichtigt, die WHERE übrig lässt.

Wie üblich kann die WHERE-Klausel auch aus sehr komplexen Bedingungen bestehen. Sollen beispielsweise nur bestimmte Artikelgruppen angezeigt werden, lassen sich diese in der WHERE-Klausel angeben. Die Einzelbedingungen sind dabei mit dem Operator OR zu verknüpfen:

```
SELECT Artikelgruppe,
       AVG(Preis) AS Durchschnittspreis,
       COUNT(Preis) AS Artikelzahl,
```

```
      MAX(Preis) AS maximaler_Preis
FROM Artikel
WHERE Artikelgruppe = 'Holz' OR
      Artikelgruppe = 'Keramik'
GROUP BY Artikelgruppe
```

Das vorstehende Beispiel berücksichtigt lediglich die Artikelgruppen
Holz und *Keramik*. Weil nur diese von der WHERE-Klausel zugelassen
werden, kann GROUP BY auch nur diese gruppieren. Ein ähnlicher Effekt
lässt sich mit der HAVING-Klausel erzielen.

Gruppierung über mehrere Spalten

Eine Gruppierung kann mehrere Spalten umfassen. Anders formuliert:
Die GROUP BY-Klausel kann eine Liste mit Spaltennamen enthalten. Wie
bei anderen Listen üblich, sind die einzelnen Spaltenbezeichnungen
durch Kommata abzugrenzen. Die folgende Anweisung verwendet die
Felder *Artikelgruppe* und *Lagerort*:

```
SELECT Artikelgruppe,
       Lagerort,
       COUNT(Artikelname) AS Anzahl_der_Artikel,
       SUM(Preis * Lagerbestand) AS Warenwert
FROM Artikel
GROUP BY Artikelgruppe, Lagerort
```

Die in der SELECT-Liste aufgeführten »normalen« Felder müssen auch in
der GROUP BY-Klausel erscheinen. Das vorstehende Beispiel enthält
zudem noch die Anzahl der Artikel pro Gruppe bzw. Untergruppe. Dieses Feld hilft vielleicht, die Wirkung der Abfrage besser zu verstehen.
Praktisch wird jede Artikelgruppe mit jedem Lagerort kombiniert, vorausgesetzt, dass es dazu passende Datensätze gibt. Abbildung 8.3 zeigt
zunächst das Ergebnis.

Artikelgruppe	Lagerort	Anzahl_der_Artikel	Warenwert
Glas	Bremen	1	0
Glas	Köln	1	4285,82
Glas	Leipzig	2	155,76
Holz	Dresden	3	586,96
Keramik	Dresden	1	1020
Keramik	Köln	4	17020,35
Keramik	Leipzig	2	1810,98

Abb. 8.3: Ergebnistabelle mit Gruppen und Untergruppen

Die Spalte *Artikelgruppe* bildet praktisch eine Art Obergruppe. Innerhalb dieser Gruppe erhalten wir nun für jeden Lagerort, an dem Artikel dieser Gruppe gelagert sind, eine Untergruppe. Wie aus der Abbildung hervorgeht, lagern Artikel der Gruppe *Glas* beispielsweise an den Orten *Bremen*, *Köln* und *Leipzig*. Für die Gruppe *Glas* erhalten wir folglich drei Ergebniszeilen. Alle Artikel, die zur Gruppe *Holz* gehören, lagern hingegen in *Dresden*. Folglich erhalten wir dafür auch nur eine Ergebniszeile.

Die Anzahl der Artikel bezieht sich nur auf die Anzahl der verschiedenen Artikel, nicht auf den Lagerbestand. So lagern in Leipzig zwei verschiedene Artikel der Gruppe *Glas*, beispielsweise kleine und große Gläser. Folglich liefert die Spalte auch nur den Wert *2*. Es können aber Tausende von Gläsern sein. Der Lagerbestand ist damit nicht erfasst. Dieser wird nur indirekt bei der Berechnung des Warenwerts verwendet (Preis * Lagerbestand). Zwar könnten wir den Lagerbestand ermitteln, beispielsweise durch Einfügen der folgenden Zeile:

```
SUM(Lagerbestand) AS Menge_der_Artikel,
```

Die Menge der Artikel (Lagerbestand der Artikel) würde sich aber immer auf die Gruppe bzw. die Untergruppe beziehen. Wenn wir beispielsweise für die Gruppe *Glas/Leipzig* als Ergebnis den Wert *2000* erhalten und damit zwei verschiedene Artikel gemeint sind, können wir nicht sagen, wie viele davon nun kleine und wie viele große Gläser sind. Wir können allerdings für jeden Artikel eine weitere Untergruppe erzeugen, beispielsweise mit der folgenden Anweisung:

GROUP BY – Datensätze gruppieren **143**

```
SELECT Artikelgruppe,
       Lagerort,
       Artikelname,
       COUNT(Artikelname) AS Anzahl_der_Artikel,
       SUM(Preis * Lagerbestand) AS Warenwert
FROM Artikel
GROUP BY Artikelgruppe, Lagerort, Artikelname
```

Der Artikelname muss dann sowohl in der SELECT-Liste als auch in der GROUP BY-Klausel erscheinen. Da wir nun jeden Artikel als separate Gruppe betrachten, erhalten wir auch sehr viele Zeilen. Zudem muss die Zählung der Artikel (der Artikelnamen) eigentlich immer den Wert 1 liefern. Die Berechnung der Anzahl der Artikel (COUNT(Artikelname)) könnte damit eigentlich entfallen. Wir haben sie zur Ergebniskontrolle dennoch beibehalten. Zumindest bei NULL-Werten in der Spalte *Artikelname* oder bei gleichen Artikelnamen kann es hier zu Abweichungen kommen.

Gruppenauswahl mit HAVING

Mit der WHERE-Klausel bestimmen Sie, welche Datensätze bei der Abfrage berücksichtigt werden. HAVING ist hingegen für die Auswahl von Gruppen zuständig. Hat eine SELECT-Abfrage mit GROUP BY bestimmte Gruppen erzeugt, können Sie nun mit HAVING vorgeben, welche davon in der Ergebnistabelle erscheinen sollen. Das weiter oben gezeigte Beispiel mit der WHERE-Klausel lässt sich daher auch wie folgt schreiben:

```
SELECT Artikelgruppe,
       Avg(Preis) AS Durchschnittspreis,
       Count(Preis) AS Artikelzahl,
       Max(Preis) AS maximaler_Preis
FROM Artikel
GROUP BY Artikelgruppe
```

```
HAVING Artikelgruppe = 'Holz' OR
       Artikelgruppe = 'Keramik'
```

Der einfache Austausch der WHERE-Klausel gegen eine HAVING-Klausel könnte nun zu der Annahme verleiten, dass beide die gleiche oder zumindest eine ähnliche Funktion erfüllen. Das gilt jedoch nur für das vorstehende Beispiel, bei dem es sich eher um eine Ausnahme handelt. Beide Klauseln erfüllen grundsätzlich unterschiedliche Funktionen. So lässt sich das folgende Beispiel nur mit HAVING realisieren:

```
SELECT Artikelgruppe,
       AVG(Preis) AS Durchschnittspreis,
       COUNT(Preis) AS Artikelzahl,
       MAX(Preis) AS maximaler_Preis
FROM Artikel
GROUP BY Artikelgruppe
HAVING AVG(Preis) >= 100
```

Das Beispiel zeigt nur Artikelgruppen an, deren Artikeldurchschnittspreis größer oder gleich 100 ist. Mit WHERE könnten Sie lediglich einzelne Artikel (Datensätze) ausschließen. Damit würden Sie aber eine ganz andere Ergebnistabelle erhalten. HAVING wirkt also erst ganz zum Schluss, wenn eine SELECT/FROM/WHERE/GROUP BY-Anweisung bereits Datensätze ausgewählt und Gruppen erzeugt hat.

WHERE, GROUP BY und HAVING

Für das Verständnis komplexer Abfragen ist es wichtig, zu verstehen, dass die drei Klauseln nacheinander wirksam werden:

▶   Zunächst selektiert die WHERE-Klausel bestimmte Datensätze.

▶   Aus diesen Datensätzen erzeugt GROUP BY dann die gewünschten Gruppen.

▶   HAVING wählt schließlich noch unter den Gruppen aus.

HAVING sieht folglich auch keine Datensätze mehr, sondern nur noch Gruppen. Kurz: HAVING und GROUP BY arbeiten sehr eng zusammen. Wie WHERE erwartet HAVING eine Bedingung. Die folgende Anweisung fasst alle drei Klauseln in einer Abfrage zusammen:

```
SELECT Artikelgruppe,
       AVG(Preis) AS Durchschnittspreis,
       COUNT(Preis) AS Artikelzahl,
       MAX(Preis) AS maximaler_Preis
FROM Artikel
WHERE Lagerbestand > 0
GROUP BY Artikelgruppe
HAVING AVG(Preis) >= 100
```

Die Anweisung zeigt, wie die drei Klauseln zu verwenden sind. Die hier vorgestellte Reihenfolge ist zudem zwingend. Andernfalls erhalten Sie eine Fehlermeldung angezeigt.

Wichtig: Die Bedingung in der HAVING-Klausel kann sich nur auf Felder beziehen, die in der SELECT-Anweisung verwendet werden. Im vorstehenden Beispiel sind das nur vier Felder: das Feld *Artikelgruppe* und die temporären Felder, die durch die Anwendung der Aggregatfunktionen entstehen. Nur diese Felder bekommt die HAVING-Klausel noch zu sehen. Für unser vorstehendes Beispiel sind folglich noch HAVING-Bedingungen wie die folgenden möglich:

```
HAVING Artikelgruppe = 'Keramik'
HAVING Count(Preis) > 10
HAVING Max(Preis) > 100
```

Sie müssen also die Ausdrücke verwenden, mit denen Sie die temporären Spalten gebildet haben. Auch wenn Sie Aliasnamen definieren, können Sie diese nicht einsetzen.

HAVING-Bedingungen lassen sich, wie schon in der WHERE-Klausel, aus mehreren Einzelbedingungen zusammensetzen. Einen Sonderfall bildet das Zählen von Zeilen pro Gruppe. Die folgende Anweisung liefert nur Artikelgruppen, die mehr als zwei Artikel (Zeilen pro Gruppe) enthalten:

```
SELECT Artikelgruppe,
       AVG(Preis) AS Durchschnittspreis
FROM Artikel
GROUP BY Artikelgruppe
HAVING COUNT(*) > 2
```

Die HAVING-Bedingung bezieht sich in diesem Fall auf die Datensätze (Zeilen), die in der jeweiligen Gruppe enthalten sind.

8.2 Zusammenfassung, Fragen und Übungen

Zusammenfassung

▶ Datensätze lassen sich gruppieren. Damit ist gemeint, dass mehrere Datensätze, die über ein gemeinsames Kriterium verfügen, in der Ergebnistabelle zu einer Zeile zusammengefasst werden. In einer Zusammenfassung (Gruppierung) gehen dann die einzelnen Datensätze auf.

▶ Zuständig für die Gruppierung ist die Klausel GROUP BY. Die Klausel verlangt nach der Angabe eines Spaltennamens.

▶ Gruppen lassen sich auch über mehrere Spalten bilden.

▶ Als Gruppierungsfelder sollten nur solche verwendet werden, die wenige Wertausprägungen annehmen können, beispielsweise *Kundensegment*, jedoch nicht Felder wie *Firma* oder *Ort*. Jede Wertausprägung erzeugt eine eigene Gruppe.

Zusammenfassung

▶ Mit Hilfe der WHERE-Klausel kann eine Vorauswahl der Datensätze getroffen werden.

▶ Aggregat- bzw. Spaltenfunktionen ermöglichen die Zusammenfassung mehrerer Werte einer Spalte. Aggregatfunktionen werden überwiegend auf numerische Spalten angewendet.

▶ Wird die GROUP BY-Klausel zusammen mit Aggregatfunktionen eingesetzt, beziehen sich die Funktionen immer auf das in der GROUP BY-Klausel benannte Gruppierungsfeld.

▶ Eine GROUP BY-Klausel kann auch mehrere Spalten enthalten. Diese müssen dann auch in der SELECT-Anweisung erscheinen.

▶ Mit HAVING lässt sich eine Bedingung definieren, die für eine Auswahl der von GROUP BY gebildeten Gruppen sorgt. Nur Gruppen, die der HAVING-Bedingung genügen, werden angezeigt.

Fragen und Übungen

1. Was ist unter Gruppierung zu verstehen?

2. Wie und in welcher Reihenfolge wirken sich die Klauseln WHERE und GROUP BY auf eine Abfrage aus?

3. Was sind Aggregatfunktionen?

4. Welche Einschränkungen gelten für Aggregatfunktionen?

5. Wie lässt sich die Summe der Umsätze für das Kundensegment *Freiberufler* bilden?

6. Wie wirkt sich die Verwendung einer GROUP BY-Klausel auf Abfragen mit Aggregatfunktionen aus?

7. Wie und in welcher Reihenfolge arbeiten WHERE-, GROUP BY- und HAVING-Klausel zusammen?

8. Welche Einschränkung gilt für die Bedingung der HAVING-Klausel?

9 Abfragen über mehrere Tabellen

SQL

9 Abfragen über mehrere Tabellen

Damit Abfragen über mehrere Tabellen möglich sind, müssen die betreffenden Tabellen über Spalten verfügen, die sich als Verknüpfungsspalten eignen. Häufig wird es sich dabei um ein Schlüsselfeld, beispielsweise die Kundennummer, handeln. Dieses Feld ist dann auch in der zweiten Tabelle vorhanden. Hier fungiert es dann als so genannter Fremdschlüssel. Abfragen über mehrere Tabellen liefern Ergebnistabellen, die sich nicht mehr als Untermenge bestehender Tabellen interpretieren lassen. Die Ergebnistabellen enthalten in der Regel Daten aus mindestens zwei Ursprungstabellen.

9.1 Tabellen verknüpfen

Für die Verknüpfung sind spezielle Sprachelemente definiert, auf die weiter unten noch eingegangen werden soll. Für ein erstes Beispiel kommen wir aber schon mit der WHERE-Klausel aus. Eigentlich genügt es, die beteiligten Tabellen in der FROM-Klausel durch Kommata getrennt aufzulisten und eine Verknüpfungsbedingung zu definieren. Als Verknüpfungsbedingung verlangen wir, dass der Primärschlüssel und der Fremdschlüssel identisch sein sollen. Wenn wir Datensätze aus den Tabellen *Kunden* und *Rechnungen* verknüpfen wollen, muss in beiden Tabellen ein Feld für die Kundennummer enthalten sein. Die beiden Felder müssen nicht den gleichen Namen tragen. Ist das jedoch der Fall, sind qualifizierte (vollständige) Bezeichnungen erforderlich, die auch den Tabellennamen umfassen. Die Bedingung kann dann folgende Form haben:

```
WHERE Kunden.KundenNr = Rechnungen.KundenNr
```

Tragen die Spalten unterschiedliche Bezeichnungen, können Sie in der Regel auf die Tabellennamen verzichten. Dennoch dürfte es sinnvoll sein, diese aus Gründen der Übersichtlichkeit zu verwenden. Die vollständige Anweisung hat dann folgende Form:

```
SELECT *
FROM Kunden, Rechnungen
WHERE Kunden.KundenNr = Rechnungen.KundenNr
```

Damit erhalten Sie alle Datensätze aus der Tabelle *Kunden*, denen Datensätze in der Tabelle *Rechnungen* zugeordnet sind. Die Bedingung bezieht sich auf die Spalte *KundenNr* in der Tabelle *Kunden* und die gleichnamige Spalte der Tabelle *Rechnungen*. Wenn diese übereinstimmen, wird ein Ergebnisdatensatz erzeugt.

Da für einen Datensatz aus der Tabelle *Kunden* oft mehrere Rechnungen existieren, kann ein Datensatz aus der Kundentabelle auch mehrfach vorkommen. Für jeden zugehörigen Datensatz aus der Rechnungs-Tabelle wird immer auch der passende Kunde ausgegeben. Wenn für Maier 20 Rechnungen vorhanden sind, erscheint Maier auch zwanzig Mal in der Ergebnistabelle.

> **HINWEIS**
> Wichtig: Das vorstehende Beispiel gibt nur Kunden aus, für die schon Rechnungen vorhanden sind. Ist das noch nicht der Fall, erscheint der Kunde auch nicht in der Ergebnistabelle.

Die Verknüpfung, die wir mit dem Beispiel erzeugt haben, wird üblicherweise als *Natural Join* bezeichnet, weil sie quasi als natürliche Verknüpfung betrachtet wird. Wir werden später zeigen, wie Sie einen *Natural Join* mit anderen Sprachelementen erzeugen können.

Probleme bei Verwendung von mehreren Tabellen

Die Verwendung von mehreren Tabellen kann zu erheblichen Problemen führen, wenn die Verknüpfung nicht korrekt definiert ist oder Sie diese ganz vergessen. Wenn Sie beispielsweise in der zuletzt gezeigten Anweisung die WHERE-Klausel weglassen, wird jeder Datensatz aus der ersten Tabelle mit jedem Datensatz aus der zweiten Tabelle verknüpft. Bei zwei Tabellen mit je 100 Datensätzen erhalten Sie dann eine Ergebnistabelle mit 10.000 Zeilen. Die Verknüpfung muss daher mit größter Sorgfalt erfolgen.

Spalten benennen

Bei Verwendung des Ersatzzeichens * liefert die Abfrage alle Spalten der verknüpften Tabellen. Das ist aber selten erforderlich. Üblicherweise benötigen Sie nur eine Untermenge. In der SELECT-Anweisung sind dann die Spalten aufzulisten, die in der Ergebnistabelle erscheinen sollen. Grundsätzlich können Sie die Spalten wie gewohnt mit ihrem Namen auflisten, auch wenn diese zu unterschiedlichen Tabellen gehören:

```
SELECT Kunden.KundenNr, Firma, Ort,
       RechnungsNr,
       Rechnungsbetrag,
       Rechnungen.Datum
FROM Kunden, Rechnungen
WHERE Kunden.KundenNr = Rechnungen.KundenNr
```

Dabei ist jedoch auf gleichnamige Spalten zu achten. Um diese unterscheiden zu können, müssen Sie die Feldnamen gegebenenfalls mit dem vorangestellten Tabellennamen kennzeichnen.

KundenNr	Firma	Ort	RechnungsNr	Rechnungsbetrag	Datum
1	Maier KG	Dresden	1	223,00 DM	11.11.01
2	Meier GmbH	Osnabrück	2	222,00 DM	15.11.01
2	Meier GmbH	Osnabrück	3	22,00 DM	11.11.00

Datensatz: ◄◄ ◄ | 2 | ► ►I ►* von 3

Abb. 9.1: Kunden und Rechnungen (Teilansicht)

Im vorstehenden Beispiel gilt das beispielsweise für die *KundenNr* und das Datum. Abbildung 9.1 zeigt die Ergebnistabelle für die von uns verwendeten Beispieldaten. Die nachfolgende Anweisung vermeidet Zweideutigkeiten, indem sie genau festlegt, welches Feld aus welcher Tabelle gemeint ist:

```
SELECT Kunden.KundenNr,
       Kunden.Firma,
       Kunden.Ort,
       Rechnungen.RechnungsNr,
       Rechnungen.Rechnungsbetrag,
       Rechnungen.Datum
FROM Kunden, Rechnungen
WHERE Kunden.KundenNr = Rechnungen.KundenNr
```

Eine solche Schreibweise erleichtert zudem die Lesbarkeit des Codes. Wollen Sie gleichnamige Felder ausgeben, ist dafür ein Aliasname zu bestimmen, damit sich die Felder in der Ergebnistabelle unterscheiden:

```
SELECT Kunden.Datum AS Kundendatum ...
SELECT Rechnungen.Datum AS Rechnungsdatum ...
```

Eine Umbenennung wird vor allem dann erforderlich sein, wenn Sie die Spaltenbezeichnungen noch benötigen, beispielsweise bei der Einbettung von SQL-Anweisungen in andere Programmiersprachen.

9.2 JOIN-Klauseln

Mit einer WHERE-Bedingung, die zwei ähnliche Felder aus verschiedenen Tabellen verknüpft, wird bereits ein so genannter *Join* definiert. Dieser funktioniert so, dass nur Kunden angezeigt werden, für die in der untergeordneten Tabelle auch schon Rechnungen existieren. An Stelle der WHERE-Klausel können Sie dafür auch die JOIN-Klausel (genauer: die Klausel INNER JOIN) einsetzen. Diese wird mit der FROM-Klausel verbunden, so dass sich beispielsweise die folgende Anweisung ergibt:

```
SELECT Kunden.KundenNr,
       Kunden.Firma,
       Kunden.Ort,
       Rechnungen.RechnungsNr,
       Rechnungen.Rechnungsbetrag,
       Rechnungen.Datum
FROM Kunden INNER JOIN Rechnungen
ON Kunden.KundenNr = Rechnungen.KundenNr
```

Diese Anweisung funktioniert mit praktisch jedem Datenbanksystem, auch mit Access und MySQL. Die Anwendung von INNER JOIN stellt eigentlich eine Erweiterung der FROM-Klausel dar. INNER JOIN benötigt zudem die ON-Klausel, die praktisch wie eine WHERE-Klausel wirkt. So ergibt sich das folgende Schema:

```
...
FROM Tabelle1 INNER JOIN Tabelle1
ON Tabelle1.Spalte = Tabelle2.Spalte
```

Grundsätzlich ist auch die folgende Variante möglich:

```
...
FROM Tabelle1 INNER JOIN Tabelle2
USING (Spalte)
```

Diese Variante setzt aber schon voraus, dass das Verknüpfungsfeld in beiden Tabellen die gleiche Bezeichnung trägt. In diesem Fall können Sie aber auch gleich die folgende Variante verwenden:

```
...
FROM Tabelle1 NATURAL JOIN Tabelle2
```

Da hier die Verknüpfungsspalten erst gar nicht benannt werden, muss es genau eine Spalte geben, die in beiden Tabellen die gleiche Bezeichnung trägt. Die Verknüpfung kann sonst nicht funktionieren.

Am sichersten ist wohl die etwas umständliche erste Variante, die praktisch keine Voraussetzungen bezüglich der Spaltenbenennung macht. Sie dürfte zudem mit praktisch allen Datenbanken funktionieren, was von den letztgenannten nicht unbedingt gesagt werden kann. Zumindest Access akzeptiert nur die erste Variante.

Verschiedene Join-Typen

Ein *Natural Join* (oder *Inner Join*) bildet praktisch die Standardverknüpfung. Gelegentlich sollen jedoch alle Datensätze der ersten Tabelle (beispielsweise alle Kunden) ausgegeben werden, auch wenn dafür noch keine Datensätze in der untergeordneten Tabelle (etwa der Rechnungstabelle) vorhanden sind.

Die folgende Übersicht zeigt, welche Join-Typen grundsätzlich zur Verfügung stehen.

Join-Typ	Erläuterung
Natural Join *Inner Join*	Die schon vorgestellten Varianten *Natural Join*, *Equi Join* und *Inner Join* sind praktisch identisch. Sie bilden Verknüpfungen, bei denen grundsätzlich nur Datensätze angezeigt werden, für die in den Verknüpfungsfeldern beider Tabellen gleiche Einträge enthalten sind.
Outer Join	Beim *Outer Join* werden immer alle Datensätze der linken oder alle Datensätze der rechten Tabelle angezeigt, auch wenn in der jeweils anderen Tabelle keine zugeordneten Datensätze enthalten sind. Folglich lassen sich *Outer Joins* noch mit LEFT- und RIGHT-Klauseln spezifizieren. Bei einem LEFT OUTER JOIN werden alle Datensätze der linken Tabelle (der ersten Tabelle) angezeigt, auch wenn dafür keine Datensätze in der rechten Tabelle (der zweiten Tabelle) enthalten sind. Die Bezeichnung OUTER kann oft auch entfallen, so dass in der Regel die Angaben LEFT JOIN und RIGHT JOIN genügen.

Join-Typ	Erläuterung
Theta Join	Eine eher exotische Variante ist der *Theta Join*. Normalerweise werden Tabellen über gleiche Einträge in bestimmten Spalten verknüpft. Die Verknüpfungsbedingung muss aber nicht unbedingt mit dem Gleichheitsoperator gebildet werden. Auch Ungleichheit und Kleiner/Größer-Vergleiche sind möglich. Es handelt sich dann um einen so genannten *Theta Join*.

Tab. 9.1: Join-Typen

Die Darstellung der verschiedenen Typen ist nicht in allen Dokumentationen einheitlich, weswegen die vorstehende Übersicht nur eine grobe Einteilung bietet. Auch die Unterstützung der entsprechenden Sprachelemente kann sich je nach Datenbanksystem erheblich unterscheiden. Zudem unterstützen viele Datenbanksysteme nur eine Teilmenge der noch vorzustellenden Sprachelemente. Wir werden gelegentlich auf Einschränkungen, insbesondere bei Access und MySQL, hinweisen.

Variationen

Für die wichtigsten Joins existieren, wie schon teilweise gezeigt, eigene Klauseln, die sich alternativ zur WHERE-Klausel verwenden lassen bzw. diese ganz ersetzen. Auch können Ausdrücke häufig vereinfacht werden. Das folgende Beispiel sollte mit MySQL funktionieren, jedoch nicht mit Access. Es verwendet in der ON-Klausel lediglich eine Spalte. Diese muss in beiden Tabellen enthalten sein:

```
SELECT Firma,
       Rechnungsbetrag
FROM Kunden INNER JOIN Rechnungen
ON KundenNr
```

Es ist dringend zu empfehlen, dass Sie sich vor längeren Experimenten mit den verschiedenen Varianten erst einmal die Syntaxbeschreibung in der jeweiligen Dokumentation bzw. dem Hilfesystem anschauen.

Outer Join

Beim OUTER JOIN werden alle Datensätze einer der Tabellen angezeigt. Ob es sich dabei um die linke oder rechte Tabelle handelt, bestimmen Sie mit den Schlüsselwörtern LEFT und RIGHT. Das folgende Beispiel zeigt alle Datensätze der linken Tabelle an, in unserem Fall also der Tabelle *Kunden*:

```
SELECT Firma,
        Rechnungsbetrag,
        Rechnungen.Datum
FROM Kunden
LEFT OUTER JOIN Rechnungen
ON Kunden.KundenNr = Rechnungen.KundenNr
```

Wenn für einen Datensatz der linken Tabelle keine Datensätze in der rechten Tabelle (hier *Rechnungen*) enthalten sind, werden in den betreffenden Spalten Nullwerte ausgegeben. In der Regel können Sie auf das Schlüsselwort OUTER sogar verzichten. Die vorstehende Anweisung lässt sich dann auch wie folgt schreiben:

```
SELECT Firma,
        Rechnungsbetrag,
        Rechnungen.Datum
FROM Kunden
LEFT JOIN Rechnungen
ON Kunden.KundenNr = Rechnungen.KundenNr
```

Damit ist aber immer ein *Outer Join* gemeint. Eine Left Join-Verknüpfung werden Sie relativ häufig nutzen können. Sie entspricht der Tabellenbeziehung 1:n, wobei n für beliebig viele Datensätze steht, von 0 bis (theoretisch) unendlich. Wesentlich seltener dürfte ein *Right Join* sein. Dies würde bedeuten, dass in der rechten Tabelle Datensätze enthalten sind, denen in der linken keine Datensätze entsprechen. Bei der hierarchischen Struktur unserer Beispieltabellen darf das eigentlich gar nicht vorkommen. Alle Rechnungen müssen auch einem Kunden zugeordnet sein, weil sie sonst keinen Sinn machen. Unsere Datenbank wäre dann nicht mehr konsistent. Allerdings sind in komplexen Datenbanken auch Right Join-Verknüpfungen möglich.

WHERE-Klausel hinzufügen

Auch beim Einsatz von JOIN lässt sich zusätzlich noch eine WHERE-Klausel verwenden. Das folgende Beispiel zeigt alle Kunden und, wenn vorhanden, alle zugehörigen Rechnungen an, soweit die Kunden nur aus Dresden stammen:

```
SELECT Firma, Ort,
       Rechnungsbetrag,
       Rechnungen.Datum
FROM Kunden
LEFT JOIN Rechnungen
ON Kunden.KundenNr = Rechnungen.KundenNr
WHERE Ort = 'Dresden'
```

Die Bedingung kann sich auf die linke, die rechte oder beide Tabellen beziehen. Wie das folgende Beispiel zeigt, sind also auch zusammengesetzte Bedingungen möglich:

```
SELECT Firma, Ort,
       Rechnungsbetrag,
       Rechnungen.Datum
FROM Kunden
LEFT JOIN Rechnungen
ON Kunden.KundenNr = Rechnungen.KundenNr
WHERE Ort = 'Dresden'  AND Rechnungsbetrag > 200
```

Die Anweisung liefert alle Rechnungen, die zu einem Kunden aus Dresden gehören und die einen Betrag von 200 Euro überschreiten.

Theta Join

Wenn Sie in Verknüpfungsbedingungen andere Operatoren als das Gleichheitszeichen verwenden, handelt es sich um einen *Theta Join*. Für Tabellen, die wie unsere Tabellen *Kunden* und *Rechnungen* in einer sehr engen hierarchischen Beziehung stehen, sind *Theta Joins* nicht gedacht. Sie eignen sich besser dazu, in ähnlich strukturierten Tabellen bestimmte Beziehungen aufzudecken. In dieser Einführung soll nicht weiter darauf eingegangen werden. Sie werden auch nur von wenigen Datenbanksystemen unterstützt.

9.3 Gruppierungen

Auch Abfragen über mehrere Tabellen können Gruppierungen erzeugen, also die GROUP BY-Klausel und Aggregatfunktionen verwenden. So lassen sich beispielsweise die Umsätze der Kunden für die einzelnen Orte aus den Rechnungsbeträgen ermitteln. Dazu verwenden Sie die Funktion SUM und gruppieren dann über das Feld *Ort*:

```
SELECT Ort, SUM(Rechnungsbetrag) AS Umsatz
FROM Kunden INNER JOIN Rechnungen
ON Kunden.KundenNr = Rechnungen.KundenNr
GROUP BY Ort
```

Wollen Sie den Umsatz lediglich für bestimmte Kunden ermitteln, wird zusätzlich eine WHERE-Klausel benötigt:

```
SELECT Firma, SUM(Rechnungsbetrag) AS Umsatz
FROM Kunden INNER JOIN Rechnungen
ON Kunden.KundenNr = Rechnungen.KundenNr
WHERE Firma = 'Böger' OR Firma = 'Rumsfeld'
GROUP BY Firma
```

Die WHERE-Klausel sorgt dafür, dass nur Datensätze der Firmen *Böger* und *Rumsfeld* berücksichtigt werden. In der Ergebnistabelle erhalten wir dann für jede der genannten Firmen eine Zeile.

9.4 Mengenoperationen

Mit Mengenoperationen bilden Sie aus den Daten verschiedener Tabellen Schnittmengen, Vereinigungsmengen oder Differenzmengen. Im Gegensatz zu einer Verknüpfung, die nach bestimmten Regeln Datensätze zuordnet, besteht zwischen den Tabellen einer Mengenoperation keine Abhängigkeitsbeziehung. SQL stellt dafür die Operatoren UNION, EXCEPT und INTERSECT zur Verfügung. Allerdings werden Sie in vielen Datenbanksystemen lediglich UNION nutzen können. Das gilt auch für Access und MySQL.

UNION – Vereinigungsmengen

UNION kann Tabellen und SELECT-Anweisungen verwenden. Voraussetzung ist jedoch, dass die Anzahl der Felder, nicht jedoch deren Typ oder Länge, übereinstimmt. Es können also nur Datensätze aus Tabellen oder Abfragen mit einer sehr ähnlichen Struktur vereint werden. Die Syntax lässt erkennen, dass Sie mehrere UNION-Operatoren einsetzen und somit auch mehr als zwei Tabellen vereinen können:

```
TABLE Tabelle1 UNION [ALL]
TABLE Tabelle2 [UNION [ALL]]
TABLE Tabelle[n]
```

Einer bereits erstellten Tabelle ist das reservierte Wort TABLE voranzustellen. Für das Zusammenführen von zwei Tabellen genügt bereits die folgende Anweisung.

```
TABLE Kunden
UNION
TABLE KundenNeu
```

Dieses Beispiel funktioniert auch mit Access. Beide Tabellen müssen natürlich schon vorhanden sein und eine identische bzw. sehr ähnliche Struktur aufweisen.

Unter Access können Sie recht leicht die Kopie einer Tabelle anlegen. Dazu markieren Sie die gewünschte Tabelle im Datenbankfenster und betätigen dann nacheinander die Menüoptionen *Bearbeiten/Kopieren* und *Bearbeiten/Einfügen*. Sie müssen anschließend noch einen Namen für die Kopie vergeben. Beachten Sie aber, dass das letzte Beispiel identische Datensätze in beiden Tabellen nur einmal in die Ergebnistabelle übernimmt. Es kann daher sinnvoll sein, in der Kopie einige Datensätze zu ändern.

Union unterdrückt zunächst mehrfach vorkommende Datensätze. Verwenden Sie hingegen den optionalen Operator ALL, werden alle Datensätze in die Ergebnistabelle übernommen:

```
TABLE Kunden
UNION ALL
TABLE KundenNeu
```

Wesentlich flexibler gestaltet sich die Bildung von Vereinigungsmengen, wenn Sie an Stelle kompletter Tabellen SELECT-Abfragen verwenden. Sie können dann auch WHERE-Klauseln nutzen und eine Auswahl der Tabellenspalten vornehmen. Die Syntax hat etwas vereinfacht folgende Form:

```
SELECT Spalte1, Spalte2 FROM Tabelle1 WHERE Bedingung
UNION
SELECT Spalte1, Spalte2 FROM Tabelle2 WHERE Bedingung
```

Ein zunächst noch recht einfaches Beispiel (ohne WHERE-Klausel) könnte wie folgt aussehen

```
SELECT KundenNr, Firma, Umsatz FROM Kunden
UNION
SELECT KundenNr, Firma, Umsatz FROM KundenNeu
```

Wir haben in diesem Beispiel die gleichen Spalten verwendet. In der Regel ist das auch sinnvoll. Es ist aber nicht immer notwendig. Wie die folgende Anweisung zeigt, besteht zudem die Möglichkeit, richtige Tabellen und die Ergebnisse von SELECT-Abfragen zu vereinen:

```
TABLE  Kunden
UNION
SELECT * FROM KundenNeu
```

Da die Zahl der Spalten auf jeden Fall übereinstimmen muss, haben wir in der SELECT-Anweisung das Ersatzzeichen * verwendet. Bei Tabellen mit unterschiedlichen Strukturen werden Sie die Feldliste der SELECT-Anweisung so zusammenstellen müssen, dass sie weitgehend mit der Struktur der Tabelle im ersten Abschnitt übereinstimmt.

WHERE-Klausel verwenden

Die Verwendung von WHERE-Klauseln ermöglicht die Auswahl der Datensätze. Dabei können Sie für jeden Operanden (jede SELECT-Anweisung) eine eigene Bedingung definieren. Das folgende Beispiel sucht alle Dresdner Kunden aus beiden Tabellen (*Kunden* und *KundenNeu*) heraus und fasst diese in der Ergebnistabelle zusammen.

```
SELECT Firma, Name, Ort
FROM Kunden
WHERE Ort = 'Dresden'
UNION
SELECT Firma, Name, Ort
FROM KundenNeu
WHERE Ort = 'Dresden';
```

Die Verbindung von zwei SELECT-Abfragen ist wohl die sinnvollste Variante, weil hier die Felder in beiden Teilabfragen vorgegeben werden können und damit die Übereinstimmung durch die Abfragedefinition sichergestellt ist.

Gruppierte Datensätze vereinen

Natürlich lassen sich die Daten der Teilabfragen auch wieder gruppieren (Group By). Um ein sinnvolles Ergebnis zu erhalten, müssen Sie in diesem Fall aber tatsächlich auf die vollständige Übereinstimmung der Spalten in den beiden Teilabfragen achten:

```
SELECT Kundensegment, SUM(Umsatz)
FROM Kunden
GROUP BY Kundensegment
UNION
SELECT Kundensegment, SUM(Umsatz)
FROM KundenNeu
GROUP BY Kundensegment
```

Sie sollten sich vergegenwärtigen, was diese Anweisung bewirkt: Mit jeder Teilabfrage erhalten Sie Umsatzzahlen nach Kundensegmenten gruppiert. Die Vereinigung bedeutet, dass in der Ergebnistabelle gegebenenfalls Gruppen (hier Kundensegmente wie Gewerbe oder Freiberufler) doppelt auftreten.

EXCEPT – Differenzmengen

EXCEPT ermöglicht die Anzeige aller Datensätze, in denen sich zwei Tabellen bzw. SELECT-Abfragen unterscheiden. Die Syntax hat folgende Form:

```
TABLE Tabelle1
EXCEPT [ALL]
```

```
TABLE Tabelle2
```

Die Anwendung ist ebenso einfach wie beim UNION-Operator. Das folgende Beispiel zeigt alle Datensätze an, die nicht gleichzeitig in der jeweils anderen Tabelle enthalten sind:

```
TABLE Kunden
EXCEPT
TABLE KundenNeu
```

Auch die anderen schon vorgestellten Möglichkeiten lassen sich mit EXCEPT realisieren. Wir wollen an dieser Stelle aber nicht weiter darauf eingehen, zumal die Anweisung mit keiner unserer Referenzdatenbanken (Access und MySQL) funktioniert.

INTERSECT – Schnittmengen

Die Anwendung des Operators für Schnittmengen (INTERSECT) ist recht ähnlich wie die des Vereinigungsoperators. Die Ergebnisse weichen in diesem Fall jedoch stark voneinander ab. INTERSECT ist praktisch das Gegenteil von EXCEPT. Während EXCEPT übereinstimmende Datensätze von der Anzeige ausschließt, zeigt INTERSECT gerade diese (und nur diese) an. Die Syntax hat vereinfacht folgende Form:

```
TABLE Tabelle1
INTERSECT [ALL]
TABLE Tabelle2
```

INTERSECT ermöglicht es vor allem, Datensätze aufzuspüren, die in verschiedenen Tabellen in gleicher Form vorhanden sind. So ermittelt die folgende Anweisung Datensätze, die sich sowohl in der Tabelle *Kunden* als auch in der Tabelle *KundenNeu* finden:

```
TABLE Kunden
INTERSECT
TABLE KundenNeu
```

Allerdings genügt schon eine kleine Abweichung in einer Spalte, damit keine Übereinstimmung mehr vorliegt und die betreffenden Datensätze von der Anzeige ausgeschlossen werden. Auch INTERSECT kann mit SELECT-Abfragen verwendet werden.

Beachten Sie, dass das vorstehende Beispiel nicht mit Access und auch nicht mit MySQL funktioniert. Auch mit dem Borland-SQL-Server Interbase konnten wir die Anweisungen nicht testen.

Keine Memo-Felder

Wollen Sie komplette Tabellen mit den Mengenoperatoren zusammenführen, müssen Sie darauf achten, dass darin keine Memo- oder Objektfelder enthalten sind. UNIQUE-Felder, etwa Primärschlüsselfelder, stellen hingegen kein Problem dar. Die Mengenoperationen fügen auch Datensätze mit identischen Werten in diesen Feldern zusammen, ohne Fehlermeldungen zu erzeugen. Das ist auch nicht weiter tragisch, weil Sie die Ergebnistabellen nicht editieren können. Das Ergebnis ist eben nur eine temporäre Kopie der Basistabellen. Die Ursprungstabellen bleiben unverändert erhalten.

9.5 Zusammenfassung, Fragen und Übungen

Zusammenfassung

▶ Abfragen über mehrere Tabellen erfordern ähnliche Spalten in den beteiligten Tabellen, über die sich eine Verknüpfung herstellen lässt.

▶ Häufig dienen identische Spalten in zwei Tabellen als Verknüpfungsspalten.

▶ Eine einfache Verknüpfung lässt sich bereits mit Hilfe der WHERE-Klausel herstellen.

Zusammenfassung

▶ Da gelegentlich mit gleichnamigen Spalten zu rechnen ist, sollten grundsätzlich qualifizierte Spaltennamen, also Namen, die sich aus Tabellen- und Spaltennamen zusammensetzen, verwendet werden.

▶ JOIN ermöglicht auch andere Verknüpfungen als *Natural Joins*.

▶ In der Regel wird zwischen *Inner Joins*, *Outer Joins* und *Theta Joins* unterschieden.

▶ Die Operatoren UNION, EXCEPT und INTERSECT ermöglichen die Anwendung von Mengenoperationen auf komplette Tabellen.

▶ Mit UNION lassen sich Vereinigungsmengen bilden. EXCEPT und INTERSECT erzeugen Differenz- bzw. Schnittmengen.

▶ Die Operatoren werden sowohl auf Tabellen als auch auf SELECT-Anweisungen angewendet.

▶ Mengenoperationen können keine Memo- bzw. Objektfelder berücksichtigen.

Fragen und Übungen

1. Wie ist ein *Natural Join* definiert?

2. Wie definieren Sie die Bedingung für eine einfache Verknüpfung (*Natural Join*), ohne JOIN zu verwenden?

3. Auf welche Gefahr ist beim Verknüpfen von Tabellen zu achten?

4. Wie ist ein *Outer Join* definiert?

5. Kann die WHERE-Klausel zusätzlich zu einem JOIN eingesetzt werden?

6. Was sind Mengenoperationen?

7. Wie definieren Sie eine Vereinigungsmenge?

Fragen und Übungen

8. Welche Funktion übernimmt ALL im Zusammenhang mit der Bildung von Vereinigungsmengen?

9. Wie lässt sich die Funktion von INTERSECT, etwa im Vergleich zu EXCEPT, charakterisieren?

10 Datenbankstruktur erzeugen

SQL

10 Datenbankstruktur erzeugen

Mit SQL-Anweisungen ermitteln und bearbeiten Sie nicht nur Daten, Sie können auch neue Datenbanken erzeugen und die komplette Struktur der Datenbank definieren bzw. ändern. Bestehende Datenbanken lassen sich um Tabellen und Indizes ergänzen und natürlich auch löschen. Änderungen sind auf allen Ebenen (Datenbank, Tabelle, Spalte) möglich. Allerdings werden Sie nicht in jeder Umgebung alle Operationen durchführen können. Insbesondere beim indirekten Zugriff, beispielsweise über JDBC oder ODBC, ist mit Einschränkungen zu rechnen. So können Sie über ODBC nicht die Datenbank löschen, die Sie gerade als Datenquelle verwenden.

> **HINWEIS**
>
> Mit jedem weiteren Kapitel stoßen wir in SQL-Bereiche vor, die nicht mehr von allen Datenbanksystemen unterstützt werden. Es kann Ihnen daher hin und wieder passieren, dass Sie bestimmte Beispiele der folgenden Kapitel weder mit Access noch mit MySQL nachvollziehen können.

10.1 Datenbank erzeugen

Bereits im ersten Kapitel haben wir eine Definition des Begriffs *Datenbank* versucht. Dieser wird von den verschiedenen Datenbanksystemen keineswegs so einheitlich interpretiert, wie das vielleicht erscheinen mag.

Was ist eine Datenbank?

Grundsätzlich besteht eine Datenbank aus Tabellen und anderen Datenbankobjekten, etwa Views und Indizes. Größere Datenbanksysteme verwalten solche Objekte in einem Katalog, dem so genannten *Data Dictionary*. Gelegentlich wird daher auch dieser Katalog als

Datenbank betrachtet. Oft verfügen Datenbanksysteme über die Möglichkeit, gleichzeitig auf mehrere Kataloge zuzugreifen. Die Kataloge bilden dann ein Cluster und damit in ihrer Gesamtheit die Datenbank. Wir wollen uns in diesem Einsteigerseminar mit einer schlichteren Variante des Begriffs *Datenbank* abfinden, wie er etwa von Access und MySQL verwendet wird.

CREATE DATABASE

Die Erzeugung einer neuen Datenbank erfolgt mit Hilfe der Anweisung CREATE DATABASE. Als Parameter ist der Name der Datenbank zu übergeben. Die Syntax hat folgende Form:

```
CREATE DATABASE Datenbankname
```

Bei vielen Datenbanksystemen ist mit »Datenbank« nur ein spezieller Ordner gemeint. Das gilt beispielsweise für MySQL. Erst Tabellen und andere Objekte, die als separate Dateien in diesem Ordner abgelegt werden, bilden in ihrer Gesamtheit dann die eigentliche Datenbank. Der CREATE-Befehl erzeugt also häufig nur einen leeren Ordner. In der einfachsten Form genügt dafür die folgende Anweisung:

```
CREATE DATABASE Faktura
```

Mit dieser Anweisung erstellen Sie die Datenbank *Faktura*. Existiert bereits eine Datenbank gleichen Namens, erhalten Sie eine Fehlermeldung angezeigt. Diese Meldung lässt sich unterdrücken, wenn Sie die optionale Klausel IF NOT EXISTS hinzufügen. Die komplette Anweisung wird in diesen Fall wie folgt aussehen:

```
CREATE DATABASE IF NOT EXISTS Faktura
```

Wenn Sie die Klausel verwenden (nur MySQL), müssen Sie jedoch selbst prüfen, ob die Datenbank erstellt wurde.

CREATE DATABASE gehört eigentlich nicht zum SQL-Sprach-umfang. Der Befehl wird jedoch von vielen Datenbanksystemen unterstützt (MySQL, Oracle) und sollte daher an dieser Stelle nicht fehlen.

Probleme bei der Benennung

Bei der Erstellung von Datenbanken vergeben Sie Namen für die Datenbank, für Tabellen, für Indizes und Felder (Spalten). Vor der Erzeugung solcher Objekte sollten Sie sich unbedingt Gedanken über die Namensgebung machen. Einige Datenbanken, beispielsweise Access, sind in dieser Hinsicht sehr tolerant. Sie können Leerzeichen und auch Sonderzeichen wie die deutschen Umlaute verwenden. Andere Datenbanken mögen gerade diese Zeichen nicht. Hinzu kommt, dass Sonderzeichen und Leerzeichen bei der Erzeugung von Abfragen Probleme bereiten können. Access behilft sich damit, dass sich kritische Namen in eckige Klammern einschließen lassen. Das funktioniert aber mit keiner anderen Datenbank.

Keine Leer- und Sonderzeichen

Auch wenn Sie nur mit Access arbeiten, kann es daher sinnvoll sein, bei der Benennung etwas Zurückhaltung zu üben und folgende Regeln zu beachten:

▶ Namen sollten keine Leer- und Sonderzeichen enthalten.

▶ Die Namen für Tabellen und Spalten sollten möglichst kurz sein.

▶ Zusammengesetzte Namen sollten nur nach einem der folgenden Muster gebildet werden:

```
MeineDatenbank
Meine_Datenbank
MeineTabelle
Meine_Tabelle
```

Der Unterstrich (nicht der Bindestrich) ist also zulässig. Bei Datenbanken und Tabellen handelt es sich häufig um Verzeichnisse bzw. separate Dateien, beispielsweise unter MySQL. Die Namen stehen dann für Verzeichnis- und Dateinamen, so dass auf Linux/Unix-Systemen auch noch Groß- und Kleinschreibung zu berücksichtigen sind. Am sichersten dürften Bezeichnungen sein, die nur kleingeschrieben werden, etwa: *meine_tabelle*. Unbedingt notwendig ist eine solche Schreibweise aber nicht.

Access-Einschränkungen

Beachten Sie, dass Sie aus einer Access-Abfrage heraus keine Datenbank erstellen können. Die `CREATE DATABASE`-Anweisungen funktionieren daher nur mit MySQL (und einigen anderen SQL-Datenbanken). Der Grund liegt darin, dass Sie auf den Abfrage-Editor nur zugreifen können, wenn bereits eine Datenbank geöffnet ist. Da unter Access aber immer nur eine Datenbank geöffnet sein kann, müsste die gerade geöffnete beim Anlegen einer neuen Datenbank geschlossen werden.

ODBC-Einschränkungen

Die vorgenannte Einschränkung gilt auch für den ODBC-Zugriff. Während sich eine direkte Verbindung immer auf einen Datenbank-Server bezieht, und nicht auf eine Datenbank, gilt eine ODBC-Verbindung gerade für eine bestimmte Datenbank. Beim Zugriff über ODBC lässt sich folglich keine Datenbank erstellen (oder löschen). Nur Operationen unterhalb der Datenbankebene sind auch per ODBC möglich.

10.2 Tabellen erzeugen

Eigentlich beginnt die Datenbankerzeugung erst mit der Definition von Tabellen. Zudem sind die hierzu erforderlichen Anweisungen und Klauseln wieder weitgehend einheitlich geregelt, so dass Sie die folgenden Beispiele mit praktisch allen Datenbanksystemen nutzen können.

CREATE TABLE

Nachdem eine Datenbank erstellt wurde, können Sie Tabellen erzeugen. Zuständig ist dafür der Befehl CREATE TABLE. Die Basis-Syntax hat folgende Form:

```
CREATE TABLE Tabellenname
```

Nach dem Befehl geben Sie den Namen der zu erzeugenden Tabelle an. Allerdings können Sie in der Regel keine strukturlose Tabelle erzeugen. Die Definition muss daher mindestens auch eine Spalte umfassen. Die Syntax ist dann wie folgt zu erweitern:

```
CREATE TABLE Tabellenname
( Spaltenname Typ(Länge),
  Spaltenname Typ(Länge),
  ... )
```

Die Felddefinitionen, die aus dem Spaltennamen und der Typangabe bestehen, sind in runde Klammern einzuschließen. Eine Längenangabe ist nur bei bestimmten Feldtypen, etwa CHAR, erforderlich. Die meisten Typen kommen ohne diese Angabe aus. Ein erstes Beispiel:

```
CREATE TABLE Kunden
(KundenNr INTEGER)
```

Diese Anweisung erzeugt eine Tabelle mit nur einer Spalte. Die Spalte ist vom Typ *Integer*. Es können also nur ganzzahlige numerische Werte darin gespeichert werden. Um auch noch eine Spalte für den Firmennamen zu erhalten, muss die Anweisung wie folgt erweitert werden:

```
CREATE TABLE Kunden
( KundenNr INTEGER,
  Firma CHAR(50) )
```

In diesem Fall fügen wir eine Spalte vom Typ CHAR hinzu. Dabei handelt es sich um einen Typ für alphanumerische Daten, der erst vollständig definiert ist, wenn auch die Zahl der maximal darin zu speichernden Zeichen (die Feldlänge) angegeben wurde. Die Zahl ist in Klammern einzuschließen.

Wenn Sie die Anweisung ausführen wollen, sollten Sie darauf achten, dass nicht schon eine gleichnamige Tabelle existiert. Um Kollisionen zu vermeiden, können Sie den Namen etwas abändern.

Unter Access starten Sie die Abfrage wieder, indem Sie den Schalter *Ausführen* betätigen oder die funktional gleichwertige Menüoption *Abfrage/Ausführen* wählen.

Feldliste definieren

Üblicherweise werden Sie beim Anlegen der Tabelle gleich eine ganze Liste mit Felddefinitionen übergeben. Das folgende Beispiel erzeugt unsere bereits mehrfach verwendete Kundentabelle:

```
CREATE TABLE Kunden (
    KundenNr INTEGER,
    Firma CHAR(50),
    Name CHAR(50),
    Vorname CHAR(50),
    Strasse CHAR(50),
    Ort CHAR(50),
    PLZ CHAR(5),
    Telefon CHAR (50),
    eMail CHAR (50),
    Kundensegment CHAR(20),
    Aktiv BIT,
    Umsatz CURRENCY,
    Datum DATE)
```

Jede Felddefinition ist von der vorhergehenden durch ein Komma abzutrennen. Wie üblich folgt auf die letzte Definition kein Komma mehr.

Das Beispiel funktioniert in dieser Form nur unter Access. MySQL mag den Typ CURRENCY (Währung) nicht. Wenn Sie die Definition für die Spalte *Umsatz* weglassen oder zumindest den Datentyp CURRENCY durch den Typ DOUBLE ersetzen, sollte es auch mit MySQL (und anderen Datenbanksystemen) klappen:

```
Umsatz DOUBLE,
```

Die Definition einer Tabellenstruktur setzt Kenntnisse der im jeweiligen Datenbanksystem verfügbaren Datentypen voraus. Das vorstehende Beispiel verwendet jedoch lediglich die schon häufig benötigten Typen. Eine ausführliche Darstellung der SQL-Datentypen finden Sie in Kapitel 16 »*SQL-Datentypen*«.

Primärschlüssel definieren

Sie können gleich ein Feld zum Primärschlüsselfeld erklären. Der Programm-Code ist dann wie folgt zu erweitern (Access):

```
CREATE TABLE Kunden (
    KundenNr INTEGER,
    PRIMARY KEY (KundenNr),
    Firma CHAR(50),
    Name CHAR(50),
    ...
    Kundensegment CHAR(20),
    Aktiv BIT,
    Umsatz CURRENCY,
    Datum DATE)
```

Einige Felder (...) haben wir ausgelassen, um ein wenig Platz zu sparen. Nach dem zuvor gezeigten Beispiel können Sie diese leicht ergänzen. Mit dem Beispiel, das in dieser Form unter Access funktioniert, wird das gerade erzeugte Feld *KundenNr* zum Primärschlüssel ernannt. Die Position ist relativ unwichtig. Sie müssen den Primärschlüssel also nicht unbedingt nach der betreffenden Spaltendefinition einfügen. Achten Sie aber darauf, die Primärschlüsseldefinition wie eine Spaltendefinition durch ein Komma zu separieren. Das gilt jedoch nicht für MySQL. Eine etwas verkürzte Variante, die auch mit MySQL funktioniert, könnte wie folgt aussehen:

```
CREATE TABLE Kunden (
    KundenNr INTEGER PRIMARY KEY,
    Firma CHAR(50),
    Name CHAR(50),
    Kundensegment CHAR(20),
    Aktiv BIT,
    Datum DATE)
```

Hier wird die Klausel für den Primärschlüssel an die zuständige Spaltendefinition (*KundenNr*) angehängt. Diese Variante lässt sich auch unter Access einsetzen. Der Primärschlüssel wird dann praktisch wie eine Eigenschaft der Felddefinition behandelt. Die meisten Datenbanksysteme, auch MySQL, unterstützen beide Varianten. Sie erwarten dann aber für die erste Variante, dass das Schlüsselfeld zuvor als NOT NULL definiert wurde:

```
CREATE TABLE Kunden (
    KundenNr INTEGER NOT NULL,
    PRIMARY KEY (KundenNr),
    … )
```

Die Punkte im vorstehenden Beispiel (...) gehören natürlich nicht zur Syntax. Sie stehen lediglich für eine unvollständige Anweisung, die von Ihnen noch ergänzt werden muss. Auf die Einschränkung NOT NULL kommen wir später noch zurück.

Mehrfelderschlüssel

Ein Primärschlüssel kann über mehrere Spalten gehen. Diese sind dann in der Klammer nach der Klausel PRIMARY KEY anzugeben.

```
CREATE TABLE Kunden (
   KundenNr INTEGER NOT NULL,
   Firma CHAR(50),
   PRIMARY KEY (KundenNr, Firma),
   ... )
```

Die einzelnen Spalten des Primärschlüssels sind durch Kommata zu trennen. Mehrere Spalten werden Sie jedoch selten verwenden, da Primärschlüssel sich regelmäßig auf ein künstliches Schlüsselfeld beziehen.

Indizes definieren

Mit der Tabellendefinition können Sie auch »normale« Indizes anlegen. Wir werden auf die Funktion von Indizes in Kapitel 12 *»Index«* noch ausführlich eingehen. Unter MySQL verwenden Sie dafür die Klauseln KEY und INDEX.

Ein MySQL-Beispiel:

```
CREATE TABLE Kunden (
   KundenNr INTEGER NOT NULL,
   PRIMARY KEY (KundenNr),
   Firma CHAR(50), KEY(Firma),
   Name CHAR(50),
   Ort CHAR(50),
   Aktiv BIT,
   Datum DATE )
```

Access unterstützt diese Variante nicht. Hier ist, wie im folgenden Beispiel gezeigt, die CONSTRAINT-Klausel erforderlich, die so genannte Einschränkungen für Spalten definiert und die wir weiter unten noch etwas ausführlicher vorstellen:

```
CREATE TABLE Kunden (
   KundenNr INTEGER,
```

```
PRIMARY KEY (KundenNr),
Firma CHAR(50) CONSTRAINT Firma UNIQUE,
Name CHAR(50),
Ort CHAR(50),
Aktiv BIT,
Umsatz CURRENCY,
Datum DATE)
```

Diese Option ist aber wenig sinnvoll, weil sie nur einen Index erstellt, wenn UNIQUE angegeben wird. Sie erhalten damit immer einen eindeutigen Index. Unter Access verwenden Sie besser die CREATE INDEX-Anweisung, die wir in Kapitel 12 »*Index*« vorstellen.

NOT NULL

Mit NOT NULL bestimmen Sie, dass eine Spalte keine NULL-Werte akzeptiert. Damit ist gemeint, dass diese Spalte unbedingt einen Eintrag erhalten muss. Eine Spalte, die Sie als Primärschlüssel definieren, wird automatisch mit dieser Eigenschaft ausgestattet. Bei anderen Spalten müssen Sie selbst dafür sorgen. Allerdings sollten Sie mit der Zuweisung der NOT NULL-Eigenschaft vorsichtig umgehen. Viele Felder werden häufig frei bleiben müssen. Erzwungene Einträge darf es nur geben, wo dieses vom Datenmodell her unbedingt erforderlich ist. Das folgende Beispiel definiert die Spalten *PLZ* und *Ort* als NOT NULL:

```
CREATE TABLE Kunden (
    KundenNr INTEGER NOT NULL,
    PRIMARY KEY (KundenNr),
    Firma CHAR(50),
    PLZ CHAR(5) NOT NULL,
    Ort CHAR(50) NOT NULL,
    Aktiv BIT,
    Datum DATE)
```

Beachten Sie, dass wir in diesem Fall auch die Spalte *KundenNr* mit NOT NULL gekennzeichnet haben. Unter Access ist das nicht unbedingt erforderlich. Die folgende PRIMARY KEY-Klausel sorgt automatisch dafür, dass das Feld die Eigenschaft NOT NULL zugewiesen erhält. Unter MySQL müssen Sie jedoch eine Spalte, die Sie als Primärschlüssel verwenden wollen, ausdrücklich als NOT NULL kennzeichnen. Da Access nichts gegen diese Form einzuwenden hat, funktioniert das vorstehende Beispiel mit beiden Datenbanksystemen.

Beachten Sie auch, dass wir zur Schonung der Wälder wieder nur einen Teil der Felder unserer früher definierten Kundentabelle verwendet haben. Es sollte Ihnen keine Probleme bereiten, die fehlenden Spalten zu ergänzen. Bedenken Sie dabei, dass MySQL den Datentyp CURRENCY nicht akzeptiert. Als Ersatz ist dann beispielsweise der DOUBLE-Typ zu verwenden.

UNIQUE

Eine Spalte, die Sie als Primärschlüssel definiert haben, kann nur noch eindeutige Einträge aufnehmen. Sie akzeptiert zudem keine Leerwerte (NULL) mehr. Diese Eigenschaften können Sie auch solchen Spalten zuweisen, die Sie nicht unbedingt als Primärschlüssel verwenden wollen. Die Spalte ist dann als UNIQUE zu kennzeichnen. Eine entsprechende Spaltendefinition ist wie folgt zu erweitern:

```
KundenNr INTEGER UNIQUE,
```

In unserer Kundentabelle findet sich eigentlich nur eine Spalte, die wir mit dieser Eigenschaft ausstatten könnten, eben die Kundennummer. Diese wird aber schon dadurch zu einem UNIQUE-Feld, dass wir sie als Primärschlüssel benötigen. Mit den meisten Datentabellen, die Sie in Geschäftsanwendungen benötigen, dürfte es Ihnen ähnlich ergehen. UNIQUE wird daher nur selten zum Einsatz kommen. Sie müssen sogar darauf achten, UNIQUE nicht leichtfertig einzusetzen, weil Sie damit die Funktion einer Tabelle gefährden. Für die meisten Spalten gilt, dass sie mehrfach die gleichen Einträge zulassen müssen.

AUTO_INCREMENT

Eine Spalteneigenschaft, die eigentlich nicht zum Standardsprachumfang von SQL gehört, ist AUTO_INCREMENT. Diese Eigenschaft wird inzwischen jedoch von vielen Datenbanksystemen unterstützt, so dass wir sie hier ebenfalls aufgenommen haben.

AUTO_INCREMENT definiert eine Spalte als Autowert-Spalte. Der Eintrag erfolgt dann automatisch durch Hochzählen eines ganzzahligen Werts. Im Grunde handelt es sich also um eine Spalte vom Typ Integer. Sobald ein neuer Datensatz erzeugt wird, errechnet das Datenbanksystem den neuen Wert und nimmt den Eintrag dann selbst vor. AUTO_INCREMENT ist damit ein sehr bequemer Typ, der sich besonders für Spalten wie Kunden- oder Artikelnummern eignet. Sie müssen sich dann nicht mehr selbst um eindeutige Einträge kümmern. Eine AUTO_INCREMENT-Spalte ist automatisch eine UNIQUE-Spalte. Das folgende Beispiel erzeugt eine Kundentabelle, bei der wir für die Spalte *KundenNr* den Typ AUTO_INCREMENT verwendet haben. Das Beispiel lässt sich in dieser Form nur mit MySQL einsetzen:

```
CREATE TABLE Kunden (
    KundenNr INTEGER AUTO_INCREMENT,
    PRIMARY KEY (KundenNr),
    Firma CHAR(50),
    PLZ CHAR(5) NOT NULL,
    Ort CHAR(50) NOT NULL,
    Aktiv BIT,
    Datum DATE)
```

AUTO_INCREMENT funktioniert jedoch auch mit Access. Sie müssen dann aber die folgende Variante wählen:

```
CREATE TABLE Kunden (
    KundenNr AUTOINCREMENT,
    ...
```

Access akzeptiert den Unterstrich also nicht, sondern erwartet die Angabe eines einzigen Worts.

Andere Datenbanksysteme, die sich etwas mehr an den SQL-Standard halten, beispielsweise Oracle, unterstützen diese Eigenschaft nicht.

DEFAULT

DEFAULT sorgt dafür, dass beim Anlegen eines neuen Datensatzes automatisch ein bestimmter Wert in die betreffende Spalte eingetragen wird. Der Wert kann vom Anwender überschrieben werden. Allerdings handelt es sich dabei nicht um ein Standardsprachelement, auch wenn es von mehreren Datenbanksystemen unterstützt wird. Das folgende Beispiel beschränkt sich auf wenige Spalten. Es definiert für die Spalte *MwStSatz* eine Vorbelegung mit dem Wert 0.16:

```
CREATE TABLE Artikel (
    ArtikelNr INTEGER PRIMARY KEY,
    Preis DOUBLE,
    MwStSatz FLOAT DEFAULT 0.16 )
```

Die Anweisung funktioniert nur mit MySQL. Access kennt, wie auch andere Datenbanksysteme, keine DEFAULT-Klausel.

10.3 Einschränkungen

Constraints sind Einschränkungen, die für einzelne Spalten oder die ganze Tabelle gelten. So lässt sich beispielsweise die Referenzielle Integrität, die wir später noch vorstellen, per CONSTRAINT-Klausel sicherstellen. Allerdings können schon die Typbestimmung der Spalten und die Klauseln PRIMARY KEY, NOT NULL, UNIQUE usw. als Einschränkungen gelten. Sie begrenzen die Möglichkeit, Daten in den Spalten einzugeben.

CONSTRAINT

Die CONSTRAINT-Klausel, die über eine Reihe von Erweiterungen verfügt, wird jedoch je nach Datenbanksystem sehr unterschiedlich behandelt. Die Basissyntax hat folgende Form:

```
CONSTRAINT Name Art_der_Einschränkung
```

Nach der Klausel ist die Einschränkung zu benennen. Dieser Name wird beispielsweise benötigt, wenn die Einschränkung später wieder aufgehoben werden soll. Die Art der Einschränkung besteht wiederum aus einer Klausel, beispielsweise der CHECK-Klausel. Diese prüft, ob eine bestimmte Bedingung eingehalten wurde. Die Syntax kann dann wie folgt aussehen:

```
CONSTRAINT Name CHECK Bedingung
```

Für eine CREATE TABLE-Anweisung, die lediglich zwei Spalten definiert, würde die Umsetzung folgende Form haben:

```
CREATE TABLE Artikel (
  ArtikelNr INTEGER,
  PRIMARY KEY (ArtikelNr),
  Preis DOUBLE CONSTRAINT abc CHECK (Preis >= 0)
  INITIALY DEFFERED DEFERRABLE )
```

Leider konnten wir die Anweisung weder mit Access noch mit MySQL testen. Wenn Sie nicht über ein leistungsfähiges Datenbanksystem wie beispielsweise Oracle verfügen, werden Sie sich ebenfalls auf eine Trockenübung beschränken müssen.

Zeitpunkt der Überprüfung

Klauseln wie CHECK bewirken, dass eine Überprüfung vorgenommen wird. Den Zeitpunkt der Überprüfung bestimmen Sie mit zusätzlichen Klauseln wie INITIALY IMMEDIATE, INITIALY DEFERRED und DEFERRABLE. Erstere bewirkt, dass die Überprüfung unmittelbar nach der Änderung der Daten erfolgt, während INITIALY DEFERRED dafür sorgt, dass die Überprüfung erst am Ende einer Transaktion vorgenommen wird.

Das zuletzt gezeigte Beispiel definiert eine Einschränkung auf Spaltenebene. Die CONSTRAINT-Klausel kann aber auch auf Tabellenebene wirken. Die Klausel ist dann nicht innerhalb, sondern außerhalb der Spaltendefinition anzugeben. Zudem lassen sich Einschränkungen auch noch nachträglich, also nach Erstellung einer Tabelle, setzen.

FOREIGN KEY

Für die Verknüpfung zwischen zwei Tabellen wird in der abhängigen Tabelle eine Spalte benötigt, die ähnliche Daten enthält wie die Schlüsselspalte. Diese Spalte, die wir in der übergeordneten Tabelle als Schlüssel bzw. Primärschlüssel bezeichnen, wird in der abhängigen Tabelle *Fremdschlüssel* genannt. Mit FOREIGN KEY lässt sich eine solche Spalte festlegen. Die etwas vereinfachte Syntax hat folgende Form:

```
CONSTRAINT Name FOREIGN KEY (Fremdschlüsselspalte)
REFERENCES übergeordnete Tabelle
```

Wenn wir annehmen, dass eine Rechnungstabelle einen Fremdschlüssel enthält, der auf den Primärschlüssel der übergeordneten Kundentabelle verweist, dann muss die Spaltenaufzählung der Rechnungstabelle (also der untergeordneten Tabelle) folgende Anweisung enthalten:

```
CONSTRAINT abc FOREIGN KEY (KundenNr)
REFERENCES Kunden
```

In der FOREIGN KEY-Klausel ist zunächst die Spalte zu benennen, die als Fremdschlüssel dienen soll. In unserer Rechnungstabelle haben wir dafür die Spalte *KundenNr* eingefügt. Diese soll auf den Primärschlüssel der Tabelle *Kunden* verweisen. Da wir auch in der Tabelle *Kunden* eine Spalte mit der Bezeichnung *KundenNr* verwenden, tragen Primärschlüssel und Fremdschlüssel die gleichen Namen. Das ist aber nicht unbedingt erforderlich.

Allerdings wird FOREIGN KEY nicht von allen Datenbanksystemen unterstützt. Die folgende Anweisung können Sie beispielsweise nicht mit MySQL, wohl aber mit Access testen:

```
CREATE TABLE Rechnungen (
    RechnungsNr INTEGER PRIMARY KEY,
    KundenNr INTEGER,
        CONSTRAINT abc FOREIGN KEY (KundenNr)
        REFERENCES Kunden,
    Datum DATE,
    Zahlungsziel INTEGER,
    Rechnungsbetrag CURRENCY,
    Zahlungsmittel CHAR(30),
    Bankverbindung CHAR(50),
    Kontonummer CHAR(20),
    Bankleitzahl CHAR(10) )
```

Damit erhalten wir eine komplette Rechnungstabelle, die automatisch mit der Kundentabelle verknüpft ist. Beachten Sie, dass die CONSTRAINT-Klausel wie eine eigenständige Spaltendefinition durch Kommata abzugrenzen ist, obwohl sie sich auf die unmittelbar zuvor definierte Spalte bezieht.

FOREIGN KEY und Referenzielle Integrität

Das Einfügen der obigen CONSTRAINT- bzw. FOREIGN KEY-Klausel bewirkt, dass die Datenbank selbst auf Referenzielle Integrität achtet. Etwas verkürzt ist damit gemeint, dass zu einem Datensatz in der untergeordneten Tabelle (*Rechnungen*) immer ein Datensatz in der übergeordneten Tabelle (*Kunden*) existieren muss. So können Sie keinen Datensatz in der Tabelle *Kunden* löschen, wenn noch zugehörige Datensätze (Rechnungen) in der Tabelle *Rechnungen* vorhanden sind. Wir werden im

Zusammenhang mit der Datenbanktheorie (vgl. Kapitel 15) noch einmal ausführlich auf die Referenzielle Integrität eingehen.

Erweiterte FOREIGN KEY-Klausel

Die FOREIGN KEY-Klausel kann in der Regel noch um zusätzliche Elemente erweitert werden, so dass beispielsweise beim Löschen eines Datensatzes in der übergeordneten Tabelle (*Kunden*) auch die zugehörigen Datensätze (Rechnungen) der untergeordneten Tabelle gelöscht werden. Dazu stehen die folgenden Klauseln zur Verfügung:

```
ON DELETE CASCADE
ON UPDATE CASCADE
```

ON DELETE sorgt für die Löschweitergabe, während ON UPDATE bewirkt, dass bei der Aktualisierung von Einträgen mit der UPDATE-Anweisung automatisch auch die Daten in den zugehörigen Tabellen aktualisiert werden. Die Klauseln werden lediglich an die schon bekannte CONSTRAINT-Klausel angefügt:

```
CONSTRAINT abc FOREIGN KEY (KundenNr)
REFERENCES Kunden
ON DELETE CASCADE
ON UPDATE CASCADE,
```

Allerdings unterstützt selbst Access die CONSTRAINT-Klausel nur sehr begrenzt. Die vorgestellten Erweiterungen wurden jedenfalls nicht akzeptiert.

10.4 Andere Datenbankobjekte erzeugen

Mit CREATE erzeugen Sie nicht nur Datenbanken und Tabellen. SQL kennt noch eine Reihe weiterer Objekte, die sich ebenfalls mit CREATE erstellen lassen. Das gilt jedoch nur, wenn diese Objekte vom betreffenden Datenbanksystem auch unterstützt werden:

```
CHARACTER SET
DOMAIN
INDEX
SCHEMA
VIEW
```

Das INDEX-Objekt stellen wir noch ausführlich in Kapitel 12 vor. Die anderen Objekte wollen wir nachfolgend nur kurz ansprechen. Sie werden diese weder mit Access noch mit MySQL verwenden können.

SCHEMA

Schemata verwalten andere Datenbankobjekte, beispielsweise Tabellen und *Views*, die inhaltlich zusammengehören, sie ermöglichen den Zugriff auf die darin zusammengefassten Objekte unter einem gemeinsamen Namen. Die eingeschränkte Syntax hat folgende Form:

```
CREATE SCHEMA Name
CREATE TABLE Tabellendefinition
CREATE VIEW Viewdefinition
...
```

Innerhalb einer SCHEMA-Anweisung lassen sich also gleich Tabellen und andere Objekte erzeugen. Obwohl es sich bei SCHEMA um ein SQL-Sprachelement handelt, wird es nur von wenigen Datenbanken unterstützt, beispielsweise von Oracle und DB2 (IBM). Access- und MySQL-Anwender können die Anweisung nicht nutzen.

DOMAIN

Domains sind Wertebereiche, die bestimmen, welche Werte in einer Spalte zulässig sein sollen. Damit lassen sich beispielsweise Spalten, die über den gleichen Datentyp verfügen, gegeneinander abgrenzen.

Die Basissyntax hat folgende Form:

```
CREATE DOMAIN Domain_Definition
```

Nach der Definition kann die Domain in einer CREATE TABLE-Anweisung verwendet werden. Auch für Domains gilt die Einschränkung, dass sie nur von wenigen Datenbanksystemen unterstützt werden. Access und MySQL gehören nicht dazu.

Sonstige CREATE-Anweisungen

Schon die in den letzten Unterkapiteln vorgestellten CREATE-Anweisungen werden Sie nicht in jedem Datenbanksystem finden. Noch seltener anzutreffen sind die folgenden Anweisungen:

```
CREATE ASSERTION
CREATE CHARACTER SET
CREATE COLLATION
CREATE TRANSLATION
```

Assertions sind schemagebundene Einschränkungen. Sie haben daher Ähnlichkeit mit den schon vorgestellten *Constraints*. Der Einsatz ist an SCHEMA-Objekte gebunden. *Character Sets* sind Zeichensätze. Diese lassen sich in einigen Datenbanken auch mit einer entsprechenden CREATE-Anweisung erstellen. *Collations* ermöglichen die Vereinbarung einer Sortierordnung für ein bestimmtes Character Set. TRANSLATION-Objekte definieren Übersetzungsvorschriften.

Wir werden auf diese Anweisungen nicht weiter eingehen. Sie dürften auch größte Probleme haben, ein Datenbanksystem zu finden, das diese unterstützt. Selbst so »dicke Systeme« wie Oracle und DB2 verzichten darauf oder verwenden sie nur teilweise.

10.5   Views – virtuelle Tabellen

Views sind keine realen Tabellen. Dazu fehlen ihnen vor allem die Daten. Es handelt sich vielmehr um fest in der Datenbank gespeicherte SELECT-Abfragen. Da der Anwender sie aber wie normale Tabellen mit ihrem Namen aufrufen kann, verhalten sie sich wie reale Tabellen. Ihre Daten werden jedoch erst bei Bedarf, also auf Anforderung, aus den Daten der realen Tabellen erzeugt.

Views für die Anwendersicht

Views dienen dazu, die oft technische Struktur der Datenbank einer speziellen Anwendersicht anzupassen. Der Anwender will beispielsweise nur die Umsätze des letzten Quartals ermitteln. Statt jedes Mal eine Abfrage zu erstellen, die aus Kundendaten und Rechnungen die gewünschten Daten ermittelt, ruft er lediglich den View *Umsatz* auf. Dahinter verbirgt sich dann die genannte SELECT-Abfrage. *Views* ermöglichen es, nicht normalisierte Tabellen zu verwenden, ohne die Daten redundant halten und damit die Konsistenz der Datenbank gefährden zu müssen. *Views* können mit realen Tabellen verknüpft werden und ihre Daten auch aus anderen *Views* beziehen. Sie lassen sich also fast ohne Einschränkungen wie reale Tabellen verwenden.

Access und MySQL unterstützen keine *Views*. Wenn Sie lediglich mit diesen Systemen arbeiten, werden Sie daher die Beispiele des folgenden Abschnitts nicht nachvollziehen können.

Views erzeugen und verwenden

In der einfachsten Variante erzeugen Sie einen *View* nach dem folgenden Schema:

```
CREATE VIEW Name
AS SELECT Spalte1, Spalte2, ...
FROM Tabelle
WHERE Bedingung
```

Die Erzeugung eines *Views* erfolgt also grundsätzlich mit Hilfe einer SELECT-Anweisung. Um über die Tabellen *Kunden* und *Rechnungen* einen *View* für die Kundenumsätze zu erhalten, ist folgende Anweisung erforderlich:

```
CREATE VIEW Umsatz
AS SELECT Kunden.KundenNr, Firma,
          Ort, Rechnungsbetrag
FROM Kunden,  Rechnungen
WHERE Kunden.KundenNr = Rechnungen.KundenNr
```

Nach der Erzeugung des *Views* können Sie diesen wie eine Tabelle in einer SELECT-Anweisung verwenden. Der *View* wird eben auf der Festplatte gespeichert und steht daher dauerhaft zur Verfügung. Wollen Sie beispielsweise die Umsätze des letzten Quartals ermitteln, genügt dann folgende Anweisung:

```
SELECT * FROM Umsatz
WHERE Datum >= '2001-10-01'
      AND Datum <= '2001-12-31'
```

Sie müssen sich beispielsweise nicht mehr um die gewünschten Spalten kümmern, da diese bereits im *View* ausgewählt wurden. Es ist nicht einmal erforderlich, dass Sie die realen Tabellen kennen, die sich dahinter verbergen. Kurz: *Views* vereinfachen die Abfrage und schützen gleichzeitig die Datenbank, weil weniger direkte Zugriffe durch den Anwender benötigt werden.

10.6 Zusammenfassung, Fragen und Übungen

Zusammenfassung

▶ Die komplette Struktur einer Datenbank kann mit Hilfe von CREATE-Anweisungen erzeugt werden.

▶ Für die Erstellung einer neuen Datenbank ist die Anweisung CREATE DATABASE zuständig.

▶ Neue Tabellen werden mit CREATE TABLE-Anweisungen erstellt. Bei der Definition einer Tabelle kann auch die Liste der Felder (Spalten) angegeben werden.

▶ Die Definition einer Spalte besteht aus dem Spaltennamen, dem Typ und gegebenenfalls der Anzahl der Zeichen (Feldlänge).

▶ Eine Spalte lässt sich durch zusätzliche Eigenschaften in ihrer Funktion erweitern oder einschränken.

▶ Für Einschränkungen der Spalten ist die CONSTRAINT-Klausel zuständig.

▶ Als Einschränkungen lassen sich auch Primärschlüssel und Indizes betrachten. Diese beschränken die Möglichkeit, beliebige Daten einzugeben.

▶ Primärschlüssel und Indizes können sich über mehrere Felder erstrecken.

▶ SQL ermöglicht auch die Erzeugung von Objekten wie *Views*, *Domains* und *Schemata*. Diese Objekte werden jedoch von vielen Datenbanken nicht unterstützt.

Zusammenfassung

▶ *Views* sind virtuelle Tabellen, die auf Anforderung temporär aus anderen Tabellen erstellt werden. Die Datenbank speichert lediglich die Abfragen, mit denen solche Tabellen erstellt werden. Für die Definition von *Views* ist die Anweisung CREATE VIEW zuständig.

Fragen und Übungen

1. Was ist bei der Benennung von Datenbanken zu beachten?

2. Wie definieren Sie eine Spalte, in die maximal 30 alphanumerische Zeichen eingegeben werden sollen?

3. Wie definieren Sie einen Primärschlüssel?

4. Welche Klausel ist für die Vorgabe eines Werts (Vorbelegung) zuständig und wie wird diese Klausel eingesetzt?

5. Wie stellen Sie sicher, dass eine Spalte auch Einträge erhalten muss?

6. Welche Bedeutung hat das Schlüsselwort UNIQUE?

7. Was ist bei der Verwendung von NOT NULL zu beachten?

8. Welche Vorteile haben *Views*?

Datenbankstruktur ändern

SQL

11 Datenbankstruktur ändern

Die Datenbankstruktur besteht aus Tabellen, Views, Indizes, Tabellenspalten und anderen Objekten. Grundsätzlich lassen sich alle diese Objekte mit Hilfe von SQL-Anweisungen erzeugen und auch wieder ändern. Die Datenbank selber kann natürlich gelöscht werden. In diesem Kapitel wollen wir nun die Anweisungen behandeln, die Sie für das Ändern und Löschen benötigen. Es sind vor allem zwei Kommandos, die dafür in Frage kommen:

ALTER

DROP

ALTER dient der Änderung bestehender Objekte. So können Sie damit beispielsweise den Typ oder Namen einer Datenspalte ändern. Mit DROP löschen Sie Objekte vollständig. Auf Erweiterungen und Parameter gehen wir im Folgenden noch ausführlich ein.

Strukturänderungen und Datenverlust

Bei der nachträglichen Änderung von Datenbankstrukturen ist zu bedenken, dass dabei Daten verloren gehen können. So kann die Änderung des Typs zu Datenverlust führen, weil sich die ursprünglichen Daten nicht mehr mit dem neuen Typ darstellen lassen. Auch die Verkürzung der Feldlänge führt häufig zu Datenverlust. Dass beim Löschen kompletter Objekte, etwa von Tabellen und Spalten, auch die darin enthaltenen Daten verloren gehen, dürfte Sie nicht sonderlich überraschen.

11.1 Tabellenstruktur ändern

Die Änderung der Tabellenstruktur dürfte besonders häufig vorkommen, obwohl ein guter Datenbankentwurf gerade das verhindern sollte.

Jedes größere Projekt wird im Laufe der Entwicklung zusätzliche Spalten benötigen, während andere sich als überflüssig erweisen. Die Änderung der Tabellenstruktur meint also vor allem das Hinzufügen und Löschen von Spalten. Im Folgenden wollen wir zunächst nur das Hinzufügen von Spalten betrachten. Diese Operation ist relativ unkritisch, weil dabei keine Daten verloren gehen.

Spalten hinzufügen

Das Hinzufügen von Spalten wird sehr häufig vorkommen. Der ALTER-Befehl ist zu diesem Zweck um die Klausel ADD COLUMN zu ergänzen. Die vereinfachte Syntax hat folgende Form:

```
ALTER TABLE Tabellenname
ADD COLUMN Spaltenname Datentyp [(Feldlänge)]
```

Im ALTER TABLE-Befehl ist zunächst die Tabelle zu benennen, deren Struktur geändert werden soll. Mit ADD COLUMN wird dann die anzufügende Spalte benannt. Dabei ist mindestens der Typ anzugeben. Textfelder benötigen in der Regel noch eine Längenangabe. Das folgende Beispiel, das mit MySQL und Access funktioniert, fügt der Tabelle *Artikel* die Spalte *Beschreibung* hinzu:

```
ALTER TABLE Artikel
ADD COLUMN Beschreibung CHAR(255)
```

Als Argumente übergeben wir den Namen der neuen Spalte und deren Typ. Längenangaben sind in runde Klammern zu setzen. Für eine Spalte vom Typ *Integer* ist folgende Anweisung erforderlich:

```
ALTER TABLE Artikel
ADD COLUMN Spaltenname INTEGER
```

Ein Datumsfeld erstellen Sie wie üblich als DATE- (Access, MySQL) oder DATETIME-Typ (MySQL):

```
ALTER TABLE Artikel
```

```
ADD COLUMN Eingangsdatum DATE
```

Grundsätzlich sollte es auch möglich sein, mehrere Spalten gleichzeitig zu erzeugen. Jede Spaltendefinition ist dann durch ein Komma von der vorhergehenden abzugrenzen, so dass beispielsweise auch folgende Anweisung möglich wird:

```
ALTER TABLE Artikel
ADD COLUMN Beschreibung CHAR(255),
            Mindestbestellmenge INTEGER,
            Hersteller CHAR(50)
```

Allerdings funktioniert das nur mit Access. MySQL mag immer nur eine Spalte gleichzeitig hinzufügen. Auch andere Datenbanksysteme sind in dieser Beziehung etwas zurückhaltend. Zudem haben wir auch eine Syntaxbeschreibung gefunden, welche die komplette Spaltendefinition in runde Klammern setzt:

```
ALTER TABLE Tabelle
ADD (NeueSpalte Spaltentyp [Länge])
```

Die von uns verwendeten Datenbanksysteme kamen jedoch ohne äußere Klammern aus.

Weitere Spalteneigenschaften

Zudem lassen sich auch wieder die Erweiterungen einsetzen, die schon in früheren Kapiteln vorgestellt wurden. Dazu gehören beispielsweise NOT NULL, AUTO_INCREMENT und DEFAULT. Mit Access funktioniert daher auch folgende Anweisung:

```
ALTER TABLE Artikel
ADD COLUMN Skonto FLOAT NOT NULL
```

Da die Tabelle zu diesem Zeitpunkt aber bereits Daten enthält, können Erweiterungen, die eigentlich erzwingen sollen, dass Daten eingegeben werden, problematisch sein. Sie erhalten dann eine neue Spalte, die zunächst ohne Werte ist. Nur beim Hinzufügen neuer Datensätze besteht das Datenbanksystem dann darauf, dass in der neuen Spalte auch Einträge vorgenommen werden.

11.2 Spalten ändern

Für die Änderung von Spalten ist ALTER zuständig. Die Anweisung muss praktisch zweimal aufgeführt werden, zunächst für die Benennung der Tabelle und dann nochmals für die Spalte, so dass sich folgende Syntax ergibt:

```
ALTER TABLE Tabellenname
ALTER COLUMN Spaltenname Änderung
```

Die »Änderung« ist davon abhängig, was Sie ändern wollen. Soll beispielsweise der Datentyp geändert werden, fügen Sie an Stelle des alten Typs lediglich die neue Typangabe hinzu. Sie können aber auch Einschränkungen (*Constraints*) entfernen oder hinzufügen.

MySQL bietet statt ALTER COLUMN noch die eigene MODIFY COLUMN-Klausel an. Diese sollten Sie jedoch nicht unbedingt verwenden, weil sie nicht zum SQL/92-Standard gehört und auch in anderen Datenbanksystemen kaum zu finden ist.

Spaltentyp ändern

In der COLUMN-Klausel ist die Spaltendefinition anzugeben, wobei der Typ vom aktuellen Typ der betreffenden Spalte abweichen muss. Die Typbezeichnung haben wir bereits weiter oben vorgestellt:

```
ALTER TABLE Artikel
ALTER COLUMN Lagerbestand INTEGER
```

Das vorstehende Beispiel ändert den Typ des Felds *Lagerbestand* in den Typ INTEGER. Da INTEGER ein Typ ist, der die möglichen Werte auf ganze Zahlen begrenzt, müssen Sie gegebenenfalls mit Datenverlust rechnen. Unter MySQL sollte die nächste, nicht ganz SQL-konforme Anweisung den gleichen Effekt erzielen:

```
ALTER TABLE Artikel
MODIFY COLUMN Lagerbestand INTEGER
```

Die folgende Anweisung (Access) verwendet den Typ DOUBLE. War zuvor der Typ INTEGER gesetzt, gehen dabei keine Daten verloren. DOUBLE ist in der Lage, Integer-Werte aufzunehmen.

```
ALTER TABLE Artikel
ALTER COLUMN Lagerbestand DOUBLE
```

Beachten Sie, dass sich nicht jeder Typ ohne Datenverlust in jeden anderen Typ verwandeln lässt. Handelt es sich beim neuen Typ um ein Textfeld, ist in Klammern noch die gewünschte Feldlänge anzugeben:

```
ALTER TABLE Artikel
ALTER COLUMN Lagerbestand CHAR(20)
```

Bewirkt die Typänderung eine Verkürzung der Spaltenlänge (der Anzahl der Zeichen), müssen Sie wieder mit Datenverlust rechnen.

Einschränkungen hinzufügen

Grundsätzlich lassen sich alle Einschränkungen (*Constraints*), die wir in Kapitel 10 *»Datenbankstruktur erzeugen«* vorgestellt haben, auch noch nachträglich hinzufügen. Sehr häufig benötigt wird natürlich die Einschränkung NOT NULL. Wenn diese nicht schon bei der Erzeugung der Tabelle angegeben wurde, lässt sie sich unter Access und anderen Datenbanksystemen wie nachfolgend gezeigt hinzufügen:

```
ALTER TABLE Artikel
ALTER COLUMN Artikelname CHAR(50) NOT NULL
```

Die Einschränkung ist einfach an den Spaltennamen und den Datentyp anzuhängen. Beachten Sie, dass zumindest Access die komplette Typangabe (mit Feldlänge) erwartet, auch wenn Sie diese nicht ändern wollen. Sie müssen also die alten Werte kennen, um diese nicht versehentlich zu ändern. Unter Access funktioniert vielleicht auch folgende Anweisung:

```
ALTER TABLE Artikel
ALTER COLUMN Artikelname CHAR(50) NOT NULL UNIQUE
```

Allerdings akzeptiert Access diese Änderung nur, wenn die betreffende Spalte keine doppelten Einträge enthält. UNIQUE lässt eben nur eindeutige Werte zu. Als »doppelte Einträge« gelten in diesem Fall auch Leerwerte (NULL), soweit diese mehrfach in der Spalte vorkommen. Beachten Sie auch, dass UNIQUE unter Access die Erzeugung eines Indizes bewirkt. Wollen Sie die gleiche Anweisung unter MySQL verwenden, ist an Stelle von ALTER wieder MODIFY einzusetzen:

```
ALTER TABLE Artikel
MODIFY COLUMN Artikelname CHAR(50) NOT NULL UNIQUE
```

MySQL kennt für ALTER bzw. MODIFY eine Reihe von Erweiterungen wie beispielsweise RENAME. In Kapitel 17 »MySQL-Datenbank-Server« gehen wir auf solche Abweichungen vom SQL-Standard etwas ausführlicher ein.

Andere Datenbankobjekte ändern

Die ALTER-Anweisung lässt sich grundsätzlich noch auf viele andere Datenbankobjekte anwenden. So sind unter anderem folgende Befehle denkbar:

```
ALTER DOMAIN
ALTER VIEW
ALTER USER
```

Insbesondere Oracle kennt eine lange Liste von Objekten, die sich mit ALTER bearbeiten lassen. Die meisten Datenbanken beschränken sich jedoch im Wesentlichen auf Tabellen und Spalten. Zudem müssen Sie selbst bei ALTER TABLE und ALTER COLUMN mit Abweichungen bei der Implementierung rechnen.

11.3 Datenbankobjekte löschen

Das Löschen von Datenbankobjekten ist natürlich die radikalste Änderung. Dabei gehen praktisch immer Daten verloren. Löschen lassen sich unter anderem Einschränkungen (*Constraints*), Spalten, Tabellen, Views und eventuell auch die Datenbank selbst. Für das Löschen ist die DROP-Anweisung zuständig. Wenn Sie Datenbankobjekte wie Spalten oder Einschränkungen löschen wollen, müssen Sie die DROP-Anweisung in eine ALTER TABLE-Anweisung einbetten, weil natürlich die Tabelle benannt werden muss. Daraus ergibt sich folgende Basissyntax:

```
ALTER TABLE Tabellenname
DROP Spalte
```

In der Regel sollte es nicht erforderlich sein, beim Löschen von Spalten noch die Art des Objekts (COLUMN) anzugeben. Zur Sicherheit können Sie aber auch folgende Syntax verwenden:

```
ALTER TABLE Tabellenname
DROP COLUMN Spalte
```

Für die Aufhebung einer Einschränkung ist eine kleine Änderung der Syntax erforderlich:

```
ALTER TABLE Tabellenname
DROP CONSTRAINT Constraint_Name
```

Soll eine komplette Tabelle gelöscht werden, entfällt die Notwendigkeit für die ALTER TABLE-Anweisung, weil die Tabelle direkt in der DROP-Anweisung benannt werden muss:

```
DROP TABLE Tabellenname
```

Beachten Sie aber, dass wieder die Erweiterung TABLE anzufügen ist, damit das Datenbanksystem den Objekttyp (hier *Tabelle*) erkennen kann.

Einschränkungen löschen

Einschränkungen (Constraints) werden Sie eigentlich nur löschen müssen, wenn Sie beim Tabellenentwurf etwas zu restriktiv vorgegangen sind. Unter Access können Sie beispielsweise Indizes mit DROP CONSTRAINT löschen:

```
ALTER TABLE Artikel
DROP CONSTRAINT Artikelname
```

Die vorstehende Anweisung löscht nicht etwa das Feld (die Spalte) *Artikelname*, sondern einen gleichnamigen Index. Das Feld selbst bleibt erhalten. Andere Datenbanken, beispielsweise MySQL, unterstützen diese Variante nicht. Hier verwenden Sie DROP INDEX, um Einschränkungen wie einen Index zu löschen. Um unter MySQL den Index *Artikelname* zu entfernen, genügt folgende Anweisung:

```
ALTER TABLE Artikel
DROP INDEX Artikelname
```

Auf die Erzeugung und Bearbeitung von Indizes gehen wir in Kapitel 12 »*Index*« noch ausführlich ein.

Spalten löschen

Um komplette Spalten zu löschen, verwenden Sie die Klausel DROP bzw. DROP COLUMN. Die Klausel erwartet lediglich den Namen der zu löschenden Spalte als Argument. Das folgende Beispiel löscht, soweit vorhanden, die Spalte *Lagerbestand*:

```
ALTER TABLE Artikel
DROP COLUMN Lagerbestand
```

Es sollte klar sein, dass dabei alle Daten der betreffenden Spalte verloren gehen. Existiert die Spalte nicht, erhalten Sie eine Fehlermeldung angezeigt. Üblicherweise genügt schon die Kurzform ohne COLUMN:

```
ALTER TABLE Artikel
DROP Lagerbestand
```

Diese einfachen Anweisungen werden von praktisch allen Datenbank-systemen korrekt interpretiert, auch von Access und MySQL.

Tabelle löschen

Eine radikale Änderung der Tabellenstruktur stellt das Löschen der ganzen Tabelle dar. Dazu verwenden Sie den Befehl DROP TABLE. Als Argument ist lediglich der Name der zu löschenden Tabelle anzugeben:

```
DROP TABLE Artikel
```

Für den Fall, dass die Tabelle nicht existiert, können Sie unter MySQL zusätzlich die Klausel IF EXISTS verwenden. Die sonst fällige Fehlermeldung wird dann unterdrückt. Die Klausel muss vor dem Tabellennamen erscheinen:

```
DROP TABLE IF EXISTS Artikel
```

Diese Variante wird allerdings von Access (und anderen Datenbanksystemen) nicht unterstützt. Beachten Sie, dass alle SQL-Anweisungen ohne Sicherheitsabfragen ausgeführt werden, auch das Löschen ganzer Tabellen. Zudem erlaubt DROP TABLE die Angabe einer ganzen Liste von Tabellen. Mit der folgenden Anweisung löschen wir zugleich Kunden- und Rechnungstabelle. Die Tabellennamen sind durch Kommata zu trennen:

```
DROP TABLE Kunden, Rechnungen
```

Aufgrund der massiven Wirkung dieses Befehls sollten Sie DROP TABLE möglichst immer nur auf eine einzige Tabelle anwenden.

Views löschen

Einen View löschen Sie wie eine normale Tabelle mit Hilfe der DROP-Anweisung. Lediglich die Erweiterung VIEW und der Name sind anzugeben. Die folgende Anweisung löscht beispielsweise einen View mit der Bezeichnung *Artikelauswahl*. Dieser muss natürlich existieren, wenn Sie keine Fehlermeldung erhalten wollen.

```
DROP VIEW Artikelauswahl
```

Beachten Sie, dass dabei lediglich die Definition der virtuellen Tabelle gelöscht wird. Die eigentlichen Daten, die sich ja in realen Tabellen befinden, bleiben erhalten.

Andere Datenbankobjekte löschen

In Kapitel 10 *»Datenbankstruktur erzeugen«* haben wir bereits einige Objekte kennen gelernt, die sich nur in wenigen Datenbanksystemen finden. Dazu gehören unter anderem Assertions, Character Sets und Translations. Solche Objekte lassen sich beispielsweise mit folgenden Anweisungen löschen:

```
DROP ASSERTION Name;
DROP CHARACTER SET Name;
DROP TRANSLATION Name;
```

Mit *Name* ist wie üblich der Name des betreffenden Objekts gemeint. Weitere Angaben sind in der Regel nicht erforderlich. Wir werden in diesem Buch nicht weiter darauf eingehen.

> **HINWEIS**
>
> Auch Indizes gehören zu den Objekten, die sich mit DROP löschen lassen. Wir werden Indizes in Kapitel 12 *»Index«* ausführlich vorstellen und dabei auch die passende DROP-Anweisung berücksichtigen.

Datenbank löschen

Schließlich können Sie auch noch komplette Datenbanken löschen. Dazu verwenden Sie die folgende Anweisung:

```
DROP DATABASE Datenbankname
```

Allerdings funktioniert das nur, wenn Sie über das Datenbanksystem auf die Datenbank zugreifen können. So lässt sich die Anweisung nicht innerhalb einer Access-Abfrage verwenden, weil diese selbst Teil der Datenbank ist. Unter MySQL sollte das Löschen kompletter Datenbanken keine größeren Probleme machen. Allerdings sind beim Löschen grundsätzlich einige Voraussetzungen zu erfüllen.

Voraussetzungen für Datenbankänderungen

Sie können nur Objekte löschen, die nicht gerade von anderen Anwendern benutzt werden. Andernfalls erzeugen die Datenbanksysteme nur entsprechende Fehlermeldungen. Unter Access genügt es bereits, wenn Sie selbst ein zu löschendes Objekt, beispielsweise eine Tabelle, geöffnet haben. In einer Netzwerkumgebung, in der viele Anwender auf eine Datenbank zugreifen, dürfte das Löschen daher gar nicht so einfach sein. Sie müssen eventuell die Datenbank oder einzelne Tabellen für andere Anwender sperren, um die Löschung vornehmen zu können.

11.4 Zusammenfassung, Fragen und Übungen

Zusammenfassung

▶ Praktisch alle Datenbankobjekte (Tabellen, Indizes, Views etc.) lassen sich ändern. Die Änderungen können sich auf die Zahl der Spalten, den Spaltentyp und auf Einschränkungen (Constraints) beziehen.

▶ Für die Änderung von Datenbankobjekten ist die ALTER-Anweisung zuständig.

▶ Die Löschung von Datenbankobjekten erfolgt mit Hilfe der DROP-Anweisung.

Zusammenfassung

▶ Löschen lassen sich unter anderem Tabellen, Spalten, Einschränkungen und bei einigen Systemen auch die Datenbank.

▶ Das Löschen von Einschränkungen und Spalten erfolgt innerhalb einer ALTER TABLE-Anweisung. In dieser Anweisung ist die Tabelle zu benennen, in der die Löschung erfolgen soll.

▶ Einschränkungen lassen sich grundsätzlich mit DROP CONSTRAINT entfernen. Diese Anweisung wird jedoch von vielen Datenbanken nur eingeschränkt unterstützt.

Fragen und Übungen

1. Was ist beim Ändern und Löschen von Datenbankobjekten zu beachten?

2. Welche Klausel wird für das Hinzufügen von Spalten benötigt?

3. Mit welchen Sprachelementen ändern Sie eine Tabellenspalte?

4. Wie schränken Sie eine Spalte so ein, dass diese keine Leerwerte mehr akzeptiert?

5. Wie löschen Sie eine Tabelle?

6. Was ist beim Löschen von Datenbankobjekten grundsätzlich zu beachten?

Index

SQL

12 Index

Indizes dienen der schnellen Suche und Sortierung von Daten. Sie werden über bestimmte Spalten bzw. Spaltenkombinationen gebildet. Im Grunde handelt es sich dabei um sortierte Listen, die lediglich die Werte der betreffenden Spalte und einen Zeiger auf den zugehörigen Datensatz in der Tabelle enthalten. Allerdings verwenden moderne Datenbanken eine so genannte Binärbaumstruktur, die das Suchen noch erheblich beschleunigt.

Zahl der Indizes begrenzen

Es ist nicht ratsam, zu viele Indizes zu erzeugen, weil diese auch einen kleinen Nachteil haben: Sie müssen nämlich auch beim Ändern von Daten aktualisiert werden. Der damit verbundene Zeitaufwand kann bei vielen Indizes und vielen zu aktualisierenden Datensätzen zu spürbaren Verzögerungen führen. Ist ein Index vorhanden, wird dieser für SQL-Abfragen auch genutzt. Fast alle SQL-Anweisungen können daher von sinnvollen Indizes profitieren.

Welche Spalten indizieren?

Den Aufgaben entsprechend werden Indizes üblicherweise nur für Spalten erzeugt, die häufig zur Suche oder Sortierung benötigt werden. In einer Kundentabelle können das beispielsweise Spalten wie *Kundennummer* oder *Firma* sein. Grundsätzlich gilt: Alle Spalten, die regelmäßig in Klauseln wie WHERE, ORDER BY oder GROUP BY vorkommen, sind natürliche Kandidaten für einen Index. Dazu kommen die Spalten, die für Joins, also die Verknüpfung von Tabellen, benötigt werden.

Primärschlüssel indizieren

Der Primärschlüssel wird in fast jedem Join verwendet und muss daher unbedingt einen Index erhalten. Weil sich das aber eigentlich schon von selbst versteht, erzeugen die meisten Datenbanksysteme beim Anlegen eines Primärschlüssels mit PRIMARY KEY automatisch auch den zugehörigen Index. Das gilt jedoch nicht für alle Systeme. Im Zweifelsfall müssen Sie daher auch für Primärschlüssel einen Index anlegen.

12.1 Indizes erstellen

Indizes erstellen Sie entweder schon bei der Erzeugung der Tabelle oder nachträglich mit Hilfe des Befehls CREATE INDEX. Mit zusätzlichen Klauseln lässt sich die Operation präzisieren. Die Grundsyntax (ohne Angabe der Sortierrichtung) hat folgende Form:

```
CREATE [UNIQUE] INDEX Indexname
ON Tabelle (Spalte1, Spalte2, ...)
```

Ein Index kann über mehrere Spalten gehen. Die Hauptsortierung wird dann durch die erste Spalte bestimmt. Mit der optionalen UNIQUE-Klausel erhalten Sie einen Index, der nur noch eindeutige Einträge akzeptiert. Diese Klausel dürfen Sie nicht auf Spalten anwenden, die in mehreren Datensätzen gleichlautende Einträge enthalten können. Das folgende Beispiel erzeugt einen nicht eindeutigen Index für die Spalte *Firma*. Der Index selbst erhält ebenfalls den Namen *Firma*:

```
CREATE INDEX Firma
ON Kunden (Firma)
```

Es ist jedoch nicht unbedingt erforderlich, als Indexnamen einen Spaltennamen zu verwenden. Mit der folgenden Zeile erhalten Sie daher grundsätzlich den gleichen Index, nur dass dieser eine andere Bezeichnung (hier *Kunde*) trägt:

```
CREATE INDEX Kunde
ON Kunden (Firma)
```

Den Indexnamen werden Sie in SQL-Anweisungen allerdings kaum verwenden können. Erst wenn Sie aus anderen Anwendungen auf eine Datentabelle zugreifen, wird auch der Indexname wichtig. Sie haben damit die Möglichkeit, die Sortierung zu ändern. Unter SQL benötigen Sie den Namen nur, um einen Index zu löschen.

Eindeutige Indizes

Eindeutige Indizes definieren eine Spalte bzw. eine Spaltenkombination als Schlüssel. Das hat zur Folge, dass diese Spalte auch nur noch eindeutige Werte akzeptiert. Damit ist praktisch auch eine massive Einschränkung verbunden. Das folgende Beispiel erstellt einen solchen Index:

```
CREATE UNIQUE INDEX nr
ON Artikel (ArtikelNr)
```

Üblicherweise eignen sich nur Schlüssel für einen eindeutigen Index. Das Beispiel verwendet daher die Schlüsselspalte *ArtikelNr*, die unbedingt eindeutig sein muss. Beachten Sie aber, dass diese Spalte üblicherweise schon bei der Erzeugung der Tabelle als Primärschlüssel vereinbart wird. Ein zusätzlicher Index ist dann in der Regel nicht erforderlich.

Mehrfelderindex

Soll der Index über mehrere Spalten (Felder) gehen, ist die Reihenfolge der Spaltennamen zu beachten. Das folgende Beispiel erzeugt einen Index mit dem Namen *Kunde*, der die Spalten *Firma* und *Ort* verwendet. Die erste Spalte (hier *Firma*) bestimmt die Hauptsortierung. Nur wenn in dieser Spalte identische Einträge enthalten sind, kommt das zweite Indexfeld zum Zuge:

```
CREATE INDEX Kunde
ON Kunden (Firma, Ort)
```

Soll der Index eindeutig sein, also nur eindeutige Werte oder (bei mehrspaltigen Indizes) eindeutige Wertkombinationen enthalten, müssen Sie die UNIQUE-Klausel hinzufügen. Beachten Sie aber, dass Sie eindeutige Indizes nicht auf Spalten wie *Firma* oder *Ort* anwenden dürfen. Sie würden damit nur noch einen Kunden mit dem Namen Müller in Ihre Datenbank aufnehmen können. Auch das zuletzt gezeigte Beispiel eignet sich kaum für einen eindeutigen Index, weil es schon in jedem größeren Dorf mehr als einen Müller geben dürfte. Die Klausel UNIQUE bleibt also ganz wenigen Spalten vorbehalten, die tatsächlich nur eindeutige Werte aufnehmen können. Dazu gehören fast nur Felder wie Kundennummer, Artikelnummer und Rechnungsnummer. Mehrfelderindizes können sich auch auf Felder mit unterschiedlichen Datentypen beziehen.

> **HINWEIS**
>
> Beachten Sie, dass der Aufbau und die Aktualisierung komplexer Mehrfelderindizes Datenbankoperationen erheblich verzögern kann. Zudem werden solche Indizes selten für Standardaufgaben bei der Datenbankabfrage benötigt. Mehrfelderindizes sollten daher nur in gut begründeten Fällen zum Einsatz kommen. Oft ist es sinnvoll, sie nur für bestimmte Operationen zu erzeugen und nach der Verwendung wieder zu löschen.

Sortierordnung berücksichtigen

Die Syntax der INDEX-Anweisung kann auch eine Sortierrichtung enthalten, Dafür sind die Erweiterungen ASC (aufsteigend) und DESC (absteigend) zuständig, so dass sich etwa folgende Syntax ergibt:

```
CREATE [UNIQUE] INDEX Indexname
ON Tabelle (Spalte1 [ASC|DESC],
            Spalte2 [ASC|DESC], …)
```

Die Sortierung lässt sich für jedes am Index beteiligte Feld separat einstellen. Voreingestellt ist eine aufsteigende Sortierung, die Sie mit ASC erhalten. Sie können daher auch auf diese Erweiterung verzichten. Sinnvoll ist die Angabe von ASC eigentlich nur aus Gründen der besseren Lesbarkeit. Für absteigende Sortierungen müssen Sie hingegen DESC verwenden.

Indizes für numerische Felder

Bei der Erzeugung eines Index für numerische Felder sind eigentlich keine Besonderheiten zu beachten. Eine kleine Ausnahme macht allerdings die Sortierung, die sich hier sinnvoll einsetzen lässt. Diese soll eben nicht immer aufsteigend erfolgen. Vielmehr wird gelegentlich eine absteigende Sortierung benötigt, um beispielsweise die größten Umsatzzahlen zuerst anzeigen zu können.

Ein Beispiel:

```
CREATE INDEX Umsatz
ON Kunden (Umsatz DESC)
```

Indizes werden grundsätzlich für Primärschlüssel benötigt. Allerdings erzeugen praktisch alle Datenbanken bei der Definition des Primärschlüssels auch eine entsprechende Indexdatei. Wenn Sie bei der Erzeugung der Tabelle keinen Primärschlüssel definiert haben, können Sie dafür aber auch einen normalen Index verwenden. Fügen Sie noch die UNIQUE-Klausel hinzu, verhält sich das Feld praktisch wie ein Primärschlüssel.

```
CREATE UNIQUE INDEX KundenNr
ON Kunden (KundenNr)
```

Einen UNIQUE-Index erzeugen Sie nur für Schlüsselfelder. Diese Felder werden aber regelmäßig schon bei der Erzeugung der Tabelle als Primärschlüsselfelder definiert und erhalten damit automatisch einen eindeutigen Index. Sie werden UNIQUE also relativ selten benötigen.

Indizes für Datumsfelder

Sehr interessant sind Indizes auch für Datumsfelder. Hier kommt ebenfalls hinzu, dass Sie die Sortierung nutzen können, die beispielsweise dafür sorgt, dass die aktuelleren Datumswerte (beispielsweise die neuesten Rechnungen) zuerst angezeigt werden. Das folgende Beispiel verwendet zunächst die Standardsortierung:

```
CREATE INDEX Datum
ON Rechnungen (Datum ASC)
```

Die ältesten Datumswerte (beispielsweise die ältesten Rechnungen) erscheinen in diesem Fall an erster Stelle. Die folgende Anweisung dreht die Sortierung um:

```
CREATE INDEX Datum
ON Rechnungen (Datum DESC)
```

Es kann sinnvoll sein, zwei Sortierungen vorzunehmen. Je nach Anforderung lässt sich dann leicht zwischen diesen umschalten. Allerdings werden Sie diese Möglichkeit nicht direkt in SQL-Abfragen nutzen können. Nur indirekt wirken sich solche Indizes aus, indem sie die Verarbeitungsgeschwindigkeit erhöhen. Die Sortierung muss weiterhin mit einer ORDER BY-Klausel in der SELECT-Abfrage vorgenommen werden. Viele Datenbanksysteme mit grafischer Benutzeroberfläche ermöglichen jedoch eine Umschaltung zwischen verschiedenen Indizes. Der jeweils aktive Index steuert dann die Anzeige der Daten und damit auch deren Sortierung.

Problematische Datentypen

Wir hatten schon festgestellt, dass Mehrfelderindizes die Leistung des Datenbanksystems erheblich beeinträchtigen können. Das gilt auch für die Indizierung bestimmter Datentypen, insbesondere von Typen mit variabler Länge. Zudem eignen sich Typen mit großen Wertebereichen, etwa der Typ LONG, nur bedingt für Indizes. Datentypen wie BLOB (dieser speichert Binärdaten) oder Memo können grundsätzlich nicht indiziert werden. Eher sinnlos ist die Indizierung von Spalten, die immer wieder gleiche Einträge enthalten, etwa der Spalte *Artikelgruppe* aus unserer Artikel-Tabelle.

12.2 Indizes löschen

Für das Löschen von Indizes ist `DROP INDEX` zuständig. Der Befehl erwartet als Argument den Namen des zu löschenden Index und als Argument der `ON`-Klausel den Tabellennamen:

```
DROP INDEX Indexname
ON Tabellenname
```

Das folgende Beispiel löscht den Index *Artikel* in der Tabelle *Artikel*:

```
DROP INDEX Artikel
ON Artikel
```

Das Löschen eines Index ist unkritisch, weil dabei keine »echten« Daten verloren gehen. Ein Index kann, wie gezeigt, sehr leicht wieder aufgebaut werden. Früher konnte es sogar sinnvoll sein, Indizes gelegentlich zu löschen und neu zu erstellen, um Fehleinträge zu beseitigen. Inzwischen sollten aber praktisch alle Datenbanksysteme über eine saubere Indexverwaltung verfügen.

Temporäre Indizes

Indizes unterstützen die schnelle Sortierung und Filterung von Datensätzen und können daher Abfragen beschleunigen. Aus diesem Grunde ist es gelegentlich sogar sinnvoll, temporäre Indizes zu verwenden. Diese löschen Sie anschließend wieder, damit der Server sie im laufenden Betrieb nicht unnötig aktualisieren muss. Temporäre Indizes lassen sich beispielsweise auch für Mehrfelderindizes einsetzen, die im laufenden Betrieb kaum benötigt werden.

12.3 Indizes ändern

Einige Datenbanksysteme, beispielsweise Oracle, unterstützen auch die Möglichkeit, einen Index zu ändern. Dazu dient in der Regel eine `ALTER INDEX`-Anweisung. Bei den meisten Datenbanksystemen werden Sie aber darauf verzichten müssen, zumal der entsprechende Befehl nicht zum SQL-Standard zählt. Üblicherweise ändern Sie einen Index, indem Sie den alten löschen und einen neuen definieren.

12.4 Zusammenfassung, Fragen und Übungen

Zusammenfassung

▶ Indizes sind im Prinzip sortierte Listen, die bei der schnellen Suche und Sortierung von Daten helfen.

▶ Indizes lassen sich für einzelne Spalten oder auch für mehrere Spalten bilden. Bei mehrspaltigen Indizes wird die Hauptsortierung von der ersten Spalte bestimmt.

▶ Eindeutige Indizes schränken die Eingabemöglichkeiten in der betreffenden Tabelle ein. Die Spalte, über die der Index gebildet wird, kann dann nur noch eindeutige Einträge aufnehmen.

▶ Ein Index kann mit der Anweisung DROP INDEX und der Angabe des Indexnamens wieder entfernt werden.

▶ Für gelegentliche Abfrage- und Sortieraufgaben kann es sogar sinnvoll sein, temporäre Indizes anzulegen. Diese werden nach Erledigung der Aufgaben wieder gelöscht, so dass sie die normale Arbeit mit der Datenbank nicht behindern.

▶ Indizes können normalerweise nicht geändert werden. Üblicherweise löschen Sie daher einen nicht mehr benötigten Index und erstellen bei Bedarf einen neuen.

▶ Beim Löschen eines Index gehen keine Daten verloren. Ein Index lässt sich jederzeit wieder aufbauen.

Fragen und Übungen

1. Welche Nachteile sind bei Verwendung vieler Indizes zu erwarten?

2. Wie ändern Sie einen bestehenden Index?

3. Wie definieren Sie einen eindeutigen Index und welche Einschränkungen ergeben sich daraus für die Indexspalte?

4. Wie definieren Sie einen Mehrfelderindex?

5. Welche SQL-Spracherweiterungen sind für die Sortierrichtung eines Index zuständig und welche Sortierung ist voreingestellt?

6. Welche Vorteile haben temporäre Indizes?

Zugriffsrechte

SQL

13 Zugriffsrechte

Datenbanken sind grundsätzlich sehr gefährdet. Schon wenige fehlerhafte Änderungen können genügen, die Daten inkonsistent und damit zumindest teilweise unbrauchbar zu machen. Um Gefährdungen durch die Benutzer weitgehend auszuschließen, sind daher Sicherheitsstrategien erforderlich. Üblich sind unter anderem folgende Techniken:

▶ Beschränkung des Zugriffs auf solche Personen, die unbedingt mit der Datenbank arbeiten müssen.

▶ Zugriff nur auf die Objekte (Tabellen etc.), die der betreffende Benutzer für seine Arbeit benötigt.

▶ Einschränkung des Zugriffs auf reine Leserechte, wenn Änderungen nicht erforderlich sind.

▶ Überwachung des Zugriffs bezüglich Person, Zeit und Art des Zugriffs (Audit Trail).

Die drei ersten Punkte sind Thema dieses Kapitels. Die dort beschriebenen Einschränkungen lassen sich mit SQL-Anweisungen realisieren. Der letzte Punkt steht für eine Technik, die nicht unmittelbar verhindert, dass fehlerhafte Änderungen vorgenommen werden. Erst nachträglich lässt sich feststellen, wer dafür verantwortlich ist. Das Audit Trail wirkt daher vornehmlich psychologisch: Wenn die Benutzer wissen, dass ihre Aktionen aufgezeichnet werden, halten sie sich mit vorsätzlichen Manipulationen zurück. Wir werden auf diese Möglichkeit nicht eingehen.

Der Administrator

Die Vergabe von Zugriffsrechten ist Aufgabe des *Administrators* (*Admin*). Bei den meisten Datenbanken müssen Sie schon während der Installation ein Administratorpasswort eingeben. Der Zugriff auf die

Datenbank kann dann grundsätzlich nur noch mit Benutzernamen und Passwort erfolgen. Üblicherweise werden Sie beim Erstellen einer neuen Datenbank einen normalen Benutzer einrichten, auch wenn Sie der einzige Anwender sind und mit Administratorrechten auf alle Datenbanken zugreifen könnten.

<table>
<tr><td>HINWEIS</td><td>Acccss kcnnt zwar grundsätzlich auch die hier vorzustellenden SQL-Elemente. Diese lassen sich aber nicht auf die üblichen Access-Datenbanken anwenden. Die Beispiele dieses Kapitels funktionieren daher nur mit MySQL und anderen Datenbanken. Denken Sie aber daran, dass bei der Eingabe von SQL-Anweisungen über die MySQL-Schnittstelle das Semikolon als Abschlusszeichen anzugeben ist.</td></tr>
</table>

13.1 Zugriffsrechte einrichten

Sie benötigen Admin-Rechte, um die in diesem Kapitel vorgestellten Anweisungen nutzen zu können. Zuständig sind die Kommandos GRANT und REVOKE. Mit GRANT gewähren Sie Zugriffsrechte, mit REVOKE lassen sich diese wieder entziehen.

Eingeschränkte Zugriffsrechte

Die meisten Datenbanksysteme unterscheiden abgestufte Zugriffsrechte. So kann der Admin anderen Anwendern nahezu die gleichen Rechte einräumen, über die er auch selbst verfügt, also praktisch einen uneingeschränkten Zugriff. Die Zugriffsrechte lassen sich aber auch so stark einschränken, dass lediglich noch ein lesender Zugriff auf bestimmte Tabellen möglich ist. Grundsätzlich sollten Sie die Rechte so weit einschränken, dass der Anwender seine Aufgaben noch problemlos erfüllen kann. Je weniger Rechte Sie vergeben, umso besser ist die Konsistenz der Daten gewährleistet. Es gilt folglich die Grundstrategie: Nur wirklich die Rechte zu vergeben, die vom jeweiligen Anwender auch benötigt werden.

Privileg-Level

Bei der Gewährung von Zugriffsrechten werden in der Regel objektbezogene Rechte vergeben (siehe Tabelle 13.1). Als Objekte gelten beispielsweise die ganze Datenbank, bestimmte Tabellen, Views und einzelne Spalten. Die meisten Datenbanken unterscheiden bezüglich der Rechte vier Ebenen (Level):

Ebene	Funktion
Global	Der Benutzer kann auf alle Datenbanken des Servers zugreifen.
Datenbank	Der Benutzer kann auf alle Objekte (Tabellen, Views, Spalten) einer bestimmten Datenbank zugreifen.
Tabelle	Der Benutzer kann auf alle Spalten bestimmter Tabellen zugreifen.
Spalten	Der Anwender kann nur auf bestimmte Spalten zugreifen.

Tab. 13.1: Privileg-Level für den Datenbankzugriff

Die Rechte (Privilegien) können natürlich erheblich variieren. Sie werden nach so genannten Privileg-Typen unterschieden. Die stark vereinfachte Syntax lautet daher zunächst wie folgt:

```
GRANT Privileg1, Privileg2, ...
ON Objekt
TO Benutzer
[IDENTIFIED BY Passwort]
```

Zunächst ist zu klären, was mit *Privileg* gemeint ist. Als Privilegien dienen zum Teil die üblichen Schlüsselwörter wie SELECT, DELETE, INSERT und UPDATE. Als Objekte können Datenbanken, Tabellen, Spalten usw. eingesetzt werden. Mit dem Privileg SELECT (lesender Zugriff) erhalten wir das erste ausführbare Beispiel:

```
GRANT SELECT
ON Artikel
TO peter
```

```
IDENTIFIED BY 'geheim'
```

Damit gewähren wir das Recht, lesend auf die Tabelle *Artikel* zuzugreifen. In der Klausel TO ist der Name des Benutzers anzugeben, dem wir Rechte einräumen wollen. Dabei handelt es sich üblicherweise um eine Kurzform. Sie dürfen jedenfalls keine Leerzeichen verwenden, also keinen ausgeschriebenen Vor- und Nachnamen. Auch Sonderzeichen, etwa die deutschen Umlaute, sind nicht zulässig. Der Benutzername ist zudem ohne Anführungszeichen einzugeben.

Passwort vergeben

Die optionale Klausel IDENTIFIED BY nimmt ein Passwort auf. Dieses ist in im Gegensatz zum Benutzernamen in Anführungszeichen einzugeben. Auch das Passwort darf keine Leer- und Sonderzeichen enthalten. Erlaubt sind lediglich Buchstaben (ohne Umlaute) und Ziffern.

Mehrere Privilegien verwenden

Es ist auch möglich, gleichzeitig mehrere Rechte zu vergeben. Diese werden dann in der GRANT-Anweisung durch Kommata getrennt aufgelistet:

```
GRANT SELECT, INSERT
ON Artikel
TO peter
IDENTIFIED BY 'geheim'
```

Das vorstehende Beispiel gewährt SELECT- und INSERT-Rechte auf Tabellenebene für die Tabelle *Artikel*.

Zugriffsrechte auf Spaltenebene

Sollen nur Rechte auf Spaltenebene vergeben werden, sind die betreffenden Spalten in Klammern nach dem jeweiligen Recht anzugeben. Die erweiterte Syntax hat folgende Form:

```
GRANT Privileg (Spalte1, Spalte2, ... )
ON Objekt
TO Benutzer
```

Die Spalten beziehen sich auf die in der ON-Klausel genannte Tabelle. Das folgende Beispiel erlaubt nur INSERT-Rechte für die Spalten *Artikelname* und *Preis* der Tabelle *Artikel*:

```
GRANT INSERT (Artikelname, Preis)
ON Artikel
TO peter
```

Die einzelnen Elemente der Spaltenliste müssen Sie durch Kommata separieren. Auch hier lässt sich wieder die optionale Passwort-Klausel IDENTIFIED BY hinzufügen.

 **HINWEIS** Die hier verwendete Syntax ist die von MySQL. Bei anderen Datenbanksystemen sind Abweichungen möglich.

Änderungsrechte (UPDATE)

Da sich Änderungen auf einzelne Spalten beziehen können, lassen sich in der GRANT-Anweisung auch wieder Spalten benennen. Die betreffenden Spalten sind hinter dem Privileg in Klammern anzugeben:

```
GRANT UPDATE (Lagerbestand, Lagerort)
ON Artikel
TO peter
```

Das vorstehende Beispiel ermöglicht lediglich die Änderung der Spalten *Lagerbestand* und *Lagerort*. Die optionale Klausel IDENTIFIED BY haben wir wieder weggelassen.

Wirkung der Zugriffsrechte

Die Zuweisung des SELECT-Rechts bewirkt, dass der betreffende Anwender künftig nur noch SELECT-Abfragen ausführen kann. Alle SQL-Anweisungen, die den Datenbestand verändern, werden zurückgewiesen. Natürlich ist es dem Anwender auch nicht möglich, die Struktur der Tabelle zu ändern. Da sich die Rechtegewährung auf eine bestimmte Tabelle bezieht, kann der betreffende Anwender auch nicht auf andere Tabellen zugreifen, auch nicht mit SELECT-Abfragen.

Weitergabe von Rechten

Grundsätzlich besteht die Möglichkeit, dass ein Benutzer die ihm gewährten Rechte an andere weitergibt. Der Administrator muss diese Möglichkeit bei der Rechtezuweisung mit der Klausel WITH GRANT OPTION zulassen. Die GRANT-Anweisung hat dann folgende Form:

```
GRANT SELECT, INSERT
ON Artikel
TO peter
WITH GRANT OPTION
```

Nach der Zuweisung kann der in der TO-Klausel genannte Benutzer (hier peter) selbst Rechte in dem ihm gewährten Umfang vergeben.

13.2 Rechte entziehen

Mit REVOKE lassen sich die eingeräumten Rechte wieder entziehen. Das Recht, Zugriffsrechte wieder zu entziehen, hat in der Regel nur derjenige, der diese Rechte auch zugewiesen hat. Meistens wird das der Admin sein. Der REVOKE-Befehl hat in der einfachsten Variante folgende Syntax:

```
REVOKE Privileg
ON Objekt
```

```
FROM Benutzer
```

Sie können nur die Rechte entziehen, die Sie zuvor gewährt haben. Daher muss in der `REVOKE`-Anweisung auch wieder dieses Recht (dieses Privileg) angegeben werden. Hat der Benutzer nur `SELECT`-Rechte, muss als Typ eben `SELECT` erscheinen. Als Objekte kommen unter anderem wieder Tabellen und Spalten in Frage. Die folgende Anweisung entzieht dem genannten Benutzer lediglich das Recht, Datensätze einzufügen:

```
REVOKE INSERT
ON Artikel
FROM peter
```

Wurde dem Benutzer auch das Leserecht (`SELECT`) eingeräumt, bleibt dieses weiterhin bestehen. Beachten Sie den kleinen Unterschied: Ein Recht wird dem Benutzer mit der Klausel

```
TO Benutzer
```

eingeräumt. Beim Entzug heißt es dann:

```
FROM Benutzer
```

Weitergegebene Rechte entziehen

Hat ein Benutzer die ihm eingeräumten Rechte aufgrund der Erweiterung `WITH GRANT OPTION` an andere Benutzer weitergegeben, gilt der Rechteentzug nicht automatisch auch für die weitergegebenen Rechte. Vielmehr muss die `REVOKE`-Anweisung die Klausel `CASCADE` enthalten, damit diese Wirkung eintritt. Die folgende Anweisung entzieht auch die weitergegebenen Rechte:

```
REVOKE INSERT
ON Artikel
FROM peter
CASCADE
```

Da MySQL die CASCADE-Klausel nicht kennt, können Sie das vorstehende Beispiel auch nicht mit MySQL einsetzen. Die weitergegebenen Rechte lassen sich auch separat entziehen, so dass der Benutzer die ihm eingeräumten Rechte behält. Diese Option wird allerdings nicht von sehr vielen Datenbanken unterstützt.

Das Weitergaberecht entziehen

Das Recht, die eigenen Rechte weiterzugeben, kann ebenfalls entzogen werden. Dazu ist eine Anweisung wie die folgende erforderlich:

```
REVOKE GRANT OPTION FOR INSERT
ON Artikel
FROM peter
```

Die Erweiterung GRANT OPTION FOR bezieht sich auf das Weitergaberecht. Der Benutzer behält weiterhin sein INSERT-Recht, er kann es nur nicht mehr an andere Benutzer weitergeben. Auch diese Anweisung lässt sich unter MySQL nicht ausführen.

Hinweise zu anderen Datenbanksystemen

Zuweisung und Entzug von Rechten sind je nach Datenbanksystem sehr unterschiedlich geregelt. Die bisher vorgestellten Beispiele stellen lediglich eine Art Mindeststandard dar. DB2 von IBM differenziert beispielsweise zwischen Objekttypen, etwa Systemverwaltung, Schemata, Tabellen usw. Oracle unterteilt die Rechte in zwei Kategorien: Systemrechte und Objektrechte. Sie werden daher die Dokumentation des jeweiligen Systems zu Rate ziehen müssen, wenn Sie Zugriffsrechte vergeben oder entziehen wollen.

13.3 Rechte auf Datenbankebene

Wir hatten schon darauf hingewiesen, dass sich Rechte auf mehreren Ebenen zuweisen lassen. Dabei werden vor allem die Ebenen Datenbank, Tabelle und Spalte unterschieden. Besonders interessant ist natürlich die Rechtevergabe auf Datenbankebene. Diese wird gerade in kleinen Unternehmen häufig benötigt, weil hier einzelne Angestellte oft mehrere Tätigkeiten abdecken und damit nahezu alle Datenobjekte verwenden müssen. Um Rechte auf Datenbankebene zu vergeben, ist die ON-Klausel nach dem folgenden Schema zu schreiben:

```
ON Datenbank.*
```

Diese Darstellung haben wir allerdings nur bei MySQL gefunden. Sie wird nicht unbedingt mit anderen Datenbanken funktionieren. Das Sternchen steht in diesem Fall für alle Objekte (Tabellen) der betreffenden Datenbank. Globale Rechte, also Rechte, die sich auf alle MySQL-Datenbanken beziehen, erfordern folgende ON-Klausel:

```
ON *.*
```

Wenn die Datenbank unter dem Namen *Shop* angelegt wurde, ist unser früher schon gezeigtes Beispiel wie folgt zu ändern:

```
GRANT SELECT, INSERT
ON Shop.*
TO peter
```

Der Benutzer erhält damit alle Rechte, die er für Auswahl und Anzeigen der Daten und das Einfügen von neuen Datensätzen benötigt. Er kann jedoch keine Änderungen an den Daten vornehmen.

13.4 Zusammenfassung, Fragen und Übungen

Zusammenfassung

▶ Der Zugriff auf Datenbanken lässt sich auf Berechtigte und auf bestimmte Tätigkeiten einschränken.

▶ Die Begrenzung des Zugriffs kann sich auf einzelne Objekte wie Tabellen und Spalten beziehen.

▶ In der Regel wird zwischen verschiedenen Rechten unterschieden. So kann sich der Zugriff auf das reine Lesen beschränken oder auch das Recht zur Änderung von Daten umfassen.

▶ Zugriffsrechte lassen sich auch wieder entziehen.

▶ Rechte werden mit GRANT-Anweisungen eingerichtet und mit REVOKE wieder entzogen.

▶ Für die Gewährung bzw. Einschränkung von Zugriffsrechten ist der Administrator zuständig.

▶ Für die Art der Zugriffsrechte werden die üblichen Schlüsselwörter, beispielsweise SELECT, UPDATE oder INSERT, verwendet.

▶ Rechte, die ein Benutzer besitzt, kann dieser unter bestimmten Umständen an andere Benutzer weitergeben.

Fragen und Übungen

1. Warum sollte der Zugriff auf eine Datenbank unbedingt eingeschränkt werden?

2. Wer ist normalerweise für die Einrichtung von Benutzerrechten zuständig?

Fragen und Übungen

3. Wie kann der Zugriff auf eine Tabelle im Nur-Lese-Modus eingeschränkt werden und welche Operationen darf der Benutzer mit einer derart geschützten Tabelle noch ausführen?

4. Was sind Privilegien?

5. Wie lassen sich mehrere Privilegien in einer GRANT-Anweisung verwenden?

6. Wie definieren Sie Zugriffsrechte auf Datenbankebene?

7. Welche Voraussetzung muss erfüllt sein, damit ein Benutzer seine Rechte weitergeben kann?

8. Wer kann Zugriffsrechte wieder entziehen?

Weitere SQL-Sprachelemente

14 Weitere SQL-Sprachelemente

Die wesentlichen SQL-Sprachelemente haben wir in den vorstehenden Kapiteln bereits vorgestellt. In diesem Kapitel fassen wir nun etwas seltener benötigte Anweisungen und Klauseln zusammen. Einige dieser Elemente finden Sie weder in Access noch in MySQL. Wenn Sie nicht über andere Datenbanksysteme wie beispielsweise Oracle oder DB2 verfügen, werden Sie sich daher gelegentlich mit Trockenübungen begnügen müssen.

14.1 Unterabfragen

Auch Abfragen lassen sich noch verschachteln. Dazu werden *Unterabfragen* definiert, die beispielsweise eine Reihe von Werten liefern. Diese lassen sich dann in einer WHERE-Klausel gegen einen Spaltenwert der übergeordneten Abfrage prüfen. Das folgende Beispiel zeigt zunächst eine normale Abfrage, die wir als Unterabfrage verwenden wollen:

```
SELECT KundenNr
FROM Rechnungen
WHERE Zahlunsgmittel = 'Kreditkarte'
```

Wir ermitteln hier, welche Rechnungen mit einer Kreditkarte bezahlt wurden. Als Ergebnis erhalten wir eine Spalte mit den zugehörigen Kundennummern. Wichtig ist, dass die Unterabfrage nur eine Spalte liefert. Diese enthält die Vergleichswerte für die Bedingung der WHERE-Klausel in der übergeordneten Abfrage. Etwa verkürzt könnten wir das Schema wie folgt definieren:

```
SELECT Spalte_1, Spalte_2, ...
WHERE Werte_der_Spalte_x
IN (Ergebnisspalte der Unterabfrage)
```

Mit dem Operator IN wird geprüft, ob Werte in der *Spalte_x* mit Werten in der Ergebnisspalte der Unterabfrage übereinstimmen. *Spalte_x* wird daher auch bezüglich des Datentyps mit der Ergebnisspalte der Unterabfrage übereinstimmen müssen. Wenn wir unsere Kundentabelle für die übergeordnete Abfrage verwenden, wird es sich wohl auch um das Feld *KundenNr* handeln. Damit erhalten wir folgende Gesamtabfrage:

```
SELECT Firma, Ort
FROM Kunden
WHERE KundenNr IN
(SELECT KundenNr
FROM Rechnungen
WHERE Zahlungsmittel = 'Kreditkarte')
```

Beachten Sie zunächst, dass die komplette Unterabfrage in Klammern einzuschließen ist. Das Beispiel, das in dieser Form auch mit Access funktioniert, ermittelt alle Kunden, die Rechnungen mit Kreditkarten bezahlt haben. Ihnen wird sicher aufgefallen sein, dass sich ein ähnliches Ergebnis auch mit einem Join erzielen lässt. Gelegentlich können Sie auch tatsächlich einen Join verwenden. In der Regel erhalten Sie damit aber nicht die gleiche Ergebnistabelle. Wenn Sie sich das Ergebnis der folgenden Join-Abfrage anschauen, werden Sie den Unterschied vermutlich sofort bemerken:

```
SELECT Firma, Ort
FROM Kunden, Rechnungen
WHERE Kunden.KundenNr = Rechnungen.KundenNr
AND Zahlungsmittel = 'Kreditkarte'
```

Mit der Join-Abfrage erhalten Sie für jede Rechnung, die per Kreditkarte bezahlt wurde, einen eigenen Datensatz in der Ergebnistabelle. Wenn die *Maier KG* 20 Rechnungen per Kreditkarte bezahlt hat, erscheint sie auch 20-mal in der Tabelle. Die Verwendung einer Unterabfrage sorgt hingegen dafür, dass der betreffende Kunde nur einmal ausgegeben wird.

Keine Verknüpfung erforderlich

Wichtig: Es kommt nicht darauf an, dass sich übergeordnete Abfrage und Unterabfrage auf Tabellen beziehen, die in irgendeiner hierarchischen Beziehung zueinander stehen. Beide Tabellen können völlig unanhängig voneinander sein. Das wird vor allem dann der Fall sein, wenn Sie andere Operatoren wie beispielsweise EXISTS verwenden. Es ist grundsätzlich auch möglich, dass in beiden Teilabfragen die gleiche Tabelle verwendet wird.

Operatoren für Unterabfragen

Für die Verknüpfung einer Abfrage mit einer Unterabfrage ist die WHERE-Klausel bzw. die damit definierte Bedingung zuständig. Dabei können die in Tabelle 14.1 aufgelisteten Operatoren verwendet werden.

Operator	Funktion
EXISTS	Prüft, ob die Unterabfrage Zeilen enthält, ob also von der Unterabfrage überhaupt ein Ergebnis geliefert wird.
IN	Prüft, ob die Werte einer bestimmten Spalte der übergeordneten Abfrage in der Ergebnisspalte der Unterabfrage enthalten sind. Es werden nur die Datensätze der übergeordneten Abfrage angezeigt, für die diese Bedingung zutrifft.
MATCH	Prüft, ob eine Zeile der übergeordneten Abfrage mit einer Zeile der Ergebnistabelle der Unterabfrage übereinstimmt.
ANY, SOME, ALL	Prüft, ob Datensätze der übergeordneten Abfrage mit allen Datensätzen der untergeordneten Abfrage (ALL) oder zumindest mit einigen davon (ANY / SOME) übereinstimmen.
UNIQUE	Prüft, ob im Ergebnis der Unterabfrage Duplikate enthalten sind.
<, >, <=, >=	Auch Vergleichsoperatoren lassen sich verwenden. Die Unterabfrage wird dann nur einen Wert liefern, also eine Aggregatfunktion wie beispielsweise SUM verwenden.

Tab. 14.1: Prädikate für die Verknüpfung mit Unterabfragen

Der Operator EXISTS ist eigentlich recht einfach zu verstehen. Liefert eine Unterabfrage überhaupt irgendwelche Daten, wird die Bedingung der WHERE-Klausel wahr. EXISTS kennt daher auch nur einen Operanden, nämlich das Ergebnis der Unterabfrage. In der Bedingung kommt die übergeordnete Abfrage gar nicht vor. Das Schema lässt sich wie folgt darstellen:

```
... WHERE EXITS (Ergebnis der Unterabfrage)
```

Etwas schwieriger ist es, dafür eine sinnvolle Anwendung zu finden. Wir benötigen eine Fragestellung, die zwei zunächst unabhängige Ereignisse miteinander verknüpft. Das folgende Beispiel gibt lediglich eine Meldung aus, wenn die Unterabfrage mindestens eine Rechnung ermittelt, deren Rechnungsbetrag 100.000 übersteigt:

```
SELECT 'Sekt für alle!'
FROM Kunden
WHERE  EXISTS (SELECT *
               FROM Rechnungen
               WHERE Rechnungsbetrag > 100000 )
```

Denkbar wäre beispielsweise eine Abfrage, die in Abhängigkeit vom absoluten Lagerwert eines Artikels (Lagerbestand * Preis) die besten Kunden heraussucht, um ihnen ein Sonderangebot zu machen.

Etwas sinnvoller lässt sich MATCH einsetzen. Dieser Operator prüft, ob Wertefolgen mit Datensätzen der Ergebnistabelle der Unterabfrage übereinstimmen. Die WHERE-Klausel könnte beispielsweise wie folgt aussehen:

```
... WHERE (Wert1, Wert2)
    MATCH (SELECT Spalte1, Spalte2 FROM Tabelle)
```

Der Term (Wert1, Wert2) bildet einen Zeilenkonstruktor. Dieser wird mit der Ergebnistabelle der Unterabfrage verglichen. Achten Sie vor allem auf die Übereinstimmung der Werte mit den Spalten der Unterabfrage. Das gilt sowohl für die Spaltenzahl als auch den Spaltentyp.

Access unterstützt diesen Operator leider nicht, und MySQL verzichtet bisher vollständig auf Unterabfragen.

Zumindest die Operatoren ANY, ALL und SOME können Sie wieder mit Access verwenden. ANY und SOME sind funktional praktisch identisch. Wir werden daher im Folgenden nur ANY verwenden. Die Syntax der Bedingung hat folgende Form:

```
... WHERE Zeilenkonstruktor
    ANY (Ergebnis der Unterabfrage)
```

Wir benötigen also wieder einen Zeilenkonstruktor, also eine Reihe von Werten. Dieser Konstruktor muss bezüglich Zahl und Typ mit den Spalten der von der Unterabfrage gelieferten Ergebnistabelle übereinstimmen. Geprüft wird nun, ob mindestens ein Datensatz der Unterabfrage mit dem Konstruktor übereinstimmt. Das folgende Beispiel selektiert in der Unterabfrage alle Datensätze, die einen Rechnungsbetrag größer als 100 aufweisen. Als Ergebnis liefert die Unterabfrage eine Spalte mit den Kundennummern, die dieser Bedingung genügen.

```
SELECT KundenNr, Firma, Ort
FROM Kunden
WHERE KundenNr = ANY
( SELECT KundenNr
  FROM Rechnungen
  WHERE Rechnungsbetrag > 100)
```

In der WHERE-Klausel prüfen wir nun, welche Kundennummern aus der Tabelle *Kunden* darin enthalten sind. Da wir ANY verwenden, genügt es, wenn die Kundennummer mindestens einmal in der Ergebnisspalte der Unterabfrage vorkommt. Der betreffende Datensatz der Kundentabelle wird dann angezeigt. Allerdings können Sie das gleiche Ergebnis auch mit dem folgenden Join erzielen:

```
SELECT DISTINCT Kunden.KundenNr, Firma, Ort
FROM Kunden, Rechnungen
```

```
WHERE Kunden.KundenNr =  Rechnungen.KundenNr
AND Rechnungsbetrag > 100
```

Das Prädikat DISTINCT war hier erforderlich, um zu verhindern, dass bestimmte Datensätze mehrfach angezeigt werden. Die einfache Ersetzung der Unterabfrage sollte jedoch nicht zu dem Schluss verleiten, dass Unterabfragen nicht benötigt werden.

Unterabfragen mit Aggregatfunktion

Wenn die Unterabfrage eine Aggregatfunktion verwendet, liefert sie auch nur einen Wert. In diesem Fall ist ein Vergleich von Spaltenwerten mit diesem Wert möglich. Dazu lassen sich die üblichen Vergleichsoperatoren nutzen. So ist es beispielsweise möglich, in der Unterabfrage den durchschnittlichen Umsatz aller Kunden zu ermitteln. Anschließend werden die einzelnen Werte der Umsatzspalte mit dem Größer-Operator gegen diesen Wert geprüft. Die Gesamtabfrage zeigt dann nur solche Kunden an, deren Umsatz größer als der durchschnittliche Umsatz ist:

```
SELECT Firma, Ort
FROM Kunden
WHERE Umsatz >
  ( SELECT AVG(Umsatz)
    FROM Kunden )
```

Interessant an der vorstehenden Abfrage ist nicht nur die Verwendung einer Aggregatfunktion in der Unterabfrage, sondern auch, dass sich sowohl die übergeordnete als auch die Unterabfrage auf die gleiche Tabelle beziehen. Ein ähnliches, aber sehr viel komplexeres Beispiel könnte folgende Form haben:

```
SELECT  Firma, SUM(Rechnungsbetrag) AS Umsatz
FROM Kunden, Rechnungen
WHERE Kunden.KundenNr = Rechnungen.KundenNr
```

```
GROUP BY Firma
HAVING SUM(Rechnungsbetrag) > (
   SELECT SUM(Rechnungsbetrag) * 0.3
   FROM Rechnungen )
```

Um das Beispiel zu entschlüsseln, fangen Sie am besten bei der Unterabfrage an. Diese hat folgende Form:

```
SELECT SUM(Rechnungsbetrag) * 0.3
FROM Rechnungen
```

Damit berechnen wir einen Betrag, der 30 Prozent des Gesamtumsatzes ausmacht. In der übergeordneten Abfrage ermitteln wir den Gesamtumsatz der einzelnen Firmen. Die übergeordnete Abfrage ist auch nach diesem Feld gruppiert. Wir prüfen dann, welche Gruppen (welche Firmen) mit ihrem Umsatz über dem von der Unterabfrage gelieferten Wert liegen, also mehr als 30 Prozent des Gesamtumsatzes erzielen. Wir erhalten damit die ganz großen Kunden. Sie werden sich vorstellen können, dass dafür maximal drei Kunden in Frage kommen. Wenn Sie vier oder mehr Kunden erhalten, handelt es sich um ein Wunder – oder einen Rechenfehler. Bei vier Kunden, die jeweils über 30 Prozent des Gesamtumsatzes bestreiten, ergeben sich mehr als 120 Prozent des Gesamtumsatzes, was bisher noch kein Unternehmen geschafft hat.

Beachten Sie im obigen Beispiel auch, dass wir die Bedingung der HAVING-Klausel verwendet haben, um die Unterabfrage einzubinden. Unterabfragen können also nicht nur in der WHERE-Klausel stehen.

Das Problem mit NULL-Werten

Bei der Verwendung von Unterabfragen kann es durchaus zu Überraschungen kommen, weil ein Vergleich keinesfalls immer das Ergebnis *wahr* oder *falsch* liefert. Sie können das relativ leicht testen, wenn Sie folgende Anweisungen ausführen:

```
SELECT 3 = 4
```

Diese Anweisung vergleicht zwei Werte und liefert in diesem Fall den Wert *falsch*. Allerdings werden Wahrheitswerte in praktisch allen Programmiersprachen mit numerischen Werten dargestellt. Für den Wert *falsch* erhalten Sie beispielsweise den numerischen Wert *0* angezeigt. Der Wert *wahr* kann durch fast alle anderen numerischen Werte repräsentiert werden. Üblich sind die Werte *–1* oder auch *1*. Unter Access erhalten Sie mit der folgenden Anweisung beispielsweise das Ergebnis *–1* (= *wahr*) angezeigt:

```
SELECT 3 = 3
```

Solche Vergleiche liefern immer eindeutige Wahrheitswerte. Das gilt jedoch nicht mehr, wenn der Wert NULL ins Spiel kommt. Die folgende Anweisung liefert weder *wahr* (*1*) noch *falsch* (*0*). Sie erzeugt gar keinen Wert:

```
SELECT NULL = NULL
```

In Spalten, die Sie mit Abfragen bzw. Unterabfragen ermitteln, können aber immer NULL-Werte vorkommen. Wenn diese nun mit anderen Werten in Bedingungen verglichen werden, ist trotzdem zu entscheiden, ob beispielsweise ein Datensatz angezeigt werden soll oder nicht. Sind zwei zu vergleichende Felder leer, enthalten also beide den »Wert« NULL, wird der Vergleich üblicherweise so behandelt, als ob das Ergebnis falsch wäre.

14.2 Transaktionen

Transaktionen sind Operationsfolgen, die nur als Ganzes oder gar nicht ausgeführt werden dürfen. Kann auch nur eine Operation aus der Operationsfolge nicht ausgeführt werden, müssen alle bereits vollzogenen Operationen dieser Folge (dieser Transaktion) wieder zurückgenommen werden. Transaktionen werden benötigt, um die Konsistenz der Daten sicherzustellen. Weitere Hinweise zu diesem Thema finden Sie in Kapitel 15.7 im Abschnitt »*Transaktionen*«.

SQL-Befehle

SQL stellt für Transaktionen mehrere Befehle zur Verfügung. Diese dienen der Sperrung von Tabellen und anderen Datenbankobjekten sowie der Bestätigung bzw. Rücknahme von Operationen. Von den meisten Datenbanksystemen werden folgende Befehle unterstützt:

```
LOCK TABLE
COMMIT
ROLLBACK
```

LOCK TABLE sperrt eine Tabelle für den Benutzer, der diesen Befehl erteilt. Andere Benutzer können dann nur lesend oder gar nicht auf diese Tabelle zugreifen. COMMIT schließt eine Transaktion ab und ROLLBACK nimmt die zu einer Transaktion gehörenden Operationen wieder zurück. Die beiden Befehle wirken nur auf die Operationen, die seit ihrer letzten Anwendung ausgeführt wurden. Operationen, die bereits mit COMMIT bestätigt oder mit ROLLBACK verworfen wurden, bleiben davon unberührt.

Tabellen sperren

Das Sperren von Tabellen ist nur bedingt als Teil des Transaktionskonzepts zu verstehen. Sie sperren Tabellen, um beispielsweise größere Datenmengen hineinzuschreiben oder die Tabellenstruktur zu ändern. Je nach Operation genügt es, andere Benutzer vollständig vom Zugriff auszuschließen oder nur den Lesezugriff zu gestatten. Um die Tabelle *Artikel* für alle anderen Benutzer vollständig zu sperren, ist folgende Anweisung erforderlich:

```
LOCK TABLE Artikel IN EXCLUSIVE MODE
```

Eine Sperrung, die anderen Benutzern zumindest noch das Leserecht lässt, erhalten Sie mit dem Share-Modus:

```
LOCK TABLE Artikel IN SHARE MODE
```

Beide Anweisungen werden Sie in dieser Form weder mit Access noch mit MySQL nutzen können. Access kennt LOCK nicht und MySQL verwendet eine andere Syntax. Auch bei anderen Datenbanken müssen Sie mit Abweichungen rechnen. Unter MySQL sollte zumindest folgende Anweisung funktionieren:

```
LOCK TABLES Artikel WRITE
```

Damit sperren Sie den Zugriff für andere Benutzer praktisch vollständig. Zum Aufheben einer Sperre verwendet MySQL einen speziellen UNLOCK-Befehl. LOCKS werden aber normalerweise auch dann aufgehoben, wenn ein COMMIT oder ROLLBACK erfolgt ist.

COMMIT und ROLLBACK

COMMIT und ROLLBACK werden von praktisch allen Datenbanksystemen unterstützt, mit Einschränkungen auch von Access und MySQL. Sie benötigen in der Regel keine Parameter. Allerdings verwenden einige Datenbanksysteme zusätzliche Befehle, um den Beginn einer Transaktion zu kennzeichnen. Häufig arbeiten diese Systeme nämlich in einem so genannten AutoCommit-Modus, in welchem jede einzelne Operation als komplette Transaktion betrachtet und die damit verbundenen Änderungen sofort in die Datenbank geschrieben werden. Mit Befehlen wie BEGIN wird dieser Modus temporär abgeschaltet. Das Datenbanksystem wartet dann mit dem Speichern, bis ein COMMIT erfolgt oder alle inzwischen erfolgten Operationen mit ROLLBACK zurückgenommen werden. Eine typische Befehlsreihe kann dann wie folgt aussehen:

```
BEGIN;
UPDATE ... / INSERT ...;
UPDATE ... / INSERT ...;
COMMIT / ROLLBACK;
```

Die Umsetzung dieses Schemas wird für jedes Datenbanksystem wieder etwas von der Standardsyntax abweichen. Das folgende Beispiel sollte mit MySQL funktionieren:

```
BEGIN;
INSERT INTO Artikel(ArtikelNr, Artikelname)
VALUES (111, 'Grüne Vase');
INSERT INTO Artikel(ArtikelNr, Artikelname)
VALUES (222, 'Rote Vase');
COMMIT;
```

Wir haben jede Zeile mit dem Semikolon abgeschlossen, um kenntlich zu machen, dass es sich um vier separate Anweisungen handelt. Im Abfrage-Editor von Access werden Sie die Anweisungen nicht nutzen können, obwohl Access diese grundsätzlich unterstützt. Lediglich per VBA-Programmierung ist eine Verwendung möglich.

Wenn Sie für das vorstehende Beispiel die COMMIT-Anweisung durch ROLLBACK ersetzen, sollten die INSERT-Anweisungen nicht zu einer Änderung der Tabelle führen.

14.3 CONNECT / DISCONNECT

Bevor Sie eine SQL-Abfrage abschicken können, muss eigentlich erst eine Verbindung zum Datenbanksystem hergestellt werden. Wenn wir erst nach so vielen Beispielanweisungen auf diese Vorbedingung eingehen, dann liegt das daran, dass Sie sich in der Regel nicht darum kümmern müssen. Üblicherweise wird die Verbindung eingerichtet, wenn Sie ein spezielles Programm aufrufen, über das Sie auf eine Datenbank zugreifen wollen. Öffnen Sie beispielsweise Access, wird damit eben auch eine Verbindung zum Datenbanksystem bzw. zur betreffenden Datenbank-Engine hergestellt. Unter MySQL verwenden Sie ein spezielles Administrationstool, das diese Aufgabe übernimmt. Werden SQL-Anweisungen in andere Programmiersprachen eingebettet, sorgt üblicherweise eine spezielle Funktion für den Verbindungsaufbau. Sie werden die betreffenden Anweisungen also selten benötigen. Zuständig sind die folgenden Befehle:

```
CONNECT

DISCONNECT
```

Die Herstellung einer Verbindung bedeutet, dass eine SQL-Sitzung eingerichtet wird.

Verbindung einrichten

Der CONNECT-Befehl erwartet die Angabe des Datenbanksystems und gegebenenfalls des Benutzernamens. Die Grundsyntax hat daher folgende Form:

```
CONNECT TO Server AS Verbindung USER Benutzer
```

Mit *Server* ist der Name des Datenbanksystems (des Datenbank-Servers) gemeint. In der USER-Klausel ist der Name des Benutzers anzugeben, für den eine Verbindung hergestellt werden soll. Diese Klausel ist optional. Wird sie verwendet, ergibt sich beispielsweise folgende Anweisung:

```
CONNECT TO MySQL AS db USER peter
```

Die AS-Klausel steht wieder für einen Aliasnamen, den Sie für die Sitzung vergeben können.

Verbindung beenden

Sie beenden eine Verbindung mit DISCONNECT. Als Parameter wird der Verbindungsname benötigt. Die Anweisung gilt dann für die gerade aktive SQL-Sitzung:

```
DISCONNECT Verbindung
```

Wollen Sie alle offenen Sitzungen mit einer Anweisung beenden, müssen Sie noch den Operator ALL hinzufügen:

```
DISCONNECT ALL
```

Da in diesem Fall keine bestimmte Sitzung gemeint ist, entfällt natürlich die Angabe von Verbindungsnamen.

Mehrere Sitzungen einrichten

Es lassen sich mehrere SQL-Sitzungen einrichten, von denen aber immer nur eine aktiv ist. Mit jedem neuen Aufruf von CONNECT TO öffnen Sie eine neue Sitzung, wobei gleichzeitig die gerade aktive Sitzung deaktiviert wird. Die Umschaltung zwischen den Sitzungen (den geöffneten Verbindungen) erfolgt mit dem Befehl SET CONNECT TO. Als Parameter ist der Name der Verbindung anzugeben:

```
SET CONNECT TO bestehende_Verbindung
```

Damit wird die gerade aktive Verbindung deaktiviert.

14.4 CASE

Die CASE-Anweisung ist nur in wenigen SQL-Dialekten zu finden. Access verfügt nicht darüber. Überraschenderweise wird CASE jedoch von MySQL unterstützt, so dass Sie die in diesem Textabschnitt enthaltenen Beispiele gegebenenfalls nicht nur studieren, sondern sogar ausführen können.

Verzweigungen

Mit Hilfe von CASE realisieren Programmiersprachen komplexe Verzweigungen. Die Anweisung kennt zwei Syntaxvarianten. Die einfachste hat folgende Form:

```
CASE Ausdruck
    WHEN Wert1 THEN WertA
    WHEN Wert2 THEN WertB
    ELSE WertC
END
```

Da wir zwei Zweige verwendet haben, ergeben sich zwei Bedingungen. Diese können wir wie folgt formulieren:

```
Wenn Ausdruck = Wert1, dann WertA ausgeben
Wenn Ausdruck = Wert2, dann WertB ausgeben
```

Sie setzen CASE in einer SELECT-Abfrage ein. Das folgende Beispiel ist zwar nicht gerade praxistauglich, es zeigt aber sehr schön die Funktionsweise der CASE-Struktur:

```
SELECT
    CASE 2
        WHEN 1 THEN 'Hallo1'
        WHEN 2 THEN 'Hallo2'
        WHEN 3 THEN 'Hallo3'
    END
```

Beachten Sie, dass das vorstehende Beispiel eine Spalte erzeugt. Die komplette CASE-Struktur wirkt also wie eine Spaltenangabe in der SELECT-Anweisung. Sie können weitere Spalten hinzufügen, indem Sie diese wie üblich mit einem Komma abtrennen:

```
SELECT
    CASE 2
        WHEN 1 THEN 'Hallo1'
        WHEN 2 THEN 'Hallo2'
        WHEN 3 THEN 'Hallo3'
    END,
    'Neue Spalte'
```

Da die Benennung der Spalten wieder vom Datenbanksystem vorgenommen wird, erhalten Sie sehr gewöhnungsbedürftige Bezeichnungen. Sie können daher auch Aliasnamen verwenden. Die abschließende Zeile der CASE-Struktur (END) dürfte dann wie folgt aussehen:

```
...  END AS ErsteSpalte, ...
```

Natürlich lässt sich eine CASE-Struktur auch in eine richtige Tabellen-abfrage einbinden. Das folgende Beispiel gibt alle Datensätze der Tabelle *Artikel* aus. Dabei werden die Artikel *Grüne Tasse* und *Rote Tasse* in einer neuen Spalte mit der Bezeichnung *EinfarbigeTassen* mit *Ja* gekennzeichnet:

```
SELECT
    CASE Artikelname
        WHEN 'Grüne Tasse' THEN 'Ja'
        WHEN 'Rote Tasse' THEN 'Ja'
    END AS EinfarbigeTasse,
    Artikelname
FROM Artikel
```

Beachten Sie, dass wir auch noch den Artikelnamen ausgeben. Vor den betreffenden Tassen steht dann die Bezeichnung *Ja*. Vor den anderen Artikeln steht entweder NULL oder gar nichts. Dies können Sie ändern, wenn Sie noch einen ELSE-Zweig hinzufügen.

Alternativzweig mit ELSE

Eine CASE-Struktur kann auch einen alternativen Zweig enthalten. Dieser wird wirksam, wenn keine der zuvor definierten Bedingungen erfolgreich war. Das letzte Beispiel muss dann wie folgt erweitert werden:

```
SELECT
    CASE Artikelname
        WHEN 'Grüne Tasse' THEN 'Ja'
        WHEN 'Rote Tasse' THEN 'Ja'
        ELSE 'Nein'
    END AS EinfarbigeTasse,
    Artikelname
FROM Artikel
```

Alle Artikel, die weder grüne noch rote Tassen sind, werden nun in der ersten Spalte mit dem Wert *Nein* gekennzeichnet.

Die zweite CASE-Variante

Für CASE existiert noch eine weitere Syntax-Variante. Hier wandert die Bedingung in die einzelnen CASE-Zweige. Das hat den Vorteil, dass jeder CASE-Zweig eine gänzlich eigene Bedingung erhalten kann. Abhängig vom Wert der Bedingung werden bestimmte Ausdrücke ausgewertet. Diese CASE-Variante hat folgende Syntax:

```
CASE
    WHEN Bedingung1 THEN Ausdruck1
    WHEN Bedingung2 THEN Ausdruck2
    ...
    ELSE Ausdruck
END
```

Trifft die erste Bedingung zu, wird der erste Ausdruck ausgewertet. Trifft die Bedingung nicht zu, wird der nächste WHEN-Zweig überprüft und gegebenenfalls ausgewertet. Das folgende Beispiel variiert die Anweisung, die wir bereits weiter oben vorgestellt haben:

```
SELECT
    CASE
        WHEN Artikelname = 'Grüne Tasse' THEN 'Ja'
        WHEN Artikelname = 'Rote Tasse' THEN 'Ja'
        ELSE 'Nein'
    END AS EinfarbigeTasse,
    Artikelname
FROM Artikel
```

Wir verwenden hier in beiden WHEN-Zweigen das gleiche Feld (*Artikelname*). Die Bedingungen dürfen sich aber auch auf unterschiedliche Felder beziehen:

```
WHEN Artikelname = 'Rote Tasse' THEN 'Ja'
WHEN ArtikelNr = 4 THEN 'Ja'
WHEN Artikelgruppe = 'Glas' THEN 'Ja'
```

Die vorstehenden WHEN-Klauseln können gleichzeitig in einer CASE-Struktur auftreten, vorausgesetzt, die in der FROM-Klausel verwendete Tabelle enthält die dort genannten Spalten.

14.5 Zusammenfassung, Fragen und Übungen

Zusammenfassung

▶ SQL-Anweisungen können Unterabfragen enthalten.

▶ Die Verknüpfung zwischen übergeordneter Abfrage und Unterabfragen erfolgt über die WHERE-Klausel der Abfrage.

▶ In der Regel darf die Ergebnistabelle der Unterabfrage nur aus einer Spalte bestehen.

▶ Die meisten Datenbanksysteme unterstützen das Transaktionskonzept. Als Transaktion werden Operationsfolgen verstanden, die nur gemeinsam oder gar nicht ausgeführt werden dürfen.

▶ Für Transaktionen sind die SQL-Befehle COMMIT und ROLLBACK zuständig.

▶ Viele Datenbanken arbeiten zunächst in einem AutoCommit-Modus. Dieser ist vor Beginn einer Transaktion mit Befehlen wie BEGIN oder BEGIN TRANSACTION aufzuheben.

▶ Mit CONNECT lässt sich eine Verbindung zu einem Datenbanksystem herstellen. Dabei wird eine SQL-Sitzung eingerichtet, so dass der Benutzer nun SQL-Anweisungen ausführen kann.

Zusammenfassung

▶ Es lassen sich mehrere SQL-Sitzungen einrichten, von denen aber immer nur eine aktiv ist.

▶ Eine SQL-Sitzung wird mit DISCONNECT beendet.

▶ Einige Datenbanksysteme unterstützen CASE-Verzweigungen. Damit lassen sich abhängig von verschiedenen Bedingungen bestimmte Werte auswählen und darstellen.

Fragen und Übungen

1. Was ist eine Unterabfrage und wie kann diese in einer Abfrage verwendet werden?

2. Was ist zu beachten, wenn Unterabfragen mit Hilfe von Vergleichsoperatoren angebunden werden?

3. Mit welchen Operatoren können Unterabfragen verwendet werden, die mehr als eine Spalte liefern?

4. Wann kann es sinnvoll sein, eine Tabelle für andere Benutzer vollständig zu sperren?

5. Wie muss eine Befehlssequenz aussehen, die als Transaktion ausgeführt werden soll?

6. Was ist unter dem Begriff *AutoCommit* zu verstehen?

7. Wie beenden Sie alle SQL-Sitzungen mit nur einer Anweisung?

Datenbanktheorie

SQL

15 Datenbanktheorie

Grundkenntnisse des Datenbankentwurfs sind eine unverzichtbare Voraussetzung, um eine SQL-Datenbank erzeugen und nutzen zu können. Ein fehlerhafter Datenbankentwurf liefert fast zwangsläufig fehlerhafte Daten. In diesem Kapitel wollen wir daher auf den Datenbankentwurf und die dafür erforderlichen Grundlagen eingehen. Insbesondere Grundkenntnisse des ER-Modells (*Entity-Relationship-Model*) und des Normalisierungsprozesses sind unerlässlich. Das relationale Datenbankmodell, das in nahezu allen Datenbanken zum Einsatz kommt, ermöglicht den Aufbau weitgehend widerspruchsfreier (konsistenter) Datenbanken. Es erlaubt zudem die Anwendung mathematischer Verfahren bei der Auswertung von Datenbanken. Auch die Abfragesprache SQL basiert auf dem relationalen Modell.

Aufgabe der Datenbankmodellierung

Bei der Modellierung einer Datenbank geht es darum, soziale oder betriebliche Strukturen und Prozesse in Form einer Datenstruktur abzubilden. Unter einer Datenbank verstehen wir dabei die Gesamtheit aller Daten, die einen Tätigkeitsbereich, in der Datenbanktheorie auch Diskursbereich genannt, beschreiben. Ein solcher Tätigkeits- oder Diskursbereich kann beispielsweise die Buchhaltung eines Unternehmens sein. Zu den Daten, welche die Datenbank bilden, gehören dann beispielsweise Kundendaten und Informationen über Rechnungen und Produkte. Diese werden üblicherweise in verschiedenen Relationen (Tabellen) gespeichert.

15.1 Das ER-Modell

Das relationale Modell gehört zur Klasse der so genannten *Entity-Relationship-Models* (ER-Modelle). Die Basis solcher Modelle sind Entitäten und Entitätsbeziehungen. Unter einer *Entität* versteht man Objekte der realen wie der vorgestellten Welt. Das können beispielsweise Personen sein, Dinge des täglichen Lebens oder Strukturen und Vorgänge. Einige Beispiele:

▶ Artikel (Objekt)

▶ Kunde (Person/Objekt)

▶ Abteilung (Struktur)

▶ Buchung (Vorgang)

Die Aufgabe des relationalen Modells ist es, solche Entitäten und die Beziehungen zwischen ihnen abzubilden. Da wir es regelmäßig mit mehr als einem Objekt der gleichen Art zu tun haben, beispielsweise mit mehreren Artikeln, können wir auch von einer Entitätsmenge *Artikel* sprechen. Eine Entitätsmenge fasst alle Entitäten mit gleichen Merkmalen, also beispielsweise alle Artikel, zusammen. Die Abbildung einer Entitätsmenge erfolgt in Form einer Relation, also einer Tabelle.

> **HINWEIS**
>
> Beachten Sie, dass sich der Begriff »Relation« nicht, wie in vielen Büchern dargestellt, auf die Verknüpfung von Tabellen bezieht, sondern lediglich eine andere Bezeichnung für die Tabellen selbst darstellt. Die Verknüpfung wird in der Datenbanktheorie als *Relationship* bezeichnet.

Struktur einer Relation

Tabellen werden aus *Tupeln* aufgebaut, welche wiederum aus einer Menge von *Merkmalen (Attributen)* bestehen. In der Praxis bezeichnen wir Tupel als Zeilen, Datensätze oder Records. Merkmale werden auch Attribute, Felder oder Spalten genannt.

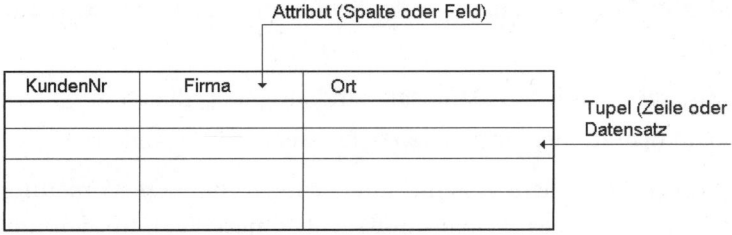

Abb. 15.1: Tabellenstruktur

Abbildung 15.1 zeigt den Zusammenhang. Diese Darstellung dürfte Ihnen als Tabelle vertraut sein. Die Abfragesprache SQL ist in ihrer Funktionalität auf diese Struktur ausgerichtet. Mit der SELECT-Anweisung wählen Sie bestimmte Zeilen (Datensätze) aus, wobei Sie durch Auflistung der Attribute gleichzeitig Spalten selektieren.

Schlüssel/Primärschlüssel

Das relationale Modell bildet nur die Daten, stellt aber keine Beziehungen zwischen den Daten her. Daher sind aufwendige Methoden erforderlich, um diese Beziehungen (Verknüpfungen) zu realisieren. Grundlage der Verknüpfung von Tabellen ist ein Identifikationsschlüssel. Jeder Tabelle ist ein Schlüssel zugeordnet, der den einzelnen Datensatz eindeutig identifiziert. Der Schlüssel kann aus einem einzigen, natürlichen Attribut (einer Spalte) bestehen, er kann aber auch aus mehreren Attributen zusammengesetzt sein. So könnten in einer Kundentabelle die Felder *Name*, *PLZ* und *Strasse* genügen, um einen Kunden eindeutig zu identifizieren, also einen Schlüssel zu bilden. Das Feld *Name* wäre dazu alleine nicht geeignet, weil es zweifellos viele gleichnamige Kunden geben wird.

Anforderungen an Schlüssel

Sie werden selten natürliche Attribute finden, die sich alleine schon als Schlüssel eignen. Vorzuziehen sind daher künstliche Schlüssel, da diese die folgenden Bedingungen, denen jeder Schlüssel genügen muss, leichter erfüllen:

1. Ein Schlüssel muss jeden Datensatz eindeutig identifizieren.
2. Datenbankoperationen dürfen den Schlüssel nicht verändern.

Viele relationale Datenbanksysteme unterstützen die erste Forderung durch die Definition eines Primärschlüssels (Primary Key), für den nur eindeutige Werte eingegeben werden können. Dazu gehören auch Access und MySQL. Die Spalteneigenschaft *Primary Key* stellt in der Regel schon sicher, dass die betreffende Spalte nur noch eindeutige Werte annehmen kann. Eine Tabelle, die nur aus einer Schlüsselspalte besteht, erhalten Sie mit folgender Anweisung:

```
CREATE TABLE Test (
    KundenNr INTEGER PRIMARY KEY
)
```

Soll der Schlüssel nicht als Primärschlüssel dienen, können Sie an Stelle der Klausel PRIMARY KEY auch die UNIQUE-Klausel verwenden:

```
CREATE TABLE Test (
    KundenNr INTEGER UNIQUE
)
```

Die UNIQUE-Klausel bewirkt, dass ein eindeutiger Index erzeugt wird, der ebenfalls sicherstellt, dass für diese Spalte nur eindeutige Werte akzeptiert werden.

Keine Änderung von Schlüsseln

Die zweite Forderung hat ihren Grund in der Verknüpfung von Tabellen, die normalerweise über den Identifikationsschlüssel erfolgt. Eine Änderung des Schlüssels in der Kundentabelle hätte zur Folge, dass die zugehörigen Datensätze in der Rechnungstabelle nicht mehr gefunden werden. Schlüssel dürfen also nur erzeugt und (mit dem ganzen Datensatz) gelöscht, aber nicht geändert werden. Praktisch bedeutet das, dass in UPDATE-Anweisungen keine Schlüsselfelder vorkommen dürfen.

Keine »sprechenden Schlüssel«

Diese Grundsätze sind mit zusammengesetzten Schlüsseln nur schwer zu erfüllen. Auch so genannte »sprechende Schlüssel« können, obwohl im Prinzip zulässig, in dieser Hinsicht kritisch sein. Wird etwa in einer Kundennummer (= Schlüssel) ein Teil der Postleitzahl für die Bildung des Schlüssels verwendet, um den Kunden anhand der Kundennummer lokalisieren zu können, so müsste sich der Schlüssel ändern, wenn der Kunde sein Geschäft verlegt. Das aber widerspricht der zweiten Forderung, die wir an einen Schlüssel stellen. Die Änderung muss also unterbleiben. Das wiederum bedeutet, dass der »sprechender Schlüssel« von nun an mit gespaltener Zunge spricht. Ganz verzichten möchten viele Anwender aber auf sprechende Schlüssel nicht. Deshalb werden in der Praxis häufig Schlüssel gebildet, die sich aus einem frei zu vergebenden Teil und einer laufenden Nummer zusammensetzen. Unabhängig vom freien Teil sorgt dann die laufende Nummer dafür, dass der Schlüsselwert immer eindeutig bleibt. Nach diesem Schema werden sehr häufig Kundennummern gebildet. Der sprechende Teil kann dabei einer eigenen Spalte vorbehalten bleiben. Erst bei der Ausgabe werden dann beide zusammengefasst.

Ein Beispiel:

```
SELECT PLZ &  KundenNr AS Kundennummer
FROM Kunden
```

Das vorstehende Beispiel verkettet die Felder *PLZ* und *KundenNr*, so dass bei der Ausgabe, beispielsweise für das Drucken einer Rechnung, eine zusammengesetzte Kundennummer entsteht. Beachten Sie, dass das Zeichen & nur unter Access als Verkettungsoperator fungiert. Andere SQL-Datenbanksysteme verwenden dafür die Zeichenkombination ||, die jedoch unter Access nicht funktioniert.

Künstliche Schlüssel

Aus dem bisher Gesagten ergibt sich: Als Primärschlüssel sollten eindeutige künstliche Schlüssel verwendet werden. Die Schlüssel sollten ausschließlich der Identifikation des Datensatzes dienen und keine weiteren Informationen enthalten. Solche Schlüssel sind beispielsweise folgende:

▶ Artikelnummer

▶ Buchungsnummer

▶ Kundennummer

▶ Kontaktnummer

▶ Personalnummer

▶ Rechnungsnummer

Solche Nummern lassen sich nach eigenen Regeln aus Buchstaben und Ziffern bilden. Am einfachsten sind jedoch fortlaufende Nummern. Viele Datenbanksysteme bieten hier den Feldtyp *Autowert* (*AutoIncrement*) an. Dieser Typ wird automatisch mit jedem neuen Datensatz hochgezählt. Wenn aus betrieblicher Sicht keine Einwände gegen eine fortlaufende Nummer bestehen, sollten Sie diesen Typ für Schlüsselfelder bevorzugen.

15.2 Datenstruktur definieren

Der Aufbau des relationalen Datenbankmodells ist recht leicht zu verstehen, dennoch sind beim Entwurf der Datenstruktur bestimmte Regeln zu beachten. So müssen Sie insbesondere die Probleme der *Datenredundanz* und die daraus resultierenden Gefahren so genannter »Mutationsanomalien« berücksichtigen. Diese können beim Ändern redundanter Daten entstehen.

Redundanz

Werden identische Daten, beispielsweise Adressen, mehrfach gespeichert, dann sind sie redundant. Im Folgenden wollen wir jedoch einen eingeschränkten Redundanz-Begriff verwenden.

Definition von Redundanz:
Redundanz liegt dann vor, wenn ein Teil der Daten ohne Funktionsverlust weggelassen werden kann.

Diese Einschränkung hat damit zu tun, dass sich Redundanz nicht immer vermeiden lässt und unter bestimmten Umständen sogar erwünscht ist. So kann der Versuch, die Daten völlig redundanzfrei zu halten, zu funktionalen Einschränkungen der Datenbank führen.

Datenbankkonsistenz

Redundanz erzeugt vor allem die Gefahr von so genannten *Mutationsanomalien*. Als Mutationen werden alle Änderungen bezeichnet, die auf einen Datenbestand erfolgen. Ist das gleiche Objekt mehrfach gespeichert, so müssen eventuelle Änderungen auch alle Datensätze einschließen, die dieses Objekt betreffen. Andernfalls erhalten wir eine Datenbank mit inkonsistenten Daten (Anomalien).

Als Beispiel wollen wir annehmen, dass ein *Herr Böger* als Kunde und Lieferant zweimal mit der Ortsangabe *Dresden* in unserer Adressentabelle vertreten ist. Herr Böger teilt uns nun mit, dass er seinen Wohnort nach *Leipzig* verlegt. Wir müssen dann beide Datensätze ändern. Unterbleibt eine der Änderungen, ist unsere Datenbank nicht mehr konsistent (widerspruchsfrei), weil für Herrn Böger zwei verschiedene Anschriften gespeichert sind. Zur Vermeidung solcher Probleme sind Verfahren entwickelt worden, die eine weitgehend redundanzfreie Darstellung der Daten ermöglichen. Diese Verfahren dienen dem Entwurf der Datenstruktur und werden als *Normalisierung* bezeichnet.

15.3 Tabellen normalisieren

Im Prozess der *Normalisierung* findet eine in Stufen fortschreitende Verringerung von Datenredundanz statt. Das Ziel der Normalisierung ist erreicht, wenn innerhalb einer Relation (einer Tabelle) keine Redundanzen mehr auftreten. Die Relation ist dann normalisiert. Der Normalisierungsprozess verläuft über drei Stufen. Die höchste Stufe ist daher die so genannte *Dritte Normalform*.

Stufen der Normalisierung

Abbildung 15.2 zeigt eine Tabelle, die noch nicht normalisiert ist. Unter anderem enthalten einzelne Felder mehrere Werte. So sind im Feld *Artikel* mehrere Artikel eingetragen. Für unsere Ausgangstabelle haben wir einfach alle benötigten Informationen in einer Tabelle zusammengefasst.

KdNr	Firma	RechngNr	Rechnungsbetrag	Artikel
1	Müller KG	1	300,00 €	Orangen, Bananen
2	Böckel AG	2	500,00 €	Birnen, Orangen, Äpfel
3	Schmidt GmbH	3	400,00 €	Orangen, Birnen
*			0,00 €	

Abb. 15.2: Tabelle vor dem Normalisierungsprozess

Natürlich ist eine solche Tabelle wenig sinnvoll. Sobald kein Eintrag mehr in das Feld *Artikel* passt, müssen wir einen neuen Datensatz für den jeweiligen Kunden erzeugen. Schon die nächste Bestellung würde damit zu redundanten Einträgen führen.

Erste Normalform

Wir müssen daher die Struktur der Daten ändern. Ein erster Schritt in diese Richtung ist die Anwendung der *Ersten Normalform*, die eine Umgruppierung der Daten erfordert. Die *Erste Normalform* lässt sich wie folgt zusammenfassen:

> **HINWEIS**
>
> **Definition:**
> Eine Tabelle befindet sich in der Ersten Normalform, wenn sie nur einfache Feldwerte enthält.

Mit dieser Definition ist gemeint, dass nicht mehrere Feldwerte (Merkmalswerte, Attributwerte) in einer Spalte enthalten sein dürfen. Man sagt auch, dass ein Attribut (ein Feld, eine Spalte, ein Merkmal) keine innere Struktur aufweisen darf. Das Feld *Artikel* aus Abbildung 15.2 ist aber in sich noch unterteilt: Es enthält jeweils mehrere Artikel. Die *Erste Normalform* (Abbildung 15.3) erreichen wir durch eine Neugruppierung der Daten. Es ist aber gut zu erkennen, dass die Tabelle mehrfach die gleichen Daten enthält. Wir haben sogar zusätzliche Redundanz erzeugt.

KdNr	Firma	RechngNr	Rechnungsbetrag	Artikel
1	Müller KG	1	300,00 €	Bananen
1	Müller KG	1	300,00 €	Orangen
2	Böckel AG	2	500,00 €	Äpfel
2	Böckel AG	2	500,00 €	Orangen
2	Böckel AG	2	500,00 €	Birnen
3	Schmidt GmbH	3	400,00 €	Birnen
3	Schmidt GmbH	3	400,00 €	Orangen
*			0,00 €	

Datensatz: 1 von 7

Abb. 15.3: Tabelle in der Ersten Normalform

Ändert sich beispielsweise die Adresse des ersten Kunden, muss die Änderung in mehreren Datensätzen (Zeilen) vorgenommen werden. Andernfalls ist die Tabelle nicht mehr widerspruchsfrei.

Zweite Normalform

Die Redundanz der Tabelle, die sich in der *Ersten Normalform* befindet, muss verringert werden. Der nächste Schritt erfordert daher die Anwendung der *Zweiten Normalform*:

> **HINWEIS**
>
> **Definition:**
> Eine Tabelle befindet sich in der Zweiten Normalform, wenn sie bereits in der Ersten Normalform vorliegt und jedes nicht zum Schlüssel gehörende Attribut von diesem Schlüssel abhängig ist.

Die Funktion des Schlüssels haben wir weiter oben schon angesprochen. Zu klären ist noch der Begriff der *Abhängigkeit*, der die Beziehung zwischen den einzelnen Feldern (Attributen) und der Tabelle beschreibt. Für die Abhängigkeit eines Attributs gilt, dass ein Attribut dann abhängig ist, wenn es eine Eigenschaft des Objekts beschreibt, zu dem es gehört.

Das Feld *Firma* und die hier nicht verwendete Adresse gehören sicher zur Kundentabelle. Sie beschreiben den betreffenden Kunden und sind somit direkt vom Schlüssel (der Kundennummer) abhängig. Alle anderen Spalten haben mit der Kundennummer wenig oder nichts zu tun. Wir müssen also zunächst eine Kundentabelle erzeugen. Die SQL-Definition der Kundentabelle hat folgende Form:

```
CREATE TABLE Kunden (
KundenNr INTEGER PRIMARY KEY,
Firma CHAR(50) )
```

Die restlichen Spalten enthalten ebenfalls noch einen Schlüssel, nämlich die Rechnungsnummer. Wenn wir die Formel der Zweiten Normalform darauf anwenden, stellen wir fest, dass Spalten wie *Artikel*, *Preis* und *Menge* eigentlich nicht von diesem Schlüssel (der Rechnungsnummer) abhängen. Für die Rechnungstabelle bleiben dann Spalten wie beispielsweise *Rechnungsbetrag* und, wenn vorhanden, *Rechnungsdatum*. Unsere sehr spartanisch ausgestattete Rechnungstabelle muss mit dem Rechnungsbetrag auskommen. Sie können die Tabellen natürlich erweitern. Dabei müssen Sie nur auf die Einhaltung der vorgestellten Regeln achten. Zur Kundentabelle gehören üblicherweise noch die Adressattribute und das Erfassungsdatum. Die Rechnungstabelle benötigt neben dem Rechnungsdatum noch mindestens ein Feld für das Zahlungsmittel.

Abb. 15.4: Kunden- und Rechnungstabelle (ohne Fremdschlüssel)

Die beiden Tabellen aus Abbildung 15.4 werden allerdings kaum zu verwenden sein. Wir haben keine Möglichkeit vorgesehen, um einem Kunden auch Rechnungen zuzuordnen. Bei unserem ersten Entwurf, der nicht normalisierten Tabelle, war das nicht notwendig, weil wir alle Daten eines Kunden in jeweils einem Datensatz zusammengefasst hatten.

Fremdschlüssel einfügen

Die Rechnungstabelle benötigt daher zusätzlich eine Spalte für die Kundennummer. Diese Spalte dient der Zuordnung der Kunden. Es handelt sich dabei um den Schlüssel einer anderen (fremden) Tabelle. In der Rechnungstabelle wird die Spalte daher auch Fremdschlüssel genannt. Die SQL-Anweisung für die Rechnungstabelle hat dann folgende Form:

```
CREATE TABLE Rechnungen (
RechngNr INTEGER PRIMARY KEY,
KundenNr INTEGER,
Rechnungsbetrag DOUBLE )
```

Der Fremdschlüssel darf in der Regel nicht eindeutig sein, weil jeder Kunde natürlich mehrere Rechnungen haben kann. Die Bezeichnung Fremdschlüssel ist daher etwas unglücklich, weil ein Schlüssel nach allgemeiner Definition nur eindeutige Werte zulassen soll. Der Fremdschlüssel ist eigentlich auch kein Schlüssel, sondern eine Referenzspalte für einen Schlüssel aus einer anderen Tabelle.

Fehlende Primärschlüssel ergänzen

Die übrigen Spalten können wir in eine Tabelle packen. Aus der Art der Spalten sollte recht gut ersichtlich sein, dass es sich hier um Rechnungspositionen handelt. Allerdings haben wir bisher keinen Schlüssel für eine solche Tabelle vorgesehen. Im Laufe des Normalisierungsprozesses werden Sie häufig feststellen, dass noch ein Schlüssel benötigt wird. In unserem Fall steht dieser für Rechnungspositionen und kann daher die Bezeichnung *PosNr* bekommen. Die SQL-Anweisung sieht dann wie folgt aus:

```
CREATE TABLE Rechnungspositionen (
PosNr INTEGER PRIMARY KEY,
RechngNr INTEGER,
ArtikelNr INTEGER,
Artikel CHAR(50) )
```

Auch die Rechnungspositionen benötigen einen Fremdschlüssel, nämlich die Rechnungsnummer aus der Tabelle *Rechnungen* (*RechngNr*). Zudem sollte auch jeder Artikel über eine eigene Artikelnummer verfügen. Wenn wir alle Erweiterungen berücksichtigen, erhalten wir die Tabellenstruktur aus Abbildung 15.5.

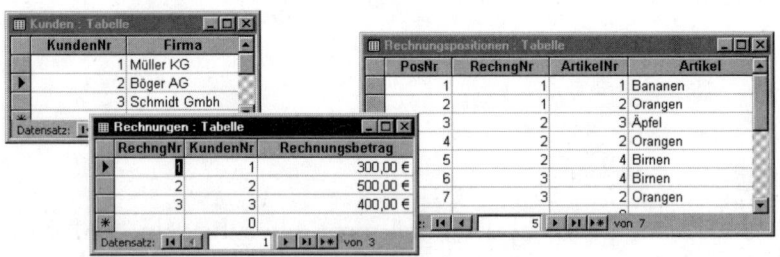

Abb. 15.5: Tabellen in der Zweiten Normalform

Die *Zweite Normalform* erzwingt die Aufteilung unserer Ursprungstabelle. Wir können auch sagen, die *Zweite Normalform* sorgt für eine Differenzierung der Datenstruktur in einzelne Entitäten.

Kapitel 15

Dritte Normalform

Auch die mit dieser Erweiterung erreichte Darstellung enthält noch Redundanzen. Die Artikelbezeichnung ist in der Tabelle *Rechnungspositionen* mehrfach enthalten. Wir müssen unsere Datenstruktur daher noch in die *Dritte Normalform* bringen. Diese lässt sich mit der folgenden Regel beschreiben:

> **HINWEIS**
>
> **Definition:**
> Eine Tabelle befindet sich in der Dritten Normalform, wenn sie bereits in der Zweiten Normalform vorliegt und die nicht zum Schlüssel gehörenden Felder untereinander unabhängig sind.

Diese Regel hört sich etwas kompliziert an. Zunächst ist daher zu klären, wann Merkmale untereinander unabhängig sind. Das Merkmal *Rechnungsdatum* ist beispielsweise unabhängig vom Rechnungsbetrag. Zu einem bestimmten Datum können beliebige Rechnungsbeträge gehören. Das gilt auch umgekehrt. Der Rechnungsbetrag sagt also nichts über das Datum der Rechnung aus. Beide gehören zwar zur gleichen Rechnung und sind damit abhängig von der Rechnungsnummer (*Zweite Normalform*). Ihre Beziehung läuft aber nur über die Rechnungsnummer. Untereinander sind sie unabhängig (*Dritte Normalform*).

Etwas anderes gilt für die Artikelbezeichnung: In der Tabelle *Rechnungspositionen* der Zweiten Normalform ist die Bezeichnung des Artikels von der Artikelnummer abhängig. Das widerspricht der Forderung der *Dritten Normalform*. Wir benötigen daher eine spezielle Artikel-Tabelle, um unsere Relationen in die Dritte Normalform zu bringen. Die SQL-Anweisung hat folgende Form:

```
CREATE TABLE Artikel (
ArtikelNr INTEGER PRIMARY KEY,
Artikel CHAR (50) )
```

Damit erhalten wir die Tabellenstruktur aus Abbildung 15.6. Diese Tabellen sind normalisiert, also weitgehend frei von unnötiger Redundanz.

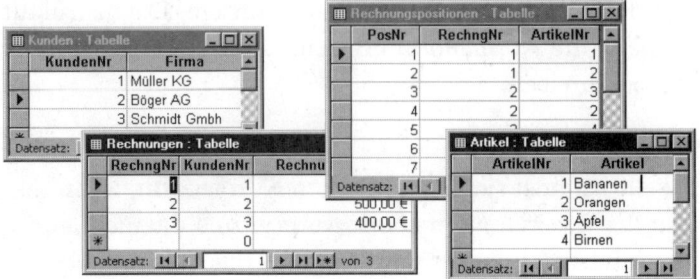

Abb. 15.6: Tabellen in der Dritten Normalform

Allerdings lässt sich auch das bisher Erreichte noch optimieren. So ist es vielleicht nicht unbedingt erforderlich, dass alle Tabellen einen künstlichen Schlüssel erhalten. Wenn sich andere Kandidaten anbieten, sollte man diese Option zumindest prüfen.

Mehrfelderschlüssel verwenden

Für die Tabelle *Rechnungspositionen* benötigen wir eigentlich keine spezielle Positionsnummer, weil die Felder *RechngNr* und *ArtikelNr* gemeinsam den jeweiligen Datensatz eindeutig identifizieren und daher den Schlüssel bilden können. Die Tabelle hätte dann die in Abbildung 15.7 gezeigte Form:

Abb. 15.7: Rechnungspositionen ohne künstlichen Schlüssel

Das setzt allerdings voraus, dass ein Artikel in jeder Rechnung nur einmal erscheint. Es ist daher durchaus überlegenswert, auch für die Rechnungspositionen einen künstlichen Schlüssel vorzusehen bzw. beizubehalten.

Abgrenzungsprobleme

Bezüglich der Beziehung zwischen den Tabellen *Rechnungspositionen* und *Artikel* kann es durchaus unterschiedliche Ansichten geben. Es lässt sich argumentieren, dass es sich bei den Artikeln in der Positionstabelle um berechnete bzw. gelieferte Artikel handelt, während in der Tabelle *Artikel* die aktuell lieferbaren Artikel gespeichert sind. Wir haben es dann mit unterschiedlichen Entitätsmengen zu tun. Eine Änderung in der Artikeltabelle darf dann nicht zu Änderungen bei den Rechnungspositionen führen.

Eine genauere Prüfung müsste eigentlich auch noch den Zusammenhang zwischen Adressattributen wie Postleitzahl und Straße bzw. Postleitzahl und Ort behandeln. Hier bestehen durchaus Abhängigkeiten, die eine weitere Aufteilung erzwingen könnten, etwa eine Separierung der Anschrift (Straße und Ort) in einer eigenen Tabelle. Für komplexe Datenbanken dürfte das auch durchaus sinnvoll sein. So werden Adressdaten nicht selten in einer separaten Tabelle abgelegt. Auf gewisse Widersprüche zwischen Theorie und Praxis gehen wir nachfolgend noch ein.

Erweiterte Normalisierung

Tabellen, die sich in der *Dritten Normalform* befinden, gelten üblicherweise als normalisiert. Der Prozess der Normalisierung endet dann. Es existieren jedoch noch eine Vierte und eine Fünfte Normalform, die in der Praxis aber nur selten verwendet werden. Eine Ausnahme bilden sich überschneidende Entitäten, etwa wenn ein Kunde gleichzeitig auch Lieferant ist. Seine Adresse müsste dann sowohl in der Kunden- als auch in der Lieferantentabelle enthalten sein. Ändert sich nun die Adresse, so ist nicht auszuschließen, dass die Änderung in der zweiten Tabelle unterbleibt. Die Datenbank wäre dann nicht mehr konsistent. Für solche Fälle müsste eigentlich eine weitere Unterteilung vorgenommen werden, so dass Lieferanten- und Kundentabelle nur noch aus den Schlüsseln (Lieferantennummer bzw. Kundennummer), dem Namen sowie anderen zentralen Kundendaten und der Adressennummer (Fremdschlüssel) bestehen würden:

```
CREATE TABLE Kunden (
KundenNr INTEGER PRIMARY KEY,
AdressenNr INTEGER,
Firma CHAR(50) )
```

Die Adresse wäre dann in einer separaten Adressentabelle zu speichern. Der Zugriff kann dann über die Adressennummer erfolgen:

```
CREATE TABLE Adressen
AdressenNr INTEGER PRIMARY KEY,
Ort CHAR(50),
Strasse CHAR(50),
... )
```

Eine solche Unterteilung kann durchaus sinnvoll sein. Oft verursacht sie aber auch nur zusätzliche Probleme. Bei extremer Normalisierung können viele kleine Tabellen entstehen, welche die Leistung der Datenbank erheblich reduzieren und aufgrund der höheren Komplexität auch wieder zu größerer Fehleranfälligkeit führen. Es ist nicht allein die Zahl der Tabellen, die stark zunimmt, auch die Zahl der erforderlichen künstlichen Schlüssel wächst bei extremer Normalisierung. Damit steigt zudem der Aufwand für die Herstellung von Beziehungen zwischen den einzelnen Tabellen.

Das Ergebnis eines Normalisierungsprozesses ist daher ein Kompromiss zwischen einem Höchstmaß an Redundanzfreiheit und der Leistung des Systems. Ziel der Normalisierung ist dann auch nicht Redundanzfreiheit an sich, sondern die Beseitigung unkontrollierter Redundanz.

15.4 Der Tabellenentwurf

Der Tabellenentwurf bildet den Abschluss der Planungsphase. Dabei sind folgende Punkte zu regeln:

1. Benennung der Tabellen

2. Benennung der Felder

3. Bestimmung der jeweils am besten geeigneten Feldtypen

4. Bestimmung der Feldlänge

5. Bestimmung der Indexfelder

6. Herstellung der Beziehungen zwischen Tabellen (Relationship)

Bei der Benennung der Tabellen sollten Sie auf relativ kurze Namen achten, weil diese sehr häufig in SELECT-Anweisungen benötigt werden. Bezeichnungen wie *Rechnungspositionen* sind schon recht lang. Bei komplexen Abfragen kann das viel Arbeit machen und auch Fehler verursachen.

Felder benennen

Datenbanksysteme wie Access sind bei den Feldnamen sehr tolerant. Praktisch alle alphanumerischen Zeichen, auch die deutschen Umlaute und das ß, werden akzeptiert. Sie können sogar Leerzeichen und Bindestriche verwenden. Es ist also durchaus möglich, Begriffe mit mehreren Wörtern als Feldnamen einzusetzen. Weniger tolerant sind andere Datenbanksysteme und vor allem die Abfragesprache SQL. Diese kann mit Leerzeichen, Bindestrichen und anderen Sonderzeichen zunächst nichts anfangen. Kurz: Sie müssen in der Regel auf Sonderzeichen und Leerzeichen verzichten.

Feldtypen und Feldlängen bestimmen

Bei der Zuweisung von Feldtypen sollten Sie keinesfalls nach dem simplen Schema verfahren: »numerische Werte = Datenfeld vom Typ *Zahl*«. Der Aspekt, unter dem Sie die Zuordnung des Typs prüfen müssen, ist die spätere Verwendung.

Bei numerischen Feldern ergibt sich die Feldlänge häufig schon aus dem Typ. Bei Textfeldern müssen Sie die Länge jedoch selbst bestimmen. In der Regel sollten für Felder wie *Firma*, *Namen*, *Ort* und *Strasse* 50 Zeichen ausreichen. Wenn Sie die Länge recht genau abschätzen können oder diese durch die Daten genau vorbestimmt ist, sollten Sie aber eine möglichst exakt angepasste Feldlänge wählen. Für Felder wie beispielsweise *PLZ* erhalten Sie damit eine zusätzliche Eingabekontrolle. Auch Datenbankgröße und Verarbeitungsgeschwindigkeit können davon profitieren. Kandidaten für exakte Feldlängen sind beispielsweise die Felder *Land* (3), *PLZ* (5) und *Anrede* (4).

Felder für unbestimmte Eingaben

In vielen Kunden- bzw. Adressenverwaltungen finden sich häufig Felder ohne genaue Bezeichnung. Solche Felder sind für nahezu beliebige Eingaben vorgesehen. Bei Kundenverwaltungen, die in unterschiedlichen Umgebungen zum Einsatz kommen, mag das auch sinnvoll sein. Der jeweilige Anwender hat dann die Möglichkeit, das Programm an seine Bedürfnisse anzupassen. Bei einer Datenbank, die speziell für einen bestimmten Betrieb entworfen wird, ist das jedoch überflüssig. Für unspezifische Angaben genügt hier ein Feld mit der Bezeichnung *Bemerkung*, das vom Typ CHAR(255) oder, soweit möglich, auch vom Typ Memo sein sollte.

Merkmale auf mehrere Felder aufteilen

Die Aufteilung eines Merkmals auf mehrere Felder, etwa *Firma1* und *Firma2*, lässt sich damit begründen, dass es sich dabei um Merkmale mit einer inneren Struktur handelt. So können Sie das Merkmal *Firma* in die Merkmale *Firmenname* (Mayer&Co.) und *Firmenzweck* (Import&Export) aufteilen. In diesem Fall erzwingt schon die Erste Normalform eine entsprechende Aufteilung. Das gilt allerdings nicht für jede Firma. Sinnvoll ist die Aufteilung aber auch dann, wenn es sich um eine längere Firmenbezeichnung handelt. Zwei Felder lassen sich in Formularen und Berichten besser handhaben. In SELECT-Abfragen müssen Sie die Felder dann gegebenenfalls zusammenfassen:

```
SELECT TRIM(Firma1) + " " + Firma2
FROM Kunden
```

Sollen *Firma1* und *Firma2* in der Bedingung einer WHERE-Klausel verwendet werden, ist gegebenenfalls eine zusammengesetzte Bedingung zu bilden. Beachten Sie, dass unsere Kundentabelle nur eine Firmen-Spalte enthält. Das vorstehende Beispiel funktioniert daher wohl mit Access, nicht aber mit unserer Kundentabelle.

Tabellen für Kunden und Ansprechpartner

Unsere Kundentabelle ist überwiegend für Einzelkunden (Privatkunden) gedacht. Firmen sind eigentlich nicht vorgesehen. Wäre das anders, müssten wir die Struktur der Tabelle ändern und sogar einen Teil der Daten in eine separate Tabelle ausgliedern. Bei einer Firma ist immer mit mehreren Ansprechpartnern zu rechnen, weil Aufträge natürlich von verschiedenen Abteilungen der gleichen Firma kommen können. Mit der bisher verwendeten Tabellenstruktur erhalten wir redundante Daten, sobald wir für eine Firma einen zweiten Ansprechpartner berücksichtigen müssen. Eine separate Tabelle für Ansprechpartner könnte folgende Form haben:

```
CREATE TABLE Ansprechpartner (
PartnerNr INTEGER PRIMARY KEY,
KundenNr INTEGER,
Name CHAR(),
```

```
Telefon CHAR(),
... )
```

Wir haben wieder nur eine verkürzte Definition gewählt, weil es uns nur auf die Verknüpfung ankommt. Diese erfolgt über das Feld *KundenNr*, das in dieser Tabelle die Funktion eines Fremdschlüssels erfüllt.

Unsere früher verwendete Kundentabelle erfüllt also eigentlich nicht die Anforderungen, die wir beim Normalisierungsprozess an eine konsistente Datenbank stellen. Wir haben damit eine Struktur erzeugt, die bei Änderungen, etwa der Anschrift, zu widersprüchlichen Daten führen kann. Hier sind jedoch Vor- und Nachteile abzuwägen. Die Ausgliederung des Ansprechpartners in eine separate Tabelle erfordert bei der Programmierung und auch bei der Definition von Abfragen einen wesentlich größeren Aufwand. Sollten Sie es hauptsächlich mit Firmen und Institutionen zu tun haben, werden Sie diesen Aufwand nicht vermeiden können. Handelt es sich bei den Kunden jedoch fast ausschließlich um Privatpersonen, sollten Sie nicht unbedingt eine separate Tabelle vorsehen, auch wenn ausnahmsweise mal eine Firma mit mehreren Ansprechpartnern dazu gehören kann.

Separate Lieferanschrift speichern

Einige Firmen unterscheiden zwischen Lieferanschrift und Rechnungsanschrift. Bei der Rechnungsanschrift handelt es sich in der Regel um die normale Firmenanschrift, die wir mit Feldern wie *Strasse*, *PLZ* und *Ort* erfassen. Bei der Firmenanschrift macht die Unterteilung in einzelne Felder auch Sinn, weil jedes dieser Felder für Datenbankauswertungen verwendet werden kann. So lässt sich beispielsweise eine Sortierung nach Postleitzahlgebieten vornehmen oder der Umsatz der Kunden aus dem Raum *Dresden* ermitteln. Die einzelnen Teile der Lieferanschrift dürften für solche Aufgaben hingegen kaum Verwendung finden. Sie können die Lieferanschrift daher auch als ein einzelnes Merkmal betrachten und komplett in einem Feld unterbringen. Grundsätzlich könnten Sie dafür ein Textfeld vorsehen. Allerdings sind normale Textfelder (Typ CHAR) in der Regel auf 255 Zeichen begrenzt, was für eine komplette Anschrift nicht immer ausreichen wird.

15.5 Beziehungen zwischen Tabellen

Der Normalisierungsprozess zerlegt die Datenstruktur in einzelne Tabellen (Relationen) und löst damit alle ursprünglichen Beziehungen zwischen den Daten auf. Diese Beziehungen sind jedoch notwendig, um überhaupt sinnvoll mit den Daten arbeiten zu können. Die Aufgabe besteht nun darin, diese Beziehungen wiederherzustellen, die einzelnen Tabellen also miteinander zu verknüpfen.

Beziehungen zwischen Relationen

Die quantitativen Zusammenhänge zwischen Relationen werden über Beziehungen (Entitätsbeziehungen) abgebildet. Diese bestimmen, wie viele Datensätze aus Tabelle B einem Datensatz aus Tabelle A zugeordnet sein können. Die meisten Relationalen Datenbanken verwenden lediglich zwei Typen:

▶ 1:1-Beziehung (genau eine Zuordnung)

▶ 1:n-Beziehung (keine, eine oder mehrere Zuordnungen)

Relationale Systeme unterscheiden zwar insgesamt vier Typen, in der Regel kommen Sie aber mit den oben genannten sehr gut aus. Üblich sind die 1:n- Beziehungen. Auf die Tabellen *Kunden* und *Rechnungen* bezogen heißt das, dass jedem Kunden keine, eine oder auch mehrere Rechnungen zugeordnet sein können. Einen Sonderfall der 1:n-Beziehung stellt folgende Variante dar:

▶ 1:0-1

Damit ist gemeint, dass jedem Datensatz aus der ersten Tabelle maximal ein Datensatz aus der zweiten Tabelle zugeordnet sein kann. Die Zuordnung erfolgt in der Regel über Schlüssel.

Verknüpfung über Schlüsselfelder

Die Verknüpfung benutzt Schlüsselfelder oder Teile von Schlüsseln, um Beziehungen zwischen Tabellen herzustellen. Diese Schlüssel »erschließen« den Zugriff auf Datensätze in der verknüpften Tabelle.

Einem Datensatz aus der Haupt- oder Elterntabelle sind bestimmte Datensätze aus abhängigen Tabellen (Kindtabellen) zugeordnet. Diese Tabellen müssen daher ebenfalls ein Feld für den Schlüssel aus der Elterntabelle enthalten. In der abhängigen Tabelle wird dieser Schlüssel Fremdschlüssel genannt. Abbildung 15.8 verdeutlicht die Verknüpfung der Tabellen.

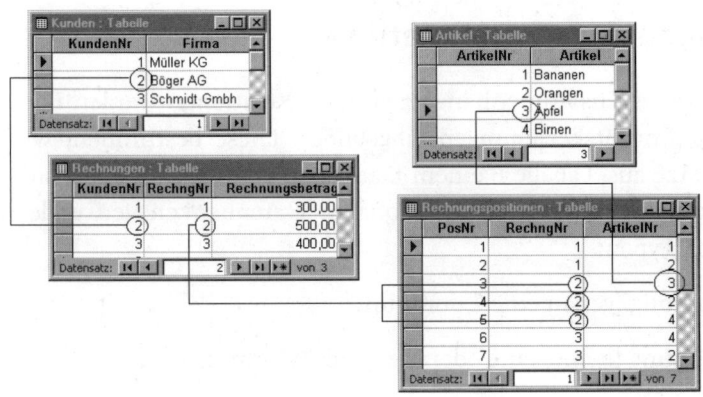

Abb. 15.8: Tabellen über Schlüsselfelder verknüpfen

Bei den Verknüpfungen *Kunden->Rechnungen* und *Rechnungen->Rechnungspositionen* handelt es sich um 1:n-Verknüpfungen. Die Beziehung *Rechnungsposition->Artikel* ist hingegen eine 1:1-Verknüpfung.

15.6 Indexfelder bestimmen

Indizes beschleunigen den Zugriff auf Datenbanken, insbesondere bei Such- und Sortiervorgängen. Sie sind immer dann erforderlich, wenn große Datenbestände effektiv bearbeitet und ausgewertet werden müssen. Für eine Datentabelle lassen sich mehrere Sortierungen (Indizes) anlegen. Erst dadurch wird es möglich, aus einem großen Datenbestand mit vertretbarem Zeitaufwand Daten nach verschiedenen Kriterien zu selektieren. Indizes sind deshalb ein zentraler Bestandteil von Datenbanksystemen. Ist der Index aktiv, findet jeder Zugriff auf die Datentabelle über den Index statt. Die Indizes moderner Datenbanksysteme verwenden eine modifizierte Binärbaumstruktur. Binärbäume sind eine dynamische Datenstruktur, die es erlaubt, beliebige Elemente der Struktur hinzuzufügen oder zu entfernen. Das ist auch erforderlich, weil Indizes beim Hinzufügen oder Löschen von Datensätzen laufend angepasst werden müssen. Durch den Einsatz vieler Indizes kann sich folglich das Einfügen und Löschen von Datensätzen verzögern.

Primär- und Sekundärindex

Einige Datenbanksysteme, beispielsweise Access, unterscheiden zwei Arten von Indizes: Primärindex (Primärschlüssel) und Sekundärindex. Wie der Begriff *Primärindex* schon andeutet, kann es für eine Tabelle nur einen Primärindex geben. Sie können hingegen mehrere Sekundärindizes definieren. Die Begriffe *Primärindex* und *Primärschlüssel* wollen wir synonym verwenden, obwohl es Unterschiede gibt. Der Primärschlüssel steht eigentlich nur für eine Spalte (bzw. eine Gruppe von Spalten), deren Einträge den jeweiligen Datensatz eindeutig identifizieren. Einige Datenbanksysteme erzeugen für das Feld aber automatisch einen Index.

Welche Felder indizieren?

Wie die Struktur Ihrer Tabellen sollten Sie auch die Zahl und Art der Indizes sorgfältig planen. Felder, die häufig zu Sortier- und Filteraufgaben herangezogen werden, sind natürliche Kandidaten für einen Index. Dazu gehören bei einer Kundenverwaltung beispielsweise die Felder *Firma*, *Name*, *Ort* und *PLZ*. Unbedingt erforderlich sind auch Indizes für so genannte Fremdschlüssel. Ohne Index lässt sich ein Fremdschlüssel praktisch nicht verwenden.

Nachteile bei zu vielen Indizes

Jede Datenbank benötigt Indizes. Dennoch sollten Sie darauf achten, die Zahl der Indizes nicht zu groß werden zu lassen. Jeder Index muss vom Datenbanksystem permanent angepasst werden und beeinflusst damit die Leistung des Systems. Das gilt besonders für die Eingabe von neuen Daten, da in diesem Fall auch alle Indizes aktualisiert werden.

15.7 Integritätsstufen

An eine Datenbank ist die Anforderung zu stellen, dass sie jederzeit ein konsistentes Abbild der von ihr beschriebenen Wirklichkeit liefern muss. Die Integrität der Datenbank ist dann weitgehend gesichert. In der Datenbanktheorie lassen sich folgende Integritätsstufen unterscheiden:

▶ Die *Sematische Integrität* bezeichnet die Korrektheit der Daten. Dazu gehört auch, dass ein Primärschlüsselwert in einer Tabelle nicht mehrfach vorkommen darf (die so genannte Schlüsselintegrität).

▶ Die *Operationale Integrität* bedeutet, dass Operationen wie Anfügen, Ändern und Löschen die Datenbank in einem konsistenten Zustand hinterlassen müssen. Hierzu gehört auch die noch vorzustellende *Referenzielle Integrität*. In der Regel wird die Operationale Integrität durch Eingabekontrollen sichergestellt.

▶ Die *Physische Integrität* bezieht sich auf den Schutz der Datenbank vor Beschädigung durch äußere Einwirkungen und die Wiederherstellung eines konsistenten Datenbankzustands durch den Einsatz von Backups (Sicherungskopien).

Referenzielle Integrität

Mit der Aufteilung in einzelne Tabellen und deren Verknüpfung über Schlüsselfelder haben wir uns ein ernstes Problem eingehandelt: die Sicherstellung der *Referenziellen Integrität*. Damit ist gemeint, dass den Datensätzen aus einer untergeordneten Tabelle immer ein Datensatz aus der übergeordneten Tabelle zugeordnet sein muss. Andernfalls haben Sie »elternlose«, also verwaiste Datensätze in der Datenbank, die von keinem übergeordneten Datensatz verwendet werden. Ein solcher Fall kann leicht eintreten, wenn Sie beispielsweise einen Kunden aus der Kundentabelle löschen, ohne zugleich die zugehörigen Datensätze aus der Rechnungstabelle zu entfernen. Einige Datenbanken, beispielsweise Access, sind in der Lage, die Einhaltung der *Referenziellen Integrität* selbst zu überwachen. Bei anderen Systemen, beispielsweise MySQL, müssen Sie selbst dafür sorgen.

Transaktionen

Als *Transaktion* bezeichnen wir jede unteilbare Folge von Operationen auf eine Datenbank, die diese aus einem konsistenten Zustand in einen anderen konsistenten Zustand überführt. Eine Transaktion kann durchaus mehrere Operationen umfassen. Bedingung ist, dass diese nur zusammen einen widerspruchsfreien Datenbestand ergeben. So müssen Geschäftsvorfälle, beispielsweise Buchungen, auf zwei Konten erfasst werden. Wir haben es dann mit zwei Operationen, aber nur einer Transaktion zu tun.

Beide Buchungen dürfen nur gemeinsam oder gar nicht erfolgen. Tritt ein Fehler auf, der verhindert, dass alle zur Transaktion gehörenden Operationen erfolgreich durchgeführt werden, sind die bereits erfolgten Teiloperationen zurückzunehmen (Rollback).

Transaktionen per SQL-Anweisung definieren

Nahezu alle Datenbanksysteme unterstützen das Transaktionskonzept. Allerdings müssen Sie zu diesem Zweck Kommandos wie `COMMIT` und `ROLLBACK` einsetzen. Die Konsistenz einer Datenbank lässt sich daher in der Regel nur sicherstellen, wenn Sie direkte Zugriffe auf einzelne Tabellen verhindern. SQL stellt für den Umgang mit Transaktionen entsprechende Befehle zur Verfügung. In Kapitel 14.2 »*Transaktionen*« haben wir diese bereits vorgestellt.

15.8 Zusammenfassung, Fragen und Übungen

Zusammenfassung

▶ Aufgabe der Datenbankmodellierung ist es, einen Bereich der Wirklichkeit als Datenstruktur abzubilden. Die Abbildung sollte möglichst widerspruchsfrei erfolgen.

▶ Zum Zweck der Realisierung widerspruchsfreier (konsistenter) Datenstrukturen sind Datenbankmodelle entwickelt worden. Das bekannteste davon ist das Relationale Modell.

▶ Ein wichtiges Mittel der Datenbankmodellierung ist eine weitgehend redundanzfreie Datenhaltung. Diese vermindert das Risiko von inkonsistenten Daten.

▶ Im Relationalen Modell lassen sich redundanzarme Datenstrukturen durch die Normalisierung von Relationen (Tabellen) erzielen. Der Prozess der Normalisierung verläuft über mindestens drei Stufen.

▶ Eine Tabelle gilt als normalisiert, wenn sie sich in der Dritten Normalform befindet.

Zusammenfassung

▶ Zwischen normalisierten Tabellen bestehen zunächst keine Beziehungen. Diese müssen erst durch Operationen, beispielsweise mit Hilfe von SQL-Anweisungen, hergestellt werden.

▶ Die Normalisierung der Tabellen bildet nur die Grundlage für eine konsistente Datenhaltung. Es sind zusätzliche Regeln und Maßnahmen erforderlich, um die Integrität der Datenbank im laufenden Betrieb zu gewährleisten.

▶ Eine Möglichkeit, die Datenbankintegrität sicherzustellen, bietet das Transaktionskonzept.

Fragen und Übungen

1. Was wird in der Datenbanktheorie als Relation bezeichnet?

2. Welche Funktion hat ein Schlüssel?

3. Was sind künstliche Schlüssel und welche Vorteile haben diese?

4. Was ist unter dem Begriff »Datenbankkonsistenz« zu verstehen und wie steht diese mit der Datenredundanz im Zusammenhang?

5. Was ist unter dem Prozess der Normalisierung zu verstehen?

6. Welche Probleme können bei extremer Normalisierung auftreten?

7. Was ist beim Datenbankentwurf bezüglich der Feldnamen (Spaltennamen) zu beachten?

8. Was ist unter einem Fremdschlüssel zu verstehen und wozu wird dieser üblicherweise verwendet?

9. Welche Funktion erfüllen Indizes?

Fragen und Übungen

10. Wofür steht der Begriff der »Referenziellen Integrität«?

11. Welcher Aufgabe dient das Transaktionskonzept?

16 SQL-Datentypen

16 SQL-Datentypen

Das Thema Datentypen haben wir schon in Kapitel 2.2 »*Die WHERE-Klausel*« ganz knapp angerissen. Die dort besprochenen Typen stellen jedoch nur eine kleine Teilmenge der unter SQL üblicherweise verfügbaren Datentypen dar. Da den Datentypen eine ganz besondere Bedeutung bei der Definition von Datenbanken zukommt, wollen wir in diesem Kapitel eine Typologie für Fortgeschrittene präsentieren. Außerdem gehen wir in diesem Kapitel auf die Wahl der richtigen Feldlänge ein, weil diese, wie der Typ, sehr wichtig für die Konsistenz der Datenbank sein kann.

16.1 Bedeutung des Datentyps

Der Feldtyp bestimmt, welche Daten im jeweiligen Feld gespeichert werden können. Zwar wäre es grundsätzlich möglich, die meisten Daten in Textfeldern abzulegen, für die spätere Verwendung ist der richtige Typ jedoch wichtig. Bestimmte Daten müssen sich beispielsweise addieren oder als Datumswerte interpretieren lassen. So werden Datums- und Textfelder unterschiedlich sortiert, auch wenn sie identische Inhalte anzeigen. Einige Feldtypen sind zudem sehr restriktiv und verhindern damit die Eingabe unsinniger Daten. Das gilt besonders für numerische Typen. Die Typbestimmung erfüllt also zwei Funktionen:

▶ Sie bestimmt, welche Operationen mit dem Feldinhalt möglich sind.

▶ Sie beschränkt die Dateneingabe auf typspezifische Werte.

Das sind dann auch die Kriterien, die Sie bei der Auswahl des richtigen Typs berücksichtigen müssen.

16.2 Numerische Typen

Am umfangreichsten ist sicher die Klasse der numerischen Typen. Diese lassen sich wie in Tabelle 16.1 dargestellt unterteilen:

Datentyp	Beschreibung
SMALLINT	Kurze Ganzzahl. Der Wertebereich kann sich je nach Datenbanksystem unterscheiden.
INTEGER	Ganzzahl. Der Wertebereich kann sich je nach Datenbanksystem unterscheiden.
LONGINT	Lange Ganzzahl. Dieser Typ wird häufig für Primärschlüsselfelder wie beispielsweise eine Kunden- oder Rechnungsnummer verwendet. LONGINT gehört eigentlich nicht zu den Standardtypen. Sie finden ihn aber unter anderem in Access.
AUTO_INCREMENT	Ganzzahl, die vom Datenbanksystem automatisch für jeden neuen Datensatz erzeugt wird. In Access finden Sie diesen Typ unter der Bezeichnung *Autowert*. Der Typ AUTO_INCREMENT gehört eigentlich nicht zum SQL-Sprachumfang. Er wird aber von vielen Datenbanksystemen unterstützt.
FLOAT	Fließkommazahl mit einfacher Genauigkeit. An Stelle von FLOAT finden Sie häufig auch die Typbezeichnung REAL.
DOUBLE PRECISION	Fließkommazahl mit doppelter Genauigkeit. Häufig wird dieser Typ auch nur einfach als DOUBLE bezeichnet.

Datentyp	Beschreibung
CURRENCY	Eine Variante des Typs DOUBLE, der auf zwei Dezimalstellen gerundet und mit einem Währungssymbol ausgegeben wird. Access stellt diesen Typ unter der Bezeichnung *Währung* zur Verfügung.
DECIMAL	Zahl mit Mindestvorgabe der Dezimalstellen.
NUMERIC	Zahl mit fester Vorgabe der Dezimalstellen. DECIMAL und NUMERIC sind Typen mit so genannter exakter Darstellung.

Tab. 16.1: Numerische Datentypen

Einige der vorgestellten Formate haben wir bereits kennen gelernt. Sehr verbreitet sind die Standardtypen INTEGER und DOUBLE. Ersterer wird für alle Nummerierungen verwendet, während der Typ DOUBLE in der Regel für Währungsangaben und wissenschaftliche Zahlen zum Einsatz kommt. Grundsätzlich werden diese Typen von allen Datenbanksystemen unterstützt. Es ist aber durchaus möglich, dass sich dahinter unterschiedliche Wertebereiche verbergen. Viele numerische Typen erlauben die Angabe der Länge bzw. Präzision (Genauigkeit). Längenangaben verwenden Sie beispielsweise für Typen mit exakter Darstellung, also DECIMAL und NUMERIC. Die Syntax hat folgende Form:

```
NUMERIC (Anzahl, Nachkommastellen)
```

Der Parameter *Anzahl* bestimmt die Zahl der darzustellenden Ziffern. Mit *Nachkommastellen* ist die Zahl der Dezimalstellen gemeint. Die folgende Anweisung, die unter MySQL, aber nicht unter Access funktioniert, liefert ein Beispiel:

```
CREATE TABLE Test (
Feld1 NUMERIC(10,2) )
```

MySQL macht allerdings keinen Unterschied zwischen NUMERIC und DECIMAL. Sie erhalten in jedem Fall einen DECIMAL-Typ. Unter Access können Sie den Typ NUMERIC nur ohne Parameter verwenden. Daraus wird dann automatisch ein DOUBLE-Typ.

Auch die Typen FLOAT (bzw. REAL) und DOUBLE akzeptieren einen Parameter. Dieser steht dann für die Präzision, also in der wissenschaftlichen Zahlendarstellung für die Mantisse:

```
CREATE TABLE Test (
Feld1 FLOAT(10) )
```

Auch dieses Beispiel lässt sich nur unter MySQL testen. Access akzeptiert keine Parameter. Wenn Sie die Parameterklammer weglassen, erhalten Sie unter Access den Typ DOUBLE.

16.3 Alphanumerische Typen

Die meisten Spalten verwenden in der Regel einen alphanumerischen Typ. Obwohl, wie Tabelle 16.2 zeigt, auch hier eine größere Zahl an speziellen Varianten existiert, wird häufig nur der Standardtyp CHAR eingesetzt.

Type	Beschreibung
CHARACTER CHAR	Zeichenfolge fester Länge. In Access wird dieser Typ auch als TEXT bezeichnet. Die links angegebenen Typbezeichnungen lassen sich in der Regel alternativ verwenden. Die meisten Datenbanken können bis zu 255 Zeichen in diesem Typ unterbringen.
CHARACTER VARYING CHAR VARYING VARCHAR	Variable Zeichenfolge. Dieser Typ erwartet wie CHAR die Angabe der Zeichenlänge. Hier steht dieser Wert jedoch für die maximale Zahl der Zeichen. Es wird also keine feste Länge vorgegeben. Üblich ist die Kurzschreibweise VARCHAR. Die maximale Zeichenzahl kann sich wieder je nach Datenbanksystem unterscheiden.
NATIONAL CHAR NCHAR	Zeichenfolge für die Darstellung nationaler Zeichen. Diesem Typ ist in der Regel ein spezielles Character Set (ein Zeichensatz) zugeordnet. Zusätzlich kann auch wieder ein Typ variabler Länge vorkommen (NATIONAL CHAR VARYING).

Type	Beschreibung
ENUM	Aufzählung. Dieser Typ speichert gegebenenfalls mehrere Werte aus einer Liste von Werten. Access unterstützt diesen Typ nicht. Er zahlt auch nicht zum SQL-Sprachumfang. Sie können ihn jedoch unter MySQL und anderen Datenbanksystemen einsetzen.

Tab. 16.2: Alphanumerische Datentypen

In der Regel genügt für die meisten Anwendungsfälle der Typ CHAR. Dieser Typ kann in maximal 255 Zeichen praktisch alle alphanumerischen Attribute speichern, die in normalen Geschäftsanwendungen benötigt werden. Wie schon früher gezeigt, muss die Länge beim Tabellenentwurf angegeben werden. Die Mindestlänge beträgt ein Zeichen. Grundsätzlich die gleiche Syntax verwenden Sie für den Typ variabler Länge. Das folgende Beispiel können Sie mit praktisch jedem Datenbanksystem testen:

```
CREATE TABLE Test (
Feld1 VARCHAR(20) )
```

Der variable Typ hat den Vorteil, dass er weniger Platz beansprucht. Die Auffüllung mit Leerzeichen, die beim Typ CHAR automatisch vorgenommen wird, unterbleibt hier. Der Vorteil des geringeren Platzbedarfs wird jedoch dadurch wieder relativiert, dass der Typ VARCHAR weniger gut für die Verwendung in Indizes geeignet ist. Wenn Speicherplatz kein ganz so wichtiges Thema ist, sollten Sie grundsätzlich den Typ CHAR verwenden.

16.4 Datums- und Zeittypen

Von einigen Datenbanksystemen wird jeder Datumswert intern als fortlaufender numerischer Wert gespeichert. Die Zählung erfolgt in Sekunden. Die verschiedenen Typen (Tabelle 16.3) stellen daher häufig nur Formatierungsvarianten dar.

Typ	Beschreibung
DATE	Dieser Typ speichert Datumsangaben.
TIME	Der Typ TIME speichert Zeitangaben.
TIMESTAMP	Dieser Typ kombiniert die Typen DATE und TIME. Er kann daher im Prinzip auch beide vorgenannten Typen ersetzen.

Tab. 16.3: Datums- und Zeittypen

Fast jede Tabelle benötigt auch einen Datumswert, zumindest bei geschäftlichen Anwendungen. Zeitangaben sind hingegen weniger häufig erforderlich. Für bestimmte Aufgaben, etwa die Verfolgung von Änderungen an einer Datenbank, wird gelegentlich auch der Typ TIMESTAMP eingesetzt. Datenbanksysteme wie MySQL unterstützen noch weitere Typen, etwa DATETIME und YEAR. In anderen Systemen müssen Sie Angaben wie etwa das Jahr mit Hilfe von Funktionen aus normalen Datumswerten extrahieren. Datumswerte werden normalerweise im folgenden Format gespeichert:

```
yyyy-mm-dd
```

Jeder Abschnitt steht für einen Integer-Wert, der je nach Datumsteil Wertebereiche zwischen 0001 – 9999 (Jahr), 01 – 12 (Monat) und 01 – 31 (Tag) annehmen kann. Die Jahresangabe wird also grundsätzlich vierstellig gespeichert. Das folgende Beispiel erzeugt eine Datums- und eine Zeitspalte:

```
CREATE TABLE Test1 (
Datum DATE,
Zeit TIME )
```

Unter Access erhalten Sie damit den kombinierten Typ *Jahr/Zeit*, den Access auch für den Typ TIMESTAMP verwendet. Kurz: Access behandelt alle Datums- und Zeitwerte als TIMESTAMP. Die Unterscheidung erfolgt erst bei der Ausgabe durch entsprechende Formatierung. Die meisten anderen Datenbanken, auch MySQL, verwenden jedoch tatsächlich unterschiedliche Typen und damit auch unterschiedliche Feldlängen.

16.5 Spezielle Datentypen

Die wichtigsten Typen haben wir bereits kennen gelernt. Für besondere Zwecke können in einigen Datenbanksystemen auch noch die Typen aus Tabelle 16.4 eingesetzt werden.

Typ	Beschreibung
BIT	Bitfolgen fester Länge.
BIT VARYING	Bitfolgen variabler Länge.

Tab. 16.4: Sonstige Datentypen

BIT-Typen speichern beliebige Bit-Folgen. Sie gleichen darin dem Typ CHAR. Der Unterschied wird jedoch bei Vergleichen sichtbar: Während die Vergleichbarkeit von CHAR-Typen auf der Verwendung des gleichen Zeichensatzes basiert, spielt der Zeichensatz bei Bit-Folgen keine Rolle. Beachten Sie, dass wirklich Bits gemeint sind. Um ein Zeichen zu speichern, benötigen Sie also mindestens sieben bzw. acht Bits. Access akzeptiert zwar den Typ, aber keine Parameterangabe. Sie erhalten damit automatisch eine Länge von einem Bit. Damit erzeugen Sie unter Access das übliche *Ja/Nein*-Feld:

```
CREATE TABLE Test ( Feld1 BIT )
```

MySQL kennt diesen Typ eigentlich nicht. Die Anweisung wird jedoch akzeptiert, wobei MySQL den eigenen Typ TINYINT erzeugt. Dieser kann ganzzahlige Werte bis 255 aufnehmen, also bis zu acht Bit.

16.6 Sonstige Datentypen

Neben den schon vorgestellten Typen werden von den meisten SQL-Datenbanken auch noch Typen unterstützt, die eigentlich nicht zum engeren SQL-Sprachumfang gehören.

Typ	Beschreibung
BLOB	Binary Large Object. Dieser Typ speichert praktisch alle Arten von Daten. Gespeichert wird ein unstrukturierter Binärstrom. Es findet also keine Interpretation der Daten statt. BLOB-Felder können daher Sound-Daten, Videos, beliebige Grafikformate und auch ausführbare Programme speichern.
Memo TEXT	Memo-Felder speichern lange Texte. Üblicherweise ist dieser Typ auf reine ASCII-Texte beschränkt. Oft existiert auch noch eine Längenbeschränkung, etwa auf maximal 4.000 Zeichen.

Tab. 16.5: Sonstige Datentypen

Die genannten Typen sind aus den Anforderungen der Praxis entstanden, möglichst alles, beispielsweise auch Videosequenzen oder lange Texte, per Datenbank verwalten zu können. Unterstützt werden diese Typen unter anderem von Access, MySQL und Oracle. Allerdings werden Sie selbst bei Datenbanken, die in der Lage sind, diese Typen zu speichern, kaum SQL-Anweisungen darauf anwenden können. Im Folgenden beschäftigen wir uns daher überwiegend mit den Einschränkungen, denen die genannten Typen unterliegen. Grundsätzlich gilt: BLOB und Memo lassen sich normalerweise nicht in Indizes verwenden. Auch die Einbindung in die Bedingungen von WHERE-Klauseln ist in der Regel nicht möglich.

Da Memo-Felder und besonders BLOBs sehr groß werden können (BLOBs unter Oracle bis zu vier GB), erfolgt die Speicherung in der Regel außerhalb der eigentlichen Datentabelle.

BLOB

Einige Datenbanksysteme, etwa MySQL, unterscheiden auch beim BLOB-Feld noch Untertypen wie beispielsweise MEDIUMBLOB oder LONGBLOB. Diese weisen unterschiedliche Längen auf. Eine Verwendung in SQL-Abfragen ist in der Regel im begrenzten Umfang möglich. Die Anwendung kann sich jedoch je nach Datentyp erheblich unterscheiden. Üblicherweise werden Sie BLOB-Felder nur bei der Programmierung von Datenbankanwendungen einsetzen. In diesem Fall nutzen Sie für den Zugriff spezielle Programmierschnittstellen, die vom Hersteller der betreffenden Datenbank angeboten werden.

Memo-Felder

Der Typ Memo ist eigentlich schon sehr alt. Aufgrund seiner unhandlichen Länge lässt er sich mit SQL-Anweisungen aber nur unzureichend handhaben. Unter Access können Memo-Felder zumindest in der Feldliste des SELECT-Befehls erscheinen. Für das folgende Beispiel gehen wir davon aus, dass die Kundentabelle ein Memo-Feld mit der Bezeichnung *Bemerkung* enthält:

```
SELECT Firma, Bemerkung
FROM Kunden
WHERE KundenNr = 2;
```

Access behandelt Memo-Felder fast wie sehr große Textfelder (Typ CHAR), so dass sich auch andere Operationen, etwa eine Sortierung mit ORDER BY, darauf anwenden lassen.

16.7 Wahl des richtigen Typs

Die Wahl des richtigen Typs hängt natürlich davon ab, welche Werte in der jeweiligen Spalte gespeichert werden sollen. Allerdings ist nicht jeder Wert, der eventuell nur aus Ziffern besteht, auch gleich ein numerischer Wert. Das gilt beispielsweise für Telefon- und Faxnummern. Diese stellen eigentlich einen Code dar, der nur mehr oder weniger zufällig aus Ziffern besteht. Zudem kann eine Telefonnummer auch Sonderzeichen wie den Schrägstrich oder den Bindestrich enthalten. Ob es sich jeweils um einen echten oder unechten numerischen Wert handelt, lässt sich daran festmachen, ob mit diesem Wert auch sinnvoll gerechnet werden kann. Das dürfte bei Telefonnummern wohl kaum zutreffen. Solche Werte sollten Sie daher gleich als verkappte alphanumerische Werte betrachten und im Typ CHAR speichern. Das gilt grundsätzlich auch für Werte wie die Postleitzahl. Die Operationen, die mit einem bestimmten Feld möglich sind, sollten auch den Datentyp bestimmen.

Datentyp und Eingabekontrolle

Die zweite wichtige Funktion des Feldtyps besteht in der Eingabekontrolle. Wenn Sie den Typ INTEGER gewählt haben, kann das entsprechende Feld eben nur ganze Zahlen bis zu einer bestimmten Größe aufnehmen. Die Datenbank kümmert sich dann selbst darum, dass keine Buchstaben eingetragen und die Begrenzung eingehalten wird. Eine korrekte Bestimmung des Datentyps hilft Ihnen daher, die Konsistenz der Datenbank sicherzustellen.

Autowert für Primärschlüssel

Künstliche Schlüssel wie Kunden- und Rechnungsnummer müssen eindeutig sein. Sie können die betreffenden Werte natürlich errechnen, etwa durch Addition des Wertes 1 auf die jeweils höchste Kunden- oder Rechnungsnummer. Einfacher ist aber der Feldtyp Autowert (*Auto-Increment*), der selbständig für eindeutige Schlüssel sorgt. Er wird unter anderem von Access und MySQL unterstützt. Beachten Sie aber, dass sich die Schreibweise unterscheiden kann. MySQL und andere Datenbanken erwarten einen Unterstrich (AUTO_INCREMENT), während Access auf den Unterstrich verzichtet.

Autowert nicht als Fremdschlüssel

In der Rechnungstabelle ist die Kundennummer ebenfalls enthalten. Hier identifiziert sie aber nicht den Datensatz, sondern dient nur der Zuordnung der Rechnungen zum jeweiligen Kunden. Die Kundennummer fungiert in diesem Fall als Fremdschlüssel. Wenn Sie Autowert als Feldtyp für den Primärschlüssel verwenden, müssen Sie für das gleiche Feld als Fremdschlüssel den Typ INTEGER (unter Access LONG INTEGER) verwenden. Die Kundennummer darf also nur in der Kundentabelle den Typ `Autowert` erhalten, also nur bei der Verwendung als Primärschlüssel.

Feldtyp später ändern

Grundsätzlich ist es möglich, den Feldtyp später noch zu ändern. Enthält die Tabelle bereits Daten, muss aber mit Datenverlust gerechnet werden. Bestimmte Typen lassen sich auch nachträglich nicht mehr wählen. Das gilt beispielsweise für den Typ `Autowert`. Hier hilft dann nur, die betreffende Spalte zu löschen und dafür eine neue Spalte einzufügen.

Die richtige Feldlänge bestimmen

Nur bei alphanumerischen Typen und bei einigen numerischen Typen können Sie auch noch die Feldlänge bestimmen. Bei allen anderen Typen ist mit dem Typ auch die Länge vorgegeben. Grundsätzlich könnten Sie immer die maximal mögliche Feldlänge wählen. Sie ersparen sich damit Änderungen an der Datenbankstruktur, wenn ein Eintrag unerwarteterweise einmal die vorgesehene Länge überschreiten sollte. Lange Felder haben aber nicht nur Vorteile. Der Preis besteht üblicherweise in einer Einschränkung der Performance. Viele Operationen, etwa das Sortieren, Suchen und Filtern, also die üblichen `SELECT`-Abfragen, verzögern sich. Bei großen Datenbanken können sich dadurch deutlich längere Antwortzeiten ergeben. Kurz: Die richtige Feldlänge ist ein Kompromiss zwischen der Sicherheit, auch unerwartet lange Einträge speichern zu können, und der Performance des Datenbanksystems. Für die Felder von Adressen-Tabellen, etwa *Firma*, *Ort* und *Straße*, haben sich beispielsweise Feldlängen zwischen 50 und 100 Zeichen eingebürgert. Zu knapp sollten Sie allerdings auch nicht kalkulieren, weil Sie sonst sehr viele Einträge abkürzen oder die Feldlänge sehr bald ändern müssen.

Feldlänge und Eingabekontrolle

Auch die Feldlänge kann bei der Eingabekontrolle behilflich sein. Wenn ein Feld nur Einträge einer bestimmten Länge aufnehmen kann, sollten Sie diese Möglichkeit auch nutzen. Das gilt beispielsweise für die Postleitzahl, die auf fünf Zeichen begrenzt ist. Eine Möglichkeit, Fehleingaben vorzunehmen, wäre damit schon eliminiert. Bei anderen Feldern können Sie zumindest die maximale Zeichenzahl bestimmen und so das Risiko von Fehleingaben zumindest reduzieren.

16.8 Zusammenfassung, Fragen und Übungen

Zusammenfassung

▶ Datentypen bestimmen, welche Werte in eine Spalte eingegeben werden können. Sie stellen damit schon eine Art Eingabekontrolle dar.

▶ Die numerischen Datentypen dienen der Aufnahme sehr unterschiedlicher Zahlen. Entsprechend umfangreich ist die Anzahl der Typen.

▶ Für Währungsangaben können Sie vor allem die Typen NUMERIC und DECIMAL verwenden. Für wissenschaftliche Darstellungen bieten sich die Typen FLOAT und DOUBLE an.

▶ Bei den alphanumerischen Typen ist grundsätzlich zwischen Typen fester und variabler Länge zu unterscheiden.

▶ Für Datums- und Zeitwerte stehen die Typen DATE und TIME zur Verfügung.

▶ Bei der Auswahl des richtigen Datentyps ist auf den Verwendungszweck der betreffenden Spalte zu achten. Werte, mit denen nicht gerechnet werden kann, sind in der Regel keine numerischen Werte, auch wenn sie nur aus Ziffern bestehen.

Fragen und Übungen

1. Welches sind die wohl wichtigsten numerischen Datentypen?

2. Für welche Aufgaben eignen sich die Typen INTEGER und LONG INTEGER?

3. Wie unterscheiden sich die Typen INTEGER und FLOAT?

4. Welchen Datentyp sollten Sie für Felder wie Telefon- oder Faxnummer verwenden?

5. Welche Bedeutung hat die Wahl des richtigen Datentyps für die Konsistenz der Datenbank?

17 MySQL-Datenbank-Server

SQL

17 MySQL-Datenbank-Server

Die Zahl der SQL-Server bzw. der SQL-fähigen Datenbanken ist recht groß. Eine subjektive und zudem recht knappe Auswahl zeigt Tabelle 17.1:

Datenbank	Beschreibung
Access	Die am häufigsten verwendete Desktop-Datenbank. Der SQL-Sprachumfang ist jedoch erheblich eingeschränkt.
Adabas	Datenbanksystem der Firma Software AG. Für erste Tests ist eine Einzelplatzversion verfügbar.
DB2	Ein DBMS der Firma IBM. Diese sehr leistungsfähige Datenbank unterstützt nahezu den vollen ANSI-92-Standard.
Microsoft SQL-Server	SQL-Server der Firma Microsoft.
MySQL	Open-Source-SQL-Server. Dieses Datenbanksystem darf unter bestimmten Umständen kostenlos genutzt werden. Lediglich beim kommerziellen Einsatz sind vergleichsweise geringe Gebühren fällig. Zudem steht der Quellcode des Programms zur Verfügung (Open-Source), so dass erfahrene Programmierer die Funktionalität des Systems erweitern können. MySQL wird besonders häufig für Web-Anwendungen genutzt.
Oracle	Der wohl am weitesten verbreitete SQL-Server. Diese Datenbank wird in vielen Großunternehmen als Basis für kritische Anwendungen eingesetzt. Die Installation ist allerdings sehr komplex und erfordert zudem sehr viel Platz auf der Festplatte.

Tab. 17.1: Übersicht SQL-Datenbanksysteme

Zunächst ist zwischen »richtigen« SQL-Servern und Desktop-Datenbanken wie Access zu unterscheiden. Zwar sind Desktop-Datenbanken wie Access auch netzwerkfähig, sie werden jedoch vorzugsweise als Einzelplatzsysteme eingesetzt. SQL spielt hier nur eine untergeordnete Rolle. Der Benutzer ist in der Regel nicht darauf angewiesen, SQL-Abfragen zu programmieren.

Zu den ganz dicken Paketen im Datenbankmarkt zählen Oracle und DB2. Diese Systeme sind in der Regel sehr teuer und laufen normalerweise auch nur auf Betriebssystemen wie LINUX/UNIX oder Windows NT/2000/XP. Der Umgang mit diesen Systemen setzt sehr gute SQL-Kenntnisse voraus. Sehr komplex ist vor allem Oracle, das in der Server-Welt zur Zeit führende Datenbanksystem. Das leistungsmäßig etwa gleichwertige DB2 lässt sich wesentlich einfacher verwalten.

17.1 MySQL einsetzen

Wir haben in diesem Buch schon häufiger auf MySQL hingewiesen. Das hat vor allem damit zu tun, dass MySQL sehr leistungsfähig ist und von privaten Anwendern praktisch kostenlos genutzt werden kann. Für den kommerziellen Einsatz sind nur sehr geringe Gebühren fällig. Allerdings ist MySQL nicht immer ganz einfach in der Handhabung. Das gilt jedoch für praktisch alle großen Datenbanksysteme. In diesem Unterkapitel wollen wir daher etwas näher auf MySQL eingehen.

MySQL aus dem Internet laden

Unter Windows können Sie MySQL in kompilierter Form über das Internet beziehen und recht einfach installieren. Sie müssen in der Windows-Version etwa 12 MB herunterladen. Dazu wählen Sie die folgende Adresse:

www.mysql.com

MySQL ist auch für LINUX und andere Betriebsysteme verfügbar. Dieses Buch geht jedoch nur auf die Windows-Version und insbesondere auf die Version für Windows 98, Windows ME und XP ein.

Neue Versionen

MySQL wird ständig weiterentwickelt. Zur Zeit der Drucklegung dieses Buchs war bereits eine Version 4.0 verfügbar. Diese befand sich jedoch noch im Alpha-Stadium, so dass wir für die Beispiele des Buchs die stabilere Version 3.23 verwendet haben. Wenn Sie dieses Buch lesen, wird möglicherweise schon eine neuere Version verfügbar sein. Sie sollten diese dann auch verwenden. Es ist aber nicht auszuschließen, dass sich dann auch einige Details der Installation und der Bedienung ändern. Die folgenden Ausführungen gelten daher nur bedingt für neuere MySQL-Versionen.

Setup starten

Bevor Sie die Dateien herunterladen, sollten Sie zunächst ein Verzeichnis für MySQL einrichten. Am besten geeignet ist das Verzeichnis *c:/mysql*, weil die Windows-Version in der Voreinstellung von diesem Verzeichnis ausgeht. Die Dateien befinden sich in einem gepackten Archiv (Zip-Format). Nach dem Entpacken in das genannte Verzeichnis finden Sie unter den Dateien auch eine mit der Bezeichnung *Setup.exe*. Mit einem Doppelklick auf diese Datei starten Sie die Installation. Das Setup-Programm schlägt das Verzeichnis *c:/mysql* als Stammverzeichnis vor. Wenn keine besonderen Gründe dagegen sprechen, sollten Sie diesen Vorschlag akzeptieren.

Bei der Installation richtet das Setup-Programm einige Unterverzeichnisse ein. Im Unterverzeichnis */bin* finden Sie die ausführbaren Programme und einige Tools für die Administration. Das Setup-Programm richtet keine Menüoptionen und keine Desktop-Icons ein.

Start über die Autostart-Gruppe

Das Setup erzeugt einen Eintrag in der Autostart-Gruppe. Damit dieser Eintrag wirksam wird, müssen Sie Ihren Rechner nach der Installation neu booten. Der MySQL-Server wir dann nach dem Booten von Windows automatisch geladen. Wenn Sie MySQL aus der Autostart-Gruppe entfernen, müssen Sie das Programm später über das *bin*-Verzeichnis starten. Dazu doppelklicken Sie am besten auf die Datei *winmysqladmin.exe*. Sie starten damit den Server und ein grafisches Administrationstool, das sich in der Taskleiste einnistet.

Wenn MySQL nicht automatisch starten sollte, müssen Sie den Server manuell aufrufen. Dazu doppelklicken Sie im */bin*-Ordner auf die Datei *mysqld.exe*.

Ordner (Verzeichnis) als Datenbank

Eine MySQL-Datenbank besteht zunächst nur aus einem Ordner. Wenn Sie eine neue Datenbank erzeugen wollen, müssen Sie erst im Ordner */data* einen entsprechenden Ordner, beispielsweise */Faktura*, einrichten. MySQL-Tabellen werden in jeweils eigenen Dateien gespeichert. Kurz: Alle Dateien eines bestimmten Ordners bilden eine Datenbank. Alle MySQL-Datenbanken befinden sich im Ordner */data*.

Nach dem Start

Wie schon angesprochen, wird der MySQL-Server automatisch gestartet, wenn Sie Windows starten. In der Taskleiste unten rechts finden Sie dann ein kleines Symbol in Form einer Ampel, über das Sie den Server hoch- oder runterfahren können. Die entsprechenden Optionen werden von einem kleinen Menü angezeigt, das Sie mit der rechten Maustaste aufrufen. Hier finden Sie auch die Option *Show me*, mit der sich ein Administrations-Tool aufrufen lässt. Steht die Ampel auf Grün, ist der MySQL-Server gestartet.

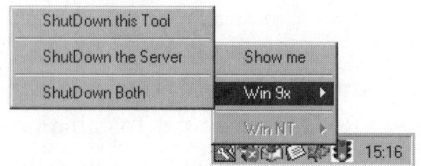

Abb. 17.1: MySQL in der Windows-Taskleiste

Wenn der Server gestartet ist, können Sie die Verbindung testen. Dazu öffnen Sie eines der Administrations-Tools. Die Bedienungsoberfläche des Programms ist allerdings sehr schlicht geraten. Diese besteht unter anderem aus einem Kommandozeilen-Tool, das Sie in einem DOS-Fenster starten, und einem Windows-Programm für die Administration.

HINWEIS Beim ersten Start des Servers werden Sie nach einem Benutzernamen und nach einem Passwort gefragt.

17.2 MySQL-Tools

Im schon genannten Ordner */bin* finden Sie mehrere ausführbare Programme (Tools). Diese erfüllen unterschiedliche Aufgaben bei der Verwaltung des Servers und der Datenbanken. Sie benötigen in der Regel die nachfolgend beschriebenen Tools.

MySQL.exe

MySQL.exe ist eine DOS-Anwendung, die Sie unter Windows über ein DOS-Fenster starten müssen. Das Tool bietet alle Funktionen, die Sie für die Verwaltung des Servers und der Datenbanken benötigen. Sie können damit unter anderem neue Datenbanken erstellen und bestehende Datenbanken abfragen.

MySQLManager.exe

MySQLManager.exe ist eine Windows-Anwendung, die vor allem der Erstellung von Abfragen dient. Mit Einschränkungen bietet der MySQL-Manager die gleichen Funktionen, die Sie auch mit dem DOS-Tool MySQL erhalten. Sehr viel komfortabler ist das Werkzeug jedoch nicht, trotz der grafischen Bedienungsoberfläche. Wir haben dieses Werkzeug nicht verwendet, weil es in seinem aktuellen Zustand kaum Vorteile gegenüber dem DOS-Tool bietet. Zudem können Sie grafische Verwaltungstools von anderen Herstellern erhalten, die wesentlich leistungsfähiger sind. Eines davon werden wir in diesem Kapitel noch vorstellen.

WinMySQLAdmin

WinMySQLAdmin.exe ist eine Windows-Anwendung, mit der Sie den Server verwalten und Informationen über schon existierende Datenbanken ermitteln. Um *WinMySQLAdmin* aufzurufen, klicken Sie auf das MySQL-Symbol in der Taskleiste und wählen im dann erscheinenden Kontextmenü die Option *Show me*.

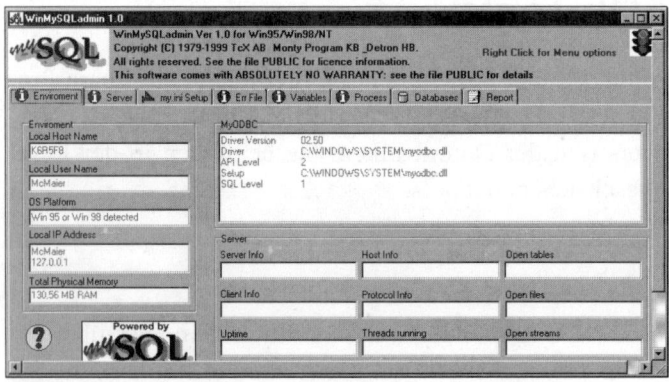

Abb. 17.2: MySQL mit dem Tool *WinMySQLAdmin verwalten*

Auf der ersten Seite werden Informationen zum Server und zur Arbeitsumgebung angezeigt. Hier finden Sie auch einen Schalter, mit dem Sie den Dialog wieder ausblenden können (*Hide me*). Auf den folgenden Seiten des Dialogs müssen Sie zu diesem Zweck das Kontextmenü aufrufen (rechte Maustaste). Sie sollten jedoch nicht das Schließen-Kästchen des Fensters verwenden. Das Tool verschwindet sonst aus der Taskleiste und muss anschließend wieder manuell über das MySQL/*bin*-Verzeichnis gestartet werden. Der Datenbank-Server bleibt im Hintergrund jedoch aktiv und kann für den Datenbankzugriff genutzt werden.

Datenbankstruktur überprüfen

Interessanter als die Startseite des Administrators ist die Seite *Databases*. Hier können Sie sich die Struktur der einzelnen Datenbanken anzeigen lassen. Dazu gehört der Aufbau der Tabellen und der Indizes. Über das Kontextmenü besteht zudem die Möglichkeit, eine leere Datenbank zu erzeugen.

Datenbanken mit MySQL verwalten

Umständlicher zu bedienen, aber trotzdem leistungsfähiger, ist das DOS-Tool MySQL (auch MySQL-Monitor genannt). Um dieses zu starten, öffnen Sie zunächst ein DOS-Fenster und wechseln dann zum Verzeichnis *c:\mysql\bin*. Das Tool (*mysql.exe*) starten Sie am DOS-Prompt mit dem Kommando *mysql*. Die Eingabe des Kommandos ist mit der Eingabetaste abzuschließen.

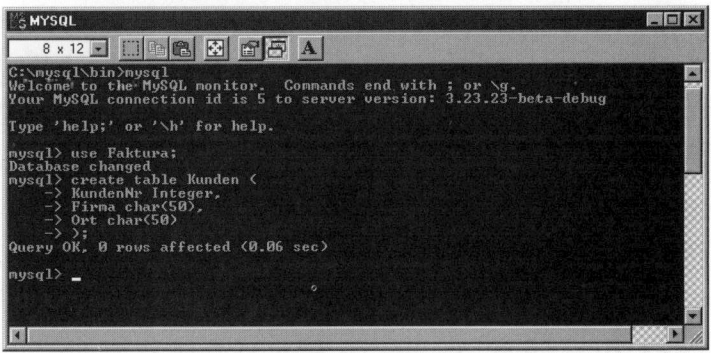

Abb. 17.3: MySQL-Monitor im DOS-Fenster

Sollte der Server noch nicht laufen, erhalten Sie eine Fehlermeldung angezeigt. Ist alles in Ordnung, meldet sich das Programm mit einem schlichten *mysql*-Prompt:

```
mysql>
```

Hier können Sie nun SQL-Kommandos oder spezifische MySQL-Befehle eingeben. Sollen alle verfügbaren Datenbanken angezeigt werden, ist das folgende Kommando erforderlich:

```
SHOW DATABASES;
```

Achten Sie dabei auf das Semikolon. Dieses Zeichen muss jeden Befehl abschlicßcn. Mit dcr Eingabctastc starten Sie dann die Ausführung. Die Anzeige erfolgt ebenfalls im DOS-Fenster. Mit dem Kommando USE bestimmen Sie die aktuelle Datenbank, auf die sich dann alle weiteren Kommandos beziehen. Als Argument ist der Name der gewünschten Datenbank anzugeben:

```
USE Faktura;
```

Anschließend können Sie beliebige SQL-Anweisungen, beispielsweise eine SELECT-Abfrage, erzeugen und abschicken.

```
SELECT * FROM Kunden;
```

Auch diese Anweisungen sind immer mit einem Semikolon abzuschließen und mit der Eingabetaste zu bestätigen. Für die Ausgabe von größeren Ergebnistabellen ist das DOS-Fenster allerdings nicht besonders gut geeignet.

Den MySQL-Monitor beenden

Sie beenden den MySQL-Monitor mit dem Befehl EXIT, nicht durch Schließen des DOS-Fensters. Den gleichen Befehl können Sie anschließend am DOS-Prompt eingeben, um das DOS-Fenster zu schließen. MySQL bleibt aber weiterhin im Speicher und kann über andere Tools genutzt werden.

Neue Datenbank erstellen

Die Einrichtung einer Datenbank bedeutet zunächst, einen Ordner zu erzeugen. Dazu haben Sie zwei Möglichkeiten: Sie erzeugen im MySQL-Ordner \data mit Hilfe des Datei-Managers einen neuen Ordner. Der Name des Ordners ist dann der Name der neuen Datenbank. Die zweite Möglichkeit besteht darin, die neue Datenbank über das gerade vorgestellte DOS-Tool *mysql.exe.* zu erzeugen. Dazu ist am *mysql*-Prompt die folgende Anweisung einzugeben:

```
CREATE DATABASE Name_der_Datenbank;
```

Sie sollten darauf achten, keine Leer- und Sonderzeichen zu verwenden, auch nicht unter Windows. In beiden Fällen erhalten Sie lediglich eine leere Datenbank. Im nächsten Schritt sind daher Tabellen zu definieren.

Tabellen hinzufügen

Sie definieren Tabellen im MySQL-Monitor, den Sie, wie gezeigt, über ein DOS-Fenster aufrufen. Ein einfaches grafisches Tool, mit dem Sie Tabellen wie beispielsweise unter Access anlegen, ist uns zur Zeit nicht bekannt. MySQL speichert Tabellendefinition und Tabellendaten in separaten Dateien des Datenbankordners.

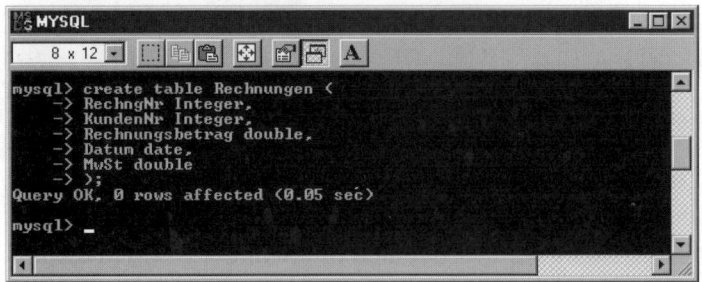

Abb. 17.4: Eine Tabelle definieren

Wir wollen auf die in Abbildung 17.4 gezeigte Anweisung nicht weiter eingehen. Die Syntax sollte Ihnen noch aus den vorhergehenden Kapiteln vertraut sein. Im Folgenden soll nun ein grafisches Tool vorgestellt werden, das den Umgang mit MySQL und insbesondere mit SQL-Anweisungen erheblich erleichtert.

17.3 MySQL-GUI

Ein GUI (*Graphical User Interface*) ist eine grafische Benutzeroberfläche. Für MySQL dürften inzwischen einige dieser nützlichen Helfer
existieren. Wir haben einen davon ausgewählt, um uns die Arbeit
etwas einfacher zu machen. Das Tool mit dem Namen *MySQLGUI*
(siehe Abbildung 17.5) finden Sie ebenfalls unter der Web-Adresse
www.mysql.com. Es gehört nicht zum normalen Lieferumfang von
MySQL.

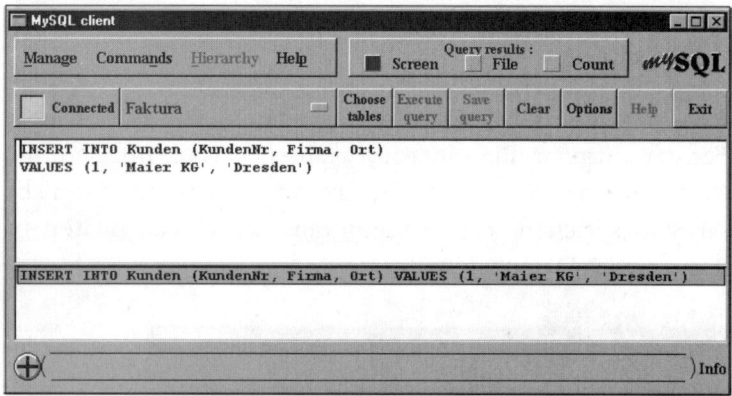

Abb. 17.5: Eine grafische Benutzeroberfläche für MySQL

Ist der MySQL-Server gestartet, sollte die Benutzeroberfläche automatisch darauf zugreifen können. Lediglich beim ersten Aufruf werden Sie
eventuell einige Einstellungen vornehmen müssen. Dazu öffnen Sie mit
dem *Optionen*-Schalter einen Einstellungs-Dialog.

Das Programm speichert Abfragen, die Sie einmal abgeschickt haben,
so dass Sie diese ohne Tipparbeit erneut verwenden können. Ergebnisse
werden in einem separaten Fenster angezeigt. Dazu betätigen Sie nach
der Definition der Abfrage den Schalter *Execute Query*. Alternativ lässt
sich die Ausgabe auch in eine Datei umleiten. Sie müssen dann zuvor
die Option *File* aktivieren.

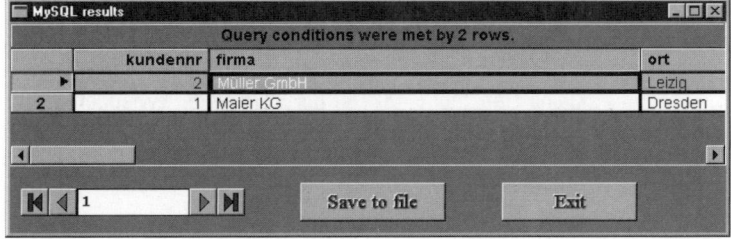

Abb. 17.6: Ergebnisanzeige in einem separaten Fenster

Vermutlich ist die Oberfläche zunächst etwas gewöhnungsbedürftig. Nach kurzer Zeit werden Sie aber sehr gut damit zurechtkommen. Wir haben jedenfalls die meisten MySQL-Beispiele dieses Buchs damit getestet.

Eine ausführliche Bedienungsanleitung können wir Ihnen an dieser Stelle nicht bieten. Das Programm enthält wesentlich mehr Funktionen, als sich auf ein paar Seiten darstellen lassen. Sie sollten daher die Hilfe-Datei nutzen, die mit dem Programm geliefert wird.

17.4 MySQL-Besonderheiten

MySQL weicht in einigen Bereichen nicht unerheblich vom SQL-Standard ab. Die wichtigsten Besonderheiten haben wir nachfolgend zusammengefasst. Da sich die Entwickler um Kompatibilität zu SQL/92 bemühen, dürfte jede neuere Version etwas näher an den Standard heranrücken. So wird Version 4.0 beispielsweise den Befehl UNION unterstützen und damit die Bildung von Vereinigungsmengen möglich machen.

Datentypen

MySQL verfügt über sehr viele Datentypen, die hier nicht alle vorgestellt werden können. Bei der folgenden Übersicht (siehe Tabelle 17.2) haben wir uns daher auf die wichtigsten beschränkt.

Typ	Bedeutung
TINYINT	Sehr kleine Ganzzahl (-127 bis 127 oder bis 255).
SMALLINT	Kleine Ganzzahl (– 32768 bis 32767 oder zwischen 0 und 65535).
INT / INTEGER	Große Ganzzahl. MySQL kennt zudem noch die Typen MEDIUMINT und BIGINT.
DECIMAL / DEC	Exakte Zahl mit festen Nachkommastellen. MySQL unterscheidet nicht zwischen den SQL-Typen NUMERIC und DECIMAL, sondern fasst beide zum Typ DECIMAL zusammen.
FLOAT	Fließkommazahl mit einfacher Genauigkeit.
DOUBLE PRECISION / REAL	Fließkommazahl mit doppelter Genauigkeit.
DATE	Datumswert im Format Jahr-Monat-Tag .
TIME	Zeitwert im Format Stunden:Minuten:Sekunden (HH:MM:SS).
CHAR	Zeichenfolge (String) zwischen 1 und 255 Zeichen. Dieser Typ steht für ein Feld fester Länge. Kürzere Zeichenfolgen werden beim Speichern mit Leerzeichen aufgefüllt. Bei der Ausgabe entfernt der Server die Leerzeichen jedoch wieder.
VARCHAR	Zeichenfolge (String) zwischen 1 und 255 Zeichen. Dieser Typ steht für ein Feld variabler Länge.
TEXT	Ein Textfeld (Memo) mit bis zu 65535 Zeichen.
ENUM	Dieser Typ akzeptiert nur Werte aus einer Werteliste (Aufzählung), die bei der Definition der Tabelle bzw. der Spalte angelegt wurde.

Tab. 17.2: Datentypen in MySQL (Auswahl)

Die Tabelle 17.2 umfasst sowohl SQL-Typen als auch spezielle MySQL-Typen. Weitere Datentypen finden Sie in der MySQL-Referenz, die als HTML-Datei Teil des MySQL-Pakets ist.

Hinweise zu numerischen Typen

Ganzzahlige Typen wie beispielsweise INT (bzw. INTEGER) lassen sich noch mit UNSIGNED qualifizieren. Sie bestimmen damit, ob ein Wert mit oder ohne Vorzeichen dargestellt werden soll. Ein Beispiel:

```
KundenNr INTEGER UNSIGNED
```

Lassen Sie die Qualifizierung weg, wird eine Stelle für das Vorzeichen reserviert, so dass Sie auch negative Werte speichern können. Für Felder wie die *Kundennummer*, die eigentlich nur positive Werte darstellen sollen, kann es sinnvoll sein, UNSIGNED zu verwenden.

Der Typ ENUM

Dieser Typ akzeptiert nur Werte aus einer Liste, die beim Erstellen der Tabelle definiert wurde. Ein passender CREATE-Befehl könnte wie folgt aussehen:

```
CREATE TABLE Test (
Spalte1 ENUM("abc", "xyz") );
```

Damit eignet sich dieser Typ für Felder, die nur eine bestimmte Anzahl von Wertausprägungen annehmen können, beispielsweise Ländercodes. Wenn Sie andere Werte eingeben wollen, werden diese von MySQL nicht in die Tabelle übernommen.

Datumswerte

Wie üblich stellen Datumswerte ein nicht zu unterschätzendes Problem dar. Datumswerte müssen in einem von zwei Formaten vorliegen. Sie können einen numerischen Wert einsetzen, der von MySQL als Datumswert interpretiert wird. Dabei handelt es sich jedoch nicht um einen Zeitstempel. Vielmehr erwartet MySQL Angaben wie die folgenden:

```
20020724
020724
```

Die Angaben müssen im Format YYMMDD bzw. YYYYMMDD vorliegen. Möglich ist also beispielsweise eine SQL-Anweisung wie die folgende:

```
INSERT INTO Kunden (KundenNr, Datum)
VALUES (123, 20020724);
```

An Stelle der vierstelligen Jahreszahl lässt sich alternativ ein zweistelliges Jahr einsetzen. Das gilt auch für die schon bekannte und dem SQL-Standard entsprechende Übergabe als Zeichenfolge, nur dass Sie hier zusätzlich noch ein Trennzeichen benötigen:

```
2002-07-24
02-07-24
```

In der SQL-Anweisung verwenden Sie die gleiche Schreibweise, wobei der Datumswert in einfache Anführungszeichen zu setzen ist:

```
INSERT INTO Kunden (KundenNr, Datum)
VALUES (123, '2002-07-24');
```

Beachten Sie, dass MySQL nicht prüft, ob es sich um ein zulässiges Datum handelt. Lediglich die Monate und Tage müssen in den Bereichen 1 bis 12 bzw. 1 bis 31 liegen. Sie können also durchaus den 30.02.2003 in ein Datumsfeld eintragen.

Unterschiede in der SQL-Syntax

Alle SQL-Datenbanken modifizieren die Syntax des SQL-Standards (SQL/92). Das gilt auch für MySQL. Die Details der Abweichungen würden vermutlich Dutzende von Seiten füllen. Hier wollen wir daher nur die wichtigsten Abweichungen ansprechen.

Keine Views, keine Unterabfragen

MySQL unterstützt keine Views, keine FOREIGN KEY-Klausel und keine Mengenoperationen. Auch Unterabfragen lassen sich noch nicht ausführen. Zudem weichen einige Sprachelemente in der Syntax vom Standard ab. Es kann daher sinnvoll sein, vor komplexeren SQL-Anweisungen die MySQL-Dokumentation zu Rate zu ziehen. Den Einschränkungen stehen auch einige Erweiterungen gegenüber, die sich so nicht in anderen Datenbanken finden.

SELECT INTO OUTFILE

Mit SELECT INTO OUTFILE haben Sie die Möglichkeit, die Ergebnisse einer Abfrage in eine Datei umzulenken (zu exportieren). Die Datei darf noch nicht existieren. Der SELECT-Befehl kann natürlich die üblichen Klauseln und Argumente enthalten:

```
SELECT * FROM Kunden
INTO OUTFILE 'Kunden.txt';
```

Die Datei wird im Verzeichnis der betreffenden Datenbank angelegt. Sie können aber auch einen Pfad bestimmen. Dabei ist als Trennzeichen der Schrägstrich (Slash) anzugeben, nicht der unter Windows eigentlich übliche Backslash.

MODIFY und RENAME

Für die Änderung von Spalten ist normalerweise die Anweisung ALTER COLUMN zuständig. Grundsätzlich unterstützt auch MySQL diese Syntax-Variante. Zusätzlich steht aber noch der Befehl MODIFY zur Verfügung, der auch von Oracle verwendet wird. Der Befehl kann eine komplette Spaltendefinition ändern:

```
ALTER TABLE Kunden
MODIFY Name CHAR(100);
```

Die ALTER COLUMN-Variante ist funktional eingeschränkt und lässt sich hierfür nicht einsetzen. Mit RENAME ändern Sie den Namen einer Tabelle. Ein Beispiel:

```
ALTER TABLE Kunden
RENAME Kundentabelle;
```

Diese Funktion sollten Sie jedoch nur selten einsetzen, weil Tabellen, insbesondere in Datenbankanwendungen, sehr häufig unter ihrem Namen angesprochen werden. Eine solche Änderung könnte dann viele Folgeänderungen nach sich ziehen.

ODBC-Treiber für MySQL

Auf MySQL-Datenbanken greifen Sie grundsätzlich über TCP zu. Für MySQL steht aber auch ein ODBC-Treiber zur Verfügung, den Sie ebenfalls über die MySQL-Homepage (*www.mysql.com*) herunterladen können. Das Zip-File entpacken Sie in ein Verzeichnis Ihrer Wahl. Die Installation erfolgt dann durch Aufruf der Datei *setup.exe*. Wir werden im letzten Kapitel diese Buchs auf die Einrichtung einer ODBC-Datenquelle eingehen. Sie benötigen zumindest eine fertige Datenbank. Zudem muss der MySQL-Server gestartet sein.

17.5 Zusammenfassung, Fragen und Übungen

Zusammenfassung

▶ Der Markt für SQL-Datenbank-Server ist sehr gut besetzt. Zu den besonders leistungsfähigen Servern zählen Oracle, DB2 von IBM und Adabas von der Software AG.

▶ Der Datenbank-Server MySQL ist eine Open-Source-Anwendung, die zumindest für den privaten Gebrauch kostenlos verwendet werden darf. MySQL lässt sich über das Internet herunterladen.

▶ Eine MySQL-Datenbank besteht aus einem Ordner und den darin befindlichen Dateien.

Zusammenfassung

▶ Für den Zugriff auf MySQL-Datenbanken lassen sich einfache Tools nutzen. Diese erreichen jedoch nicht die Leistungsfähigkeit einer grafischen Oberfläche, wie sie beispielsweise Access bietet.

▶ MySQL verfügt über einen eingeschränkten SQL-Sprachumfang. Die wichtigsten Kommandos werden jedoch unterstützt.

▶ Da für MySQL ein ODBC-Treiber existiert, lassen sich MySQL-Datenbanken mit nahezu jeder Windows-Anwendung nutzen.

Fragen und Übungen

1. Wie lassen sich Datenbanksysteme bezüglich ihrer Verwendung unterscheiden?

2. Welche Datenbanksysteme kennen Sie?

3. Welche Vorteile hat die Verwendung von MySQL?

4. Wie kann MySQL bezogen und installiert werden?

5. Was ist unter einer MySQL-Datenbank zu verstehen, und was ist bei der Anlage einer solchen Datenbank zu beachten?

Was Sie noch wissen sollten

18 Was Sie noch wissen sollten

Im Umfeld von SQL gibt es eine ganze Menge, was Sie vielleicht noch wissen sollten. In diesem Kapitel haben wir uns jedoch auf einige wesentliche Punkte beschränkt. Dazu gehört ganz besonders die Einbettung von SQL-Anweisungen in andere Programmiersprachen. Jeder Web-Programmierer muss SQL-Anweisungen verwenden, wenn er Web-Seiten mit Inhalten aus einer Datenbank füllen will.

18.1 SQL in Web-Anwendungen

Da fast jede bessere Web-Anwendung über eine Datenbankanbindung verfügt, ist SQL auch für Web-Anwendungen, beispielsweise die vielen E-Shops, unentbehrlich. Als Datenbank wird dabei sehr häufig MySQL eingesetzt.

SQL in Skript-Sprachen

Skript-Sprachen wie Perl oder PHP verfügen über einen großen Umfang an Datenbankfunktionen, mit denen auf verschiedene Datenbanken zugegriffen werden kann. Wir wollen in diesem Kapitel jedoch nur auf die Verwendung von SQL in PHP-Programmen eingehen, weil PHP sich auch im professionellen Bereich immer stärker durchsetzt. Grundsätzlich lassen sich bei der Datenbankanbindung mit PHP zwei Techniken unterscheiden:

▶ Zugriff per ODBC-Treiber

▶ Zugriff über datenbankspezifische Funktionsbibliotheken

Der ODBC-Zugriff ist nicht unbedingt zu empfehlen. Zwar handelt es sich bei ODBC um eine etablierte Technik, die auch von vielen Datenbanken unterstützt wird, sie ist jedoch in der Regel sehr langsam.

Hinweise zu PHP

PHP oder andere Programmiersprachen wollen und können wir in diesem Buch nicht beschreiben. Die folgenden Ausführungen dürften für Sie deshalb nur dann von Interesse sein, wenn Sie bereits Erfahrung mit PHP sammeln konnten oder zumindest über grundlegende Kenntnisse in anderen Programmiersprachen verfügen. PHP ist eine so genannte serverseitige Skript-Sprache, die zur Ausführung des Codes eine Erweiterung des Web-Servers benötigt, eben das PHP-Modul. Dieses ist sowohl für den Personal Web-Server bzw. den IIS von Microsoft als auch für den Apache-Server erhältlich. Sie können die notwendigen Dateien aus dem Web herunterladen (*www.php.net*). Die PHP-Module dürfen kostenlos verwendet werden. Für die Entwicklung benötigen Sie lediglich einen ASCII-Editor. Besser geeignet ist natürlich ein ordentlicher HTML-Editor. Auf die Einrichtung des Web-Servers und des PHP-Moduls wollen wir an dieser Stelle nicht eingehen. Wir müssen zu diesem Zweck auf die PHP-Dokumentation verweisen. Web-Server und PHP müssen aber installiert sein, wenn Sie die Beispiele dieses Unterkapitels ausprobieren wollen. Zudem wird MySQL benötigt.

Datenzugriff per PHP

Die MySQL-Funktionen sind automatisch in die aktuelle PHP-Distribution integriert, während andere Funktionsbibliotheken erst noch eingerichtet werden müssen. Für den direkten Zugriff auf MySQL-Datenbanken stellt PHP unter anderem folgende Funktionen zur Verfügung:

Funktion	Bedeutung
mysql_connect	Stellt eine Verbindung zum MySQL-Server her.
mysql_list_dbs	Ermittelt die vorhandenen MySQL-Datenbanken.
mysql_result	Liefert Daten aus der Ergebnistabelle einer Abfrage.
mysql_create_db	Erzeugt eine MySQL-Datenbank.

Funktion	Bedeutung
mysql_db_query	Führt eine SQL-Abfrage aus.
mysql_close	Schließt eine Datenbankverbindung.

Tab. 18.1: PHP-Funktionen für den Zugriff auf MySQL-Datenbanken

Die Beispiele dieses Kapitels erzeugen zunächst eine Datenbank mit der Tabelle *Kunden*. Achten Sie dabei auf die Syntax: PHP-Anweisungen werden in HTML-Seiten, also in Web-Seiten, eingebettet. Um PHP und HTML voneinander zu trennen, sind PHP-Anweisungen in ein spezielles Tag einzuschließen. Jeder PHP-Block ist daher wie folgt zu separieren:

```
<? PHP-Block ?>
```

Der Block kann natürlich über mehrere Zeilen gehen. Wichtig ist nur, dass am Anfang die Zeichenfolge <? steht und der ganze Block mit den Zeichen ?> endet. Beachten Sie auch, dass wir bei den Beispielen aus Platzgründen auf den üblichen HTML-Kopf verzichten. Lediglich das Body-Tag wird verwendet. Sie können den Code trotzdem ausführen, weil praktisch alle Web-Server den verkürzten HTML-Code akzeptieren.

Datenbank erzeugen

Bevor irgendwelche Operationen auf die Datenbank erfolgen können, muss zunächst eine Verbindung hergestellt werden. Der erste Anweisungsblock hat daher folgende Form:

```
<body>
<?
    $dbms = mysql_connect("localhost", "", "");
    mysql_create_db("Faktura", $dbms);
    echo mysql_close($dbms);
?>
```

```
</body>
```

Wir stellen hier eine Vebindung her, erzeugen eine neue Datenbank und schließen diese gleich wieder. Wenn die echo-Anweisung den Wert 1 ausgibt, war der Versuch erfolgreich.

Tabelle definieren

Im nächsten Schritt müssen wir zunächst die SQL-Anweisung definieren. Diese ist als String, also in Anführungszeichen, zu übergeben. Um die Programmzeilen nicht zu lang werden zu lassen, verwenden wir eine Variable, in der wir die Anweisung als String speichern. Die Zuweisung an die Variable hat folgende Form:

```
$Anweisung = "CREATE TABLE Kunden(KundenNr INTEGER,
                      Firma CHAR(50),
                      Ort CHAR(50) )";
```

Obwohl es sich bei der vorstehenden Anweisung um eine einzige Programmzeile handelt, akzeptiert PHP die Zeilenumbrüche. Wir haben uns zudem auf drei Spalten beschränkt. Die Tabellendefinition können Sie natürlich beliebig erweitern. Mit der Variablen $Anweisung müssen wir nun unseren Programm-Code ergänzen. Dieser hat dann folgende Form:

```
<?
   $dbms = mysql_connect("localhost", "", "");
   $Anweisung = "CREATE TABLE Kunden(KundenNr INTEGER,
                         Firma CHAR(50),
                         Ort CHAR(50) )";
   mysql_db_query("Faktura", $Anweisung);
   echo mysql_close($dbms);
?>
```

Damit erhalten wir nun eine Tabelle, in die wir Datensätze eingeben können. Auch dafür ist wieder eine SQL-Anweisung erforderlich.

Datensätze einfügen

Das folgende Beispiel verwendet eine INSERT-Anweisung. Sobald Datensätze existieren, können Sie aber auch UPDATE- und DELETE-Anweisungen ausführen, um die Daten zu ändern bzw. zu löschen:

```
<?
    $dbms = mysql_connect("localhost", "", "");
    $Anweisung = "INSERT INTO
                    Kunden (KundenNr, Firma, Ort)
                    VALUES(123, 'Maier', 'Dresden') ";
    mysql_db_query("Faktura", $Anweisung);
    echo mysql_close($dbms);
?>
```

Wenn Sie die Anweisung mehrmals mit wechselnden Daten wiederholen, sollte die Tabelle *Kunden* schließlich genügend Datensätze enthalten, um eine SELECT-Abfrage ausführen zu können.

Daten ausgeben

Wie üblich, ist für Datenauswahl und Datenausgabe die SELECT-Anweisung zuständig. Ein Ausgabe des ersten Datensatzes erhalten Sie mit der folgenden Anweisung:

```
<?
    $dbms = mysql_connect("localhost", "", "");
    $Anweisung = "SELECT KundenNr, Firma, Ort
                    FROM Kunden";
    $Ergebnis = mysql_db_query("Faktura", $Anweisung);
    echo mysql_result($Ergebnis, 0, 0);
    echo mysql_result($Ergebnis, 0, 1);
    echo mysql_result($Ergebnis, 0, 2);
    echo mysql_close($dbms);
?>
```

Damit hätten wir unsere ultrakurze Einführung in die Welt der daten-
bankgestützten Web-Programmierung abgeschlossen. Sie sollten daraus
zumindest gelernt haben, dass Sie ohne SQL nicht sehr weit kommen.
Das gilt auch für die normale Anwendungsentwicklung, beispielsweise
mit VBA, auf die wir weiter unten noch kurz eingehen.

18.2 SQL-Zugriff optimieren

Je nach Art und Umfang der Anweisung kann ein SELECT-Zugriff
unterschiedlich viel Zeit beanspruchen. Folglich lässt sich der Zugriff
durch geeignete Formulierung der Anweisung und durch Gestaltung des
Umfelds, etwa durch Indizes, optimieren.

Optimizer

Datenbanksysteme verfügen in der Regel über eine Funktion, die sich
automatisch um die unter zeitlichen Gesichtspunkten optimalste Ausführung von Abfragen bemüht, den so genannten *Optimizer*. Diese
Funktion verwendet Informationen über die innere Struktur der Datenhaltung und wird daher in der Regel besser als jeder Anwender den
effektivsten Weg zu den Daten finden.

Regeln für die Optimierung

Auch wenn die integrierte Optimierungsfunktion schon für eine möglichst schnelle Ausführung von Abfragen sorgt, kann der Anwender
diese Funktion immer noch durch Einhaltung bestimmter Regeln
unterstützen. Die folgenden Regeln sind so allgemein gefasst, dass sie
für nahezu jedes Datenbanksystem gelten sollten:

▶ Für Spalten, die sehr häufig für Sortierungen oder in WHERE-Klauseln
   benötigt werden, sollten Sie grundsätzlich Indizes verwenden. Achten Sie aber darauf, keine überflüssigen Indizes zu erzeugen.

▶ Reorganisieren Sie Indizes gelegentlich. Wenn das betreffende Datenbanksystem dafür keine Funktion bietet, müssen Sie die Indizes eben löschen und anschließend neu aufbauen.

▶ Verwenden Sie in der Spaltenliste nur die Spalten, die auch wirklich benötigt werden. Das Sternchen (*), mit dem Sie alle Spalten ausgeben, sollten Sie in der Regel meiden.

▶ Verwenden Sie für bestimmte Abfrageoperationen redundante Daten, beispielsweise Kopien von Tabellen. Eigentlich haben wir diese Option völlig ausgeschlossen, weil Redundanz grundsätzlich die Gefahr birgt, dass sich Inkonsistenzen einschleichen. Wenn Sie redundante Daten (Kopien) nur für Leseoperationen vorhalten, sollte diese Gefahr aber ausgeschlossen sein. Tabellen, die nicht gleichzeitig für die Lese- und Schreiboperationen vieler Benutzer geöffnet sein müssen, lassen sich schneller abfragen.

▶ Spalten mit fester Länge benötigen für das Auslesen weniger Rechenaufwand. Schon beim Entwurf der Tabellen sollten Sie deshalb darauf achten, Spalten mit variabler Länge nur dann zu verwenden, wenn dies unbedingt erforderlich ist.

Vermutlich gibt es noch eine ganze Reihe von Optimierungsregeln, die aber nur für spezielle Datenbanksysteme gelten. Die dazu erforderlichen Informationen sollten Sie der jeweiligen Dokumentation entnehmen.

18.3 Syntaxbeschreibungen interpretieren

In diesem Buch haben wir uns darum bemüht, möglichst einfache Syntaxbeschreibungen zu verwenden. Die Darstellung beschränkte sich zudem häufig auf Teilausdrücke komplexer Anweisungen. Aufgrund mangelnder Kompatibilität der verschiedenen Datenbanksysteme werden Sie die gezeigten Beispiele aber nicht immer auf alle Datenbanken anwenden können. Im Zweifelsfall sind Sie dann auf die Dokumentation des betreffenden Systems angewiesen. In diesem Abschnitt wollen wir daher kurz auf die Syntaxbeschreibung eingehen, die Sie in solchen Dokumenten finden. Diese ist relativ einheitlich geregelt. Häufig erhalten Sie Syntaxbeschreibungen wie die folgende (beispielsweise vom Access-Hilfesystem):

```
CREATE TABLE Tabelle (Spalte1 Typ [(Größe)] [NOT NULL] [Index1]
[, Spalte2 Typ [(Größe)]  [NOT NULL] [Index2] [, ...]] )
```

Zunächst sollten Sie versuchen, die einzelnen Elemente so auseinander zu ziehen, dass alles, was zusammengehört, deutlich von den anderen Elementen getrennt ist. Besonders einfach ist das natürlich, wenn Sie den Text in einen Editor, beispielsweise Wordpad, kopieren können. Zunächst sind da die eckigen Klammern. Solche Klammern umschließen optionale Teile. Wenn Sie diese Teile komplett weglassen, erhalten Sie praktisch die minimale Syntax, also die Elemente, die unbedingt benötigt werden:

```
CREATE TABLE Tabelle ( Spalte1 Typ )
```

Der CREATE TABLE-Befehl erfordert also mindestens eine Spalte mit Typangabe. Diese sind zudem in runde Klammern einzuschließen. Beachten Sie in diesem Fall die schließende runde Klammer, die etwas unscheinbar am Ende der gesamten Syntaxbeschreibung steht. Im nächsten Schritt können Sie optionale Teile hinzufügen. Sie erhalten dann beispielsweise folgende Zeilen:

```
CREATE TABLE Tabelle ( Spalte1 Typ [(Größe)]
[NOT NULL] [Index1] )
```

Damit haben wir eine vollständige Beschreibung für eine Spaltendefinition, inklusive der optionalen Elemente. Die eckigen Klammern dürfen natürlich nicht in der eigentlichen Anweisung erscheinen. Sie dienen ausschließlich als Hilfsmittel der Syntaxbeschreibung. Wenn wir nun noch die zweite (und dritte) Spalte hinzufügen, erhalten wir folgende Syntax:

```
CREATE TABLE Tabelle (
Spalte1 Typ [(Größe)] [NOT NULL] [Index1]
[, Spalte2 Typ [(Größe)]  [NOT NULL] [Index2]
[, ...] ] )
```

Da nur eine Spalte definiert werden muss, ist die komplette zweite Spalte als optional gekennzeichnet. Beachten Sie, dass auch das Komma, das die Spaltendefinitionen trennt, innerhalb der eckigen Klammer steht. Die dritte Spalte wird schließlich nur noch durch drei Punkte in eckigen Klammern angedeutet. Die drei Punkte besagen, dass noch beliebig viele Spalten folgen können.

Es sollte grundsätzlich möglich sein, optionale Teile wegzulassen, ohne dass die gesamte Anweisung syntaktisch falsch wird. Wir haben jedoch auch Syntaxbeschreibungen gefunden, bei denen nur eines von zwei Elementen optional sein durfte, jedoch beide Elemente in eckigen Klammern gesetzt waren.

Gelegentlich werden Sie alternative Elemente finden. Diese sind dann durch einen senkrechten Strich getrennt. Von alternativen Elementen kann immer nur eines zur gleichen Zeit verwendet werden.

18.4 SQL in VBA-Anwendungen

Der Datenbankzugriff aus Programmiersprachen wie C/C++, Java oder Visual Basic erfolgt in der Regel mit Hilfe bestimmter Schnittstellen, die ihrerseits wieder auf SQL-Anweisungen basieren. Unter Windows können Sie regelmäßig die folgenden Schnittstellen verwenden:

▶ JDBC

▶ ODBC

JDBC (*Java Database Connectivity*) ist eine Programmierschnittstelle, die Java-Programmen den Zugriff auf Datenbanken ermöglicht. Viele Datenbanksysteme verfügen heute über einen JDBC-Treiber und können daher unter Java in sehr ähnlicher Weise programmiert werden. ODBC (*Open Database Connectivity*) ist eine von Microsoft entwickelte Schnittstelle, die inzwischen als Industriestandard gelten kann und daher von nahezu allen Datenbanksystemen unterstützt wird. Die Unterstützung besteht darin, dass die Datenbanken entsprechende Treiber zur Verfügung stellen. In diesem Buch werden wir uns nur mit der ODBC-Schnittstelle beschäftigen.

Die Installation eines ODBC-Treibers erfolgt in der Regel automatisch durch das Setup-Programm der jeweiligen Datenbank. Dabei wird der Treiber beim System registriert und steht dann für die Einrichtung von Datenquellen zur Verfügung. Ob ein Treiber für eine bestimmte Datenbank eingerichtet ist, können Sie über das Systemprogramm *ODBC-Datenquellen* erkunden, das Sie in der Windows-Systemsteuerung finden. Hier richten Sie auch neue Datenquellen ein. Wir werden in Abschnitt 18.5 »*ODBC-Quellen einrichten*« zeigen, was dabei zu beachten ist.

VBA und SQL

Die Beispiele des folgenden Abschnitts können Sie natürlich nicht mehr im SQL-Fenster des Abfrage-Generators ausführen. Sie müssen zur VBA-Entwicklungsumgebung wechseln und VBA-Prozeduren schreiben. Im Datenbankfenster von Access öffnen Sie dazu den Bereich *Module* und klicken dann auf den Schalter *Neu*. Sie starten damit die VBA-Entwicklungsumgebung.

Access-Abfragen ausführen

Eine bereits mit dem Abfrage-Generator erstellte Abfrage starten Sie mit der DoCmd-Methode OpenQuery. Die Methode erwartet als erstes Argument den Namen der Abfrage. Im zweiten Argument bestimmen Sie, ob eine Ergebnistabelle oder der Entwurfsmodus angezeigt werden sollen:

```
Sub Test
    DoCmd.OpenQuery "Test", acViewNormal
End Sub
```

Die Methode OpenQuery eignet sich nur für Auswahlabfragen. Sie können damit keine Abfrage ausführen, die beispielsweise eine Tabelle
erzeugt. Abfragen, die Daten ändern oder Tabellen erzeugen, starten Sie
mit Execute. Die Methode ist für das Objekt CurrentDb definiert. Sie
können also nicht das zuletzt vorgestellte DoCmd-Objekt verwenden. Als
erstes Argument erwartet die Methode den Namen einer Abfrage oder
einen SQL-String. Für eine bereits erstellte Abfrage mit der Bezeichnung *Test* ergibt sich folgende Anweisung:

```
Sub Test()
    CurrentDb.Execute "Test"
End Sub
```

Bei der Abfrage darf es sich nicht um eine Auswahlabfrage (SELECT-
Abfrage) handeln. Execute antwortet sonst mit einer Fehlermeldung.
Ganz sicher gehen Sie, wenn Sie als Argument statt der fertigen Access-
Abfrage einen SQL-String verwenden:

```
Sub Test()
    Anweisung = "CREATE TABLE Kunden " & _
                "(KundenNr INTEGER, Firma CHAR(50) ) "
    CurrentDb.Execute (Anweisung)
End Sub
```

Achten Sie besonders auf die Zerlegung der SQL-Anweisung in zwei
Strings. Eigentlich sollte es sich um einen durchgehenden String handeln. Nur für die Darstellung in diesem Buch mussten wir daraus zwei
Zeilen machen. VBA ist bei Zeilenumbrüchen aber leider etwas
umständlich. So kann innerhalb eines Strings grundsätzlich kein Zei-
lenumbruch erfolgen.

SQL-Anweisungen direkt ausführen

Mit RunSQL ist auch für das DoCmd-Objekt eine Methode definiert, die SQL-Anweisungen direkt ausführen kann. Wie bei Execute gilt auch hier wieder die Einschränkung, dass RunSQL nicht für Auswahlabfragen zur Verfügung steht. Das folgende Beispiel erzeugt einen neuen Datensatz. Es handelt sich also um eine Änderungsabfrage:

```
Sub Test()
SQLString ="INSERT INTO Kunden (KundenNr,Firma) " & _
           "VALUES (123, 'Maier KG') "
DoCmd.RunSQL SQLString
End Sub
```

Alle bisher vorgestellten Prozeduren sollten Sie direkt in der Access-Entwicklungsumgebung starten können. Dazu ist der Symbolschalter *Sub/User-Form ausführen* zu betätigen. Die gleiche Wirkung erzielen Sie mit der Funktionstaste F5.

Variablen in SQL-Anweisungen

In Anwendungsprogrammen sind die zu verarbeitenden Daten oft erst zur Laufzeit bekannt. Der Anwender will beispielsweise nach einem beliebigen Ort suchen können und nicht immer nur nach Dresden. Das Programm muss daher variable Daten verarbeiten können, etwa die Eingabe des Anwenders in das Suchfeld eines Formulars. Um solche Bedingungen erfüllen zu können, müssen Sie den SQL-String zur Laufzeit aus einem festen und einem variablen Teil zusammensetzen. Das folgende Mini-Programm erfüllt diese Anforderung:

```
Sub Test()
 Suchbegriff = InputBox("Den gesuchten Ort eingeben")
 SQLString = "SELECT Firma, Ort FROM Kunden " & _
             "WHERE Ort = '" & Suchbegriff & "'"
 CurrentDb.CreateQueryDef "Suche", SQLString
```

```
DoCmd.OpenQuery "Suche"
End Sub
```

Zunächst fragen wir den Anwender nach dem zu suchenden Ort. Dazu lässt sich die InputBox-Methode verwenden, die einen Dialog mit einer Eingabezeile aufruft. Den Wert, den der Anwender in diese Zeile einträgt, weisen wir der Variablen Suchbegriff zu. Mit dieser Variablen bilden wir anschließend den gesamten SQL-String. Dazu ist eine Verkettung wie die folgende erforderlich:

```
"SELECT Firma, Ort FROM Kunden " & _
"WHERE Ort = '" & Suchbegriff & "'"
```

Die Variable wird hier mit Hilfe des Verkettungsoperators (&) an den festen Teil des SQL-Strings angehängt. Je nach Eingabe des Anwenders erhalten wir zur Laufzeit unterschiedliche Abfrageanweisungen. Gibt der Anwender beispielsweise den Ort *Leipzig* ein, wird der von Access (bzw. VBA) zu verarbeitende String wie folgt aussehen:

```
"SELECT Firma, Ort FROM Kunden " & _
"WHERE Ort = '" & Leipzig & "'"
```

Access löst die Verkettungen vor der Verarbeitung natürlich auf, so dass schließlich die folgende Anweisung ausgeführt wird:

```
SELECT Firma, Ort FROM Kunden WHERE Ort = 'Leipzig'
```

Sie können natürlich auch mehr als eine Variable verwenden, beispielsweise um einen Wertebereich als Bedingung zu übergeben. Die Verkettung kann dann aber sehr komplex und fehleranfällig werden. Beachten Sie zudem, dass Sie bei Spalten vom Typ CHAR auch die einfachen Anführungszeichen in die Verkettung einbeziehen müssen.

18.5 ODBC-Quellen einrichten

Die Datenbankschnittstelle ODBC ist inzwischen so weit verbreitet, dass sie als universelle Schnittstelle bezeichnet werden kann. Wenn kein direkter Zugriff auf eine Datenbank möglich ist, lässt sich in der Regel immer noch ODBC einsetzen. Für den ODBC-Zugriff müssen Sie jedoch erst eine ODBC-Datenquelle einrichten. Unter Windows ist dafür die Systemsteuerung zuständig. Diese öffnen Sie über das Windows-Startmenü mit der Option *Start / Einstellungen / Systemsteuerung*. In der Systemsteuerung doppelklicken Sie auf das Symbol *ODBC-Datenquelle*.

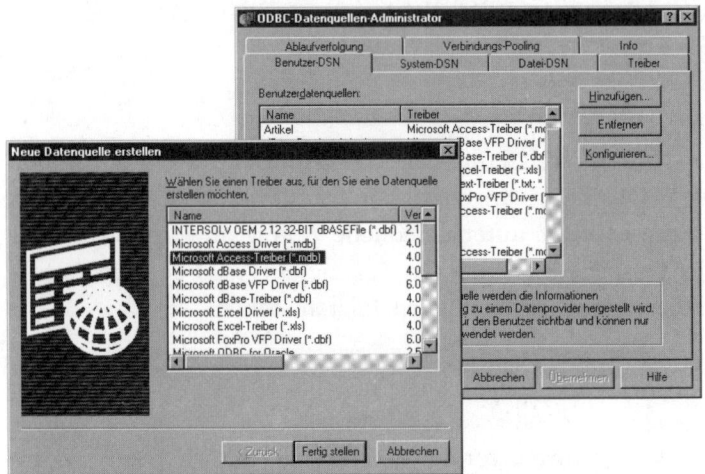

Abb. 18.1: ODBC-Datenquelle einrichten

Nach dem Aufruf des Dialogs wählen Sie zunächst die Seite *Benutzer-DSN* (DSN = *Data Source Name*). Hier werden alle bereits vorhandenen ODBC-Datenquellen angezeigt. Sie können die Einstellungen einer bestimmten Datenquelle ändern, indem Sie diese hier markieren und dann den Schalter *Konfigurieren* betätigen.

Neue Datenquelle hinzufügen

Um eine neue Datenquelle einzurichten, betätigen Sie den Schalter *Hinzufügen*. Sie öffnen damit den Dialog aus Abbildung 18.1. Hier ist der für die betreffende Datenbank spezifische Treiber auszuwählen.

Nach dem Markieren des Treibers klicken Sie auf den Schalter *Fertig stellen*. Im Dialog, den Sie damit öffnen (siehe Abbildung 18.2), ist zunächst der Name der Datenquelle anzugeben. Grundsätzlich lässt sich hier eine beliebige Bezeichnung verwenden. Sie sind also nicht an den Namen der Datenbank gebunden, die Sie als Datenquelle einrichten wollen.

Abb. 18.2: Datenquelle einstellen (für Access-Treiber)

Ganz wichtig ist nun die Auswahl der Datenbank. Dazu betätigen Sie den Schalter *Auswählen*. Sie erhalten dann einen Dateiauswahl-Dialog angezeigt, in welchem Sie die gewünschte Datenbank (für Access eine *Mdb*-Datei) per Mausklick auswählen können.

Beachten Sie, dass der Einstellungs-Dialog sich je nach Treiber erheblich unterscheiden kann. Für einen MySQL-Treiber erhalten Sie beispielsweise einen Dialog angezeigt, in welchem Sie unter anderem den Hostnamen und den Port angeben müssen. In Abbildung 18.2 sehen Sie den Dialog, der für die Einstellung einer Access-Datenquelle angezeigt wird.

Wenn Sie die Dialoge nun der Reihe nach mit *OK* schließen, ist die Definition auch schon beendet. Die ODBC-Datenquelle sollte nun für die verschiedensten Anwendungen zur Verfügung stehen.

Ein MySQL-Treiber ist in Windows nicht enthalten. Sie müssen diesen daher aus dem Web herunterladen und installieren. Erst dann wird der Treiber auch in der Auswahl angeboten.

18.6 Zusammenfassung, Fragen und Übungen

Zusammenfassung

▶ Die im Web üblichen Skript-Sprachen, beispielsweise Perl und PHP, verfügen in der Regel auch über Funktionen für den Datenbankzugriff.

▶ Der Datenbankzugriff in Skript-Sprachen erfolgt grundsätzlich mit Hilfe von eingebetteten SQL-Anweisungen.

▶ Datenbankzugriffe per SELECT-Anweisung lassen sich bezüglich der Antwortzeiten optimieren.

▶ Mit ODBC und JDBC existieren weitgehend standardisierte Datenbankschnittstellen, die inzwischen von fast allen Datenbanksystemen unterstützt werden.

▶ Eine Datenbank, die über ODBC angesprochen werden soll, muss zuvor als ODBC-Datenquelle eingerichtet werden. Dazu ist ein datenbankspezifischer Treiber erforderlich.

Fragen und Übungen

1. Warum sind gute SQL-Kenntnisse für die Web-Programmierung unentbehrlich?

2. Welche Voraussetzungen müssen für die Datenbankprogrammierung mit PHP erfüllt sein?

Fragen und Übungen

3. Mit welchen Nachteilen ist bei einer Datenbankanbindung über ODBC zu rechnen?

4. Wie lassen sich Datenbankzugriffe optimieren? Nennen Sie mindestens ein Beispiel.

Lösungen

Lösungen

Kapitel 1

1. SQL dient der Abfrage und Manipulation von Daten und der Erzeugung und Änderung der Datenbankstruktur.

2. Groß- und Kleinschreibung werden von SQL nicht beachtet. Es ist allerdings üblich, SQL-Kommandos durchgängig großzuschreiben. Alle variablen Elemente (Parameter), etwa Feldnamen, sollten Sie hingegen kleinschreiben oder lediglich mit einem Großbuchstaben einleiten. Das gilt jedoch nur eingeschränkt für Parameter wie beispielsweise den Tabellennamen. Unter anderen Betriebssystemen, etwa Linux, kann die Beachtung von Groß- und Kleinschreibung wichtig werden.

3. Neben den üblichen Auswahl- bzw. SELECT-Abfragen werden auch solche SQL-Anweisungen als Abfragen bezeichnet, die lediglich den Datenbestand ändern, aber keine Ergebnisse zurückliefern. Dazu gehören beispielsweise das Hinzufügen und Löschen von Datensätzen.

4. Die generelle Vorgehensweise entnehmen Sie bitte Kapitel 1.6.

Kapitel 2

1. Der SELECT-Befehl stellt die zentrale SQL-Anweisung für Auswahlabfragen dar. Jede Abfrage, die Daten zurückliefern soll, wird mit SELECT eingeleitet.

2. Eine Begrenzung der Spalten ergibt sich durch Auflistung der Spaltennamen in der SELECT-Zeile.

3. Die einzelnen Spaltennamen sind durch Kommata getrennt anzugeben. Auf den letzten Spaltennamen folgt kein Komma mehr.

4. Eine Begrenzung der Zeilen kann durch eine WHERE- oder LIMIT-Klausel erreicht werden. Die in der WHERE-Klausel definierte Bedingung lässt in der Ergebnistabelle nur solche Datensätze erscheinen, die der Bedingung genügen.

5. In der FROM-Klausel sind die Tabellen anzugeben, auf die sich die Abfrage bezieht. Die FROM-Klausel wird immer benötigt, auch wenn die Tabellenbezeichnungen bereits bei der Definition der Spaltenbezeichnungen angegeben wurden.

6. Aliasnamen können in der Ergebnistabelle die üblichen Spaltennamen ersetzen. Sie werden beispielsweise verwendet, um lange Spaltenbezeichnungen für die Ergebnistabelle abzukürzen oder bei Zusammenfassung mehrerer Spalten einen passenden Namen für die Ergebnisspalte zu definieren.

7. Der Datentyp bestimmt unter anderem, ob ein Vergleichswert in (einfachen) Anführungszeichen übergeben werden muss (Typ *CHAR*) oder ohne Anführungszeichen auskommt.

8. Für die Sortierung ist die Klausel ORDER BY zuständig. Die Klausel benötigt die Angabe der Spalte, über die sortiert werden soll. Eine aufsteigende Sortierung ist üblicherweise voreingestellt. Sie kann mit dem Wort ASC aber auch explizit angegeben werden. Um eine absteigende Sortierung zu erhalten, ist das Wort DESC zu verwenden.

9. Qualifizierte Spaltenbezeichnungen setzen sich aus dem Namen der Tabelle und dem der jeweiligen Spalte zusammen. Als Trennzeichen wird der Punkt verwendet. Der Einsatz qualifizierter Spaltenbezeichnungen kann erforderlich sein, wenn in einer Abfrage gleichnamige Spalten aus unterschiedlichen Tabellen benötigt werden.

10. Bei numerischen Datentypen ist zunächst zwischen Ganzzahlen und Fließkommazahlen zu unterscheiden. Zudem lassen sich innerhalb dieser Gruppen noch Unterschiede feststellen, die sich auf den darstellbaren Wertebereich (Ganzzahlen) oder die Genauigkeit (Fließkommazahlen) beziehen.

Kapitel 3

1. Ausdrücke sind Formeln. Sie liefern einen Wert, der einem bestimmten Datentyp zugerechnet werden kann.

2. Operatoren dienen zusammen mit Operanden zur Bildung von Ausdrücken.

3. Berechnete Felder sind nicht Teil einer realen Datentabelle. Sie werden nur durch die Abfrage erzeugt und stehen daher nur in der virtuellen Ergebnistabelle zur Verfügung.

4. Der Wert NULL wird gegebenenfalls von Feldern geliefert, die noch keinen Eintrag erhalten haben. Er ist keinem der üblichen Datentypen zuzuordnen, lässt sich aber in Vergleichen mit jedem dieser Typen verwenden.

5. Für Suchmuster ist der Operator LIKE zuständig. Dieser kann Feldeinträge mit Mustern vergleichen, die Ersatzzeichen wie das Prozentzeichen (bzw. das Zeichen *) oder den Unterstrich (_) enthalten.

6. Logische Operatoren dienen der Verknüpfung von Teilbedingungen zu komplexeren Bedingungen. In SQL-Anweisungen lassen sich die Operatoren AND (logisches UND), OR (logisches ODER) und NOT (Negation) verwenden.

7. Funktionen können sowohl in der Feldliste der SELECT-Anweisung als auch in der WHERE-Klausel verwendet werden. In der Feldliste dienen sie üblicherweise dazu, für die Ergebnistabelle neue (berechnete) Felder zu erzeugen.

8. Beim Trimmen werden führende und folgende Leerzeichen aus einer Zeichenfolge entfernt. Da Leerzeichen einen Vergleich beeinflussen können, ist es oft sinnvoll, unbekannte Zeichenfolgen, etwa den Inhalt von Datenbankfeldern, zu trimmen.

9. Datumsfelder sind zunächst wie Strings zu behandeln. Bei festen Datumswerten erwarten die meisten Datenbanksysteme zudem das amerikanische Format.

Kapitel 4

1. Die Reihenfolge kann durch Klammerung von Teilausdrücken bestimmt werden. Ausdrücke in Klammern werden von SQL zuerst ausgewertet.

2. Zumindest Access und MySQL akzeptieren berechnete Spalten auch als Operanden.

3. Funktionen lassen sich verschachteln, indem eine Funktion als Argument einer anderen Funktion verwendet wird.

4. Beim Rechnen mit Datumswerten lassen sich beispielsweise Datumsdifferenzen ermitteln. Auch können neue Datumswerte durch Addition oder Subtraktion gebildet werden.

Kapitel 5

1. Die Felder und die zugehörigen Werte müssen in Zahl und Reihenfolge übereinstimmen.

2. Primärschlüsselfelder müssen einen Wert erhalten. Dieser muss zudem eindeutig sein. Wenn für das Primärschlüsselfeld jedoch der Typ *Autowert* verwendet wird, vergibt die Datenbank den Wert automatisch. Die Wertzuweisung innerhalb eines INSERT-Befehls muss dann unterbleiben.

3. Die WHERE-Klausel sorgt dafür, dass nur ausgewählte Datensätze der Quelltabelle in die Zieltabelle kopiert werden. Ohne die WHERE-Klausel landen alle Datensätze der Quelltabelle in der Zieltabelle.

4. Die Strukturen der Quell- und der Zieltabelle müssen sehr ähnlich sein. Für jedes zu übertragende Feld ist in der Zieltabelle ein Feld erforderlich, das diesen Typ speichern kann. Dazu genügt es, dass Quell- und Zieltyp kompatibel sind; sie müssen nicht identisch sein.

5. Beim Kopieren lassen sich auch berechnete Felder verwenden. In der Zieltabelle muss dafür jedoch ein reales Feld vorhanden sein.

Dieses Feld muss dem Typ entsprechen, den die Berechnung liefert.

Kapitel 6

1. Die Zuweisung erfolgt mit Hilfe der SET-Klausel und des Zuweisungsoperators (=).

2. Die WHERE-Klausel bestimmt, welche Datensätze geändert werden. Eine UPDATE-Anweisung ohne WHERE-Klausel bewirkt, dass alle Datensätze der Zieltabelle geändert werden.

3. Bei der Wertzuweisung können Leerstrings (leere Zeichenfolgen) bzw. der Wert 0 übergeben werden. Eine korrekte Löschung ist jedoch nur durch Zuweisung des Werts NULL möglich.

4. Für die Auswahl der zu ändernden Datensätze ist eine WHERE-Klausel zuständig. Es kann daher sinnvoll sein, diese Klausel zunächst in einer SELECT-Anweisung zu testen.

5. Datumswerte müssen in einfachen Anführungszeichen und in einem bestimmten Format übergeben werden.

6. Eine UPDATE-Anweisung kann die zuzuweisenden Werte berechnen. In den Berechnungsformeln lassen sich dabei auch Feldnamen und damit indirekt deren Werte verwenden.

7. Feldinhalte lassen sich durch Zuweisung des Werts NULL löschen. Dabei ist aber zu beachten, dass nicht alle Felder diesen Wert akzeptieren.

8. Die UPDATE-Anweisung hat für Access folgende Form:
```
UPDATE Kunden SET Datum = DATE()
```

Kapitel 7

1. Es werden alle Datensätze der betreffenden Tabelle gelöscht.

2. Die Bedingung in der WHERE-Klausel darf lediglich auf genau einen Datensatz zutreffen.

3. Die sicherste Methode besteht darin, die Bedingung der WHERE-Klausel zunächst mit Hilfe einer SELECT-Anweisung zu testen.

Kapitel 8

1. Mit Gruppierung ist die Zusammenfassung von einzelnen Datensätzen gemeint. In der Ergebnistabelle werden dann nicht mehr bestimmte Datensätze angezeigt, sondern neue Datensätze, die eine Aussage über eine Gesamtheit von Datensätzen treffen.

2. Zunächst wirkt die WHERE-Klausel. Sie sorgt dafür, dass nur die Datensätze in die Auswahl übernommen werden, die der Bedingung genügen. Erst auf diese bereits ausgewählten Datensätze wird dann die GROUP BY-Klausel angewendet.

3. Aggregatfunktionen fassen Informationen aus einer Spalte zusammen. So lassen sich beispielsweise Durchschnittswerte oder Summen über mehrere Datensätze einer Spalte bilden.

4. Aggregatfunktionen lassen sich nur auf Spalten anwenden. Sie werden deshalb auch als Spaltenfunktionen bezeichnet.

5. Auf die Spalte *Umsatz* ist die Aggregatfunktion SUM anzuwenden. In der GROUP BY-Klausel muss dann das Feld *Kundensegment* als Gruppierungsfeld angegeben werden. Zusätzlich kann das Feld *Kundensegment* auch in der Feldliste der SELECT-Anweisung erscheinen.

6. GROUP BY bewirkt, dass die Aggregatfunktion immer nur für die Datensätze gilt, die zu einer bestimmten Gruppe, also zu einer bestimmten Wertausprägung des in der GROUP BY-Klausel genannten Felds, gehören.

7. Zunächst selektiert die WHERE-Klausel Datensätze, die einer bestimmten Bedingung genügen. Im nächsten Schritt gruppiert GROUP BY diese Datensätze. HAVING wählt dann aus diesen Gruppen bestimmte Gruppen aus.

8. Die Bedingung der HAVING-Klausel kann sich nur auf Felder beziehen, die in der SELECT-Anweisung aufgelistet werden. Dabei müssen gegebenenfalls auch die Ausdrücke verwendet werden, mit denen die temporären Spalten (Summen, Durchschnittswerte, Minimum, Maximum etc.) gebildet wurden.

Kapitel 9

1. Ein *Natural Join* verknüpft Tabellen, so dass grundsätzlich nur Datensätze angezeigt werden, für die in den Verknüpfungsfeldern beider Tabellen gleiche Einträge enthalten sind.

2. Für eine einfache Verknüpfung wird nicht unbedingt die JOIN-Klausel benötigt. Die Verknüpfung kann auch über eine WHERE-Klausel erfolgen. Dazu müssen in den zu verknüpfenden Tabellen ähnliche Felder vorhanden sein. Die Bedingung in der WHERE-Klausel besagt nun, dass nur dann Zeilen in der Ergebnistabelle erzeugt werden, wenn in beiden Tabellen Datensätze mit gleichen Einträgen in den Verknüpfungsspalten vorhanden sind.

3. Wenn beim Verknüpfen von Tabellen eine Verknüpfungsbedingung (JOIN oder WHERE-Klausel) vergessen wird, können sehr große Tabellen entstehen. Jeder Datensatz aus der ersten Tabelle wird dann mit einem Datensatz aus der zweiten Tabelle verknüpft, so dass aus zwei Tabellen mit jeweils 100 Datensätzen eine Ergebnistabelle mit 10.000 Datensätzen entsteht.

4. Beim *Outer Join* werden alle Datensätze der linken oder alle Datensätze der rechten Tabelle angezeigt, auch wenn in der jeweils anderen Tabelle keine zugeordneten Datensätze enthalten sind.

5. Die WHERE-Klausel kann zusätzlich zu einem Join verwendet werden. In der Bedingung der Klausel lassen sich Teilbedingungen aus beiden Tabellen kombinieren.

6. Mit Mengenoperationen lassen sich aus den Daten mehrerer Tabellen Schnittmengen, Vereinigungsmengen und Differenz-

mengen bilden. Zwischen den Tabellen einer Mengenoperation bestehen keine Abhängigkeitsbeziehungen.

7. Eine Vereinigungsmenge wird mit Hilfe des UNION-Operators gebildet. Der Operator verbindet zwei Tabellen oder zwei SELECT-Abfragen.

8. ALL bestimmt, dass auch mehrfach vorhandene Datensätze in die Ergebistabelle übernommen werden.

9. INTERSECT stellt praktisch das Gegenteil von EXCEPT dar. Während EXCEPT (ohne ALL) übereinstimmende Datensätze der einzelnen Tabellen oder SELECT-Abfragen nicht anzeigt, wählt INTERSECT gerade diese aus.

Kapitel 10

1. Viele Datenbanksysteme, beispielsweise Access, akzeptieren auch Leerzeichen und Sonderzeichen wie die deutschen Umlaute. Das gilt aber nicht für alle. Zudem hat SQL Probleme mit solchen Zeichen. Es ist daher sinnvoll, grundsätzlich nur die normalen alphanumerischen Zeichen und den Unterstrich zu verwenden. Beim Einsatz von LINUX bzw. UNIX ist auch auf Groß- und Kleinschreibung zu achten.

2. Für alphanumerische Spalten ist der Typ CHAR zuständig. In Klammern ist die Zahl der maximal zulässigen Zeichen anzugeben, so dass nach dem Spaltennamen noch der Ausdruck CHAR(30) anzugeben ist.

3. Um einen Primärschlüssel zu definieren, kann in die Feldliste noch die Klausel PRIMARY KEY eingefügt werden. Die Klausel enthält eine Klammer, in der das Schlüsselfeld anzugeben ist.

4. Für die Vorbelegung einer Spalte ist die Klausel DEFAULT zuständig. Der automatisch einzufügende Wert kann nach dem Schlüsselwort DEFAULT angegeben werden.

5. Eine Spalte, die beim Erzeugen eines neuen Datensatzes unbedingt einen neuen Eintrag erhalten soll, muss mit dem Zusatz NOT NULL definiert werden.

6. UNIQUE bestimmt, dass eine Spalte nur eindeutige Werte enthalten darf. Auch der NULL-Wert ist in solchen Spalten nicht zulässig.

7. Mit NOT NULL bestimmen Sie, dass eine Spalte keine NULL-Werte akzeptiert und damit keine Leereinträge. Viele Felder werden aber gelegentlich frei bleiben müssen. Erzwungene Einträge darf es nur geben, wo dieses unbedingt erforderlich ist.

8. Views ermöglichen einen vereinfachten SELECT-Zugriff auf komplexe Tabellen und Tabellenverknüpfungen. Zugleich steigern sie die Sicherheit der Datenbank, weil weniger direkte Zugriffe auf die eigentlichen Tabellen benötigt werden.

Kapitel 11

1. Beim Löschen und Ändern von Datenbankobjekten können Daten verloren gehen. Wird beispielsweise der Datentyp einer Spalte geändert, lassen sich möglicherweise die ursprünglichen Daten dieser Spalte nicht mehr vollständig anzeigen. Die Daten werden dann bei der Änderung nicht übernommen.

2. Neue Spalten lassen sich mit ADD COLUMN hinzufügen. Der Tabellenname ist dabei im ALTER TABLE-Befehl anzugeben.

3. Für die Änderung einer Spalte ist zunächst die ALTER COLUMN-Anweisung zuständig. Als erster Parameter ist der Spaltenname zu bestimmen. Danach folgen die Änderungen, die sich beispielsweise auf den Typ beziehen können. Der Typ ist dabei in der Form anzugeben, die auch bei der Erzeugung einer Spalte verwendet wird. Die ganze Anweisung muss Teil einer ALTER TABLE-Anweisung sein.

4. Um keine Leereingabe mehr zu akzeptieren, muss die Spalte die Einschränkung NOT NULL erhalten. Diese Einschränkung ist in der ALTER COLUMN-Anweisung nach dem Spaltennamen anzugeben.

5. Eine Tabelle wird mit der Anweisung DROP TABLE gelöscht. Als Parameter ist der Tabellenname anzugeben.

6. Es lassen sich nur Objekte löschen, die nicht gerade von anderen Anwendern benutzt werden. Die Objekte müssen eventuell für andere Anwender gesperrt werden, um die Löschung vornehmen zu können.

Kapitel 12

1. Indizes werden bei jeder Datenänderung aktualisiert. Bei vielen Indizes ist damit ein erheblicher Aufwand verbunden, was sich gerade beim Einfügen und Löschen von Daten durch entsprechende Zeitverzögerungen bemerkbar machen kann.

2. Die Option, einen Index zu ändern, ist in der Regel nicht gegeben. Die einfachste Möglichkeit besteht darin, den alten Index zu löschen und dafür einen neuen zu erzeugen.

3. Eindeutige Indizes lassen sich mit Hilfe von UNIQUE erzeugen. Eine Spalte, für die ein eindeutiger Index erstellt wurde, kann auch nur eindeutige Werte aufnehmen.

4. Für einen Mehrfelderindex sind in der Klammer der ON-Klausel die einzelnen Spalten (Felder) anzugeben.

5. Für die Sortierrichtung eines Index sind die Elemente ASC und DESC zuständig. Voreingestellt ist eine aufsteigende Sortierung, die Sie auch mit ASC erhalten.

6. Temporäre Indizes können Sie erstellen, wenn diese zur Erledigung bestimmter Aufgaben benötigt werden. Nach der Verwendung löschen Sie diese wieder. Die Indizes müssen dann nicht während des normalen Betriebs ständig aktualisiert werden und belasten daher das Datenbanksystem und dessen Leistungsverhalten nicht unnötig.

Kapitel 13

1. Datenbanken können schon durch wenige fehlerhafte Daten in einen inkonsistenten Zustand geraten und damit zumindest teilweise unbrauchbar werden. Um die Risiken zu minimieren, sollte der Zugriff auf die Personen begrenzt werden, die unbedingt mit den Daten arbeiten müssen.

2. Benutzer- und Zugriffsrechte werden üblicherweise vom Administrator eingerichtet oder auch wieder entzogen.

3. In der GRANT-Anweisung ist zunächst SELECT als Privileg (Zugriffsrecht) anzugeben. In der ON-Klausel werden zudem noch der Benutzername und gegebenenfalls ein Passwort benötigt. Der Anwender kann dann nur noch SELECT-Abfragen ausführen.

4. Privilegien bestimmen, welche Rechte (Lesen, Einfügen, Ändern etc.) vom betreffenden Benutzer ausgeführt werden dürfen. Als Typbezeichnungen werden dafür normalerweise die Schlüsselwörter SELECT, INSERT, DELETE und UPDATE verwendet.

5. Mehrere Privilegien können in der GRANT-Anweisung durch Kommata separiert angegeben werden.

6. Um Zugriffsrechte auf Datenbankebene einzurichten, muss in der ON-Klausel der Datenbankname angegeben werden. Sollen alle Objekte der Datenbank zugänglich sein, kann als Ersatzzeichen das Sternchen verwendet werden.

7. Ein Benutzer kann die ihm eingeräumten Rechte nur dann weitergeben, wenn bei der Definition seiner Rechte die Klausel WITH GRANT OPTION verwendet wurde.

8. In der Regel kann nur derjenige Rechte entziehen, der diese zuvor zugewiesen hat. Das wird meistens der Administrator sein.

Kapitel 14

1. Unterabfragen sind in Abfragen eingebettete Abfragen. Die übergeordnete Abfrage verwendet dann die Ergebnisse der Unterabfrage, um Auswahlkriterien zu definieren.

2. Unterabfragen, die über Vergleichsoperatoren angebunden werden, liefern in der Regel einen Wert. Sie verwenden daher meistens Aggregatfunktionen wie SUM oder AVG.

3. Unterabfragen, die mehr als eine Spalte liefern, lassen sich unter anderem mit den Operatoren ANY, ALL und SOME verwenden.

4. Die vollständige Sperrung einer Tabelle ist sinnvoll, wenn große Datenmengen in die Tabelle geschrieben werden müssen oder eine Änderung der Tabellenstruktur vorgesehen ist.

5. Eine Befehlssequenz, die eine Transaktion bilden soll, muss in der Regel mit der Anweisung BEGIN eingeleitet und mit COMMIT oder ROLLBACK abgeschlossen werden. Zwischen diesen Anweisungen können beliebige Anweisungen folgen, welche Änderungen an der Datenbank vornehmen.

6. Mit *AutoCommit* ist gemeint, dass ein Datenbanksystem jede einzelne Operation als vollständige Transaktion betrachtet und sofort in der Datenbank speichert.

7. Damit alle Sitzungen beendet werden, ist der DISCONNECT-Befehl um die Klausel ALL zu erweitern.

Kapitel 15

1. Mit Relation ist normalerweise eine Tabelle gemeint, nicht die Verknüpfung von Tabellen.

2. Ein Schlüssel erschließt die einzelnen Datensätze einer Tabelle. Er muss zu diesem Zweck eindeutig sein. Der Wert des Schlüssels darf in der Schlüsselspalte also nicht mehrfach vorkommen.

3. Künstliche Schlüssel sind beispielsweise Spalten wie Kunden- oder Artikelnummer. Gegenüber zusammengesetzten Schlüsseln haben sie den Vorteil, dass sie schon per Definition eindeutig sind. Jede Kunden- oder Artikelnummer wird eben nur einmal vergeben.

4. Datenbankkonsistenz meint die Widerspruchsfreiheit der Daten einer Datenbank. Diese wird durch eine redundante Speicherung der Daten bedroht, weil bei Änderungen die Möglichkeit besteht, dass mehrfach vorhandene Datensätze nicht gleichzeitig geändert werden.

5. Der Prozess der Normalisierung soll eine weitgehend redundanz-freie Darstellung der Daten ermöglichen.

6. Bei extremer Normalisierung können viele kleine Tabellen entstehen, welche die Leistung der Datenbank vermindern und damit auch wieder zu größerer Fehleranfälligkeit führen.

7. Feldnamen sollten keine Sonderzeichen, keine Leerzeichen und auch keine Bindestriche enthalten. Zwar akzeptieren viele Datenbanksysteme solche Zeichen, bei der Verwendung in SQL-Abfragen kann es damit jedoch zu Problemen kommen.

8. Als Fremdschlüssel bezeichnen wir eine Spalte, die in einer übergeordneten Tabelle als Schlüssel verwendet wird. Über den Fremdschlüssel erfolgt in der Regel die Verknüpfung zwischen über- und untergeordneten Tabellen.

9. Indizes sind Hilfsdateien, die den Zugriff auf Datenbanken, insbesondere bei Such- und Sortiervorgängen, beschleunigen.

10. Referenzielle Integrität meint, dass zu den Datensätzen in einer abhängigen (untergeordneten) Tabelle immer ein zugehöriger Datensatz in der übergeordneten Tabelle existieren muss.

11. Das Transaktionskonzept stellt sicher, dass alle für einen bestimmten Vorgang erforderlichen Operationen ausgeführt werden oder, wenn das nicht möglich ist, die schon erfolgten Teiloperationen zurückgenommen werden. Das Transaktionskonzept dient damit der Sicherstellung der Datenbankintegrität.

Kapitel 16

1. Besonders häufig werden die Typen `INTEGER` und `DOUBLE` verwendet.

2. Die `INTEGER`-Typen werden regelmäßig für die Bildung von Schlüsselwerten, etwa Kunden- oder Artikelnummern, benötigt.

3. Der Typ `INTEGER` kann nur ganzzahlige Werte aufnehmen, während sich mit dem Typ `FLOAT` auch Dezimalwerte darstellen lassen.

4. Da es sich bei Telefon- und Faxnummern nicht um Felder handelt, die in Rechenoperationen benötigt werden, sollten Sie dafür den alphanumerischen Typ `CHAR` wählen.

5. Der Datentyp kann bereits eine Art Eingabekontrolle bewirken. So lassen sich in ein Feld vom Typ `INTEGER` eben nur ganzzahlige numerische Werte eingeben.

Kapitel 17

1. Möglich ist beispielsweise eine Aufteilung in Datenbank-Server und Desktop-Datenbanken. Datenbank-Server, die über umfangreiche Tools für den Entwurf und die Verwaltung von Datenbanken verfügen, können auch als Datenbank-Management-Systeme (DBMS) bezeichnet werden.

2. Die wichtigsten Datenbanksysteme sind Access, MySQL, Oracle und DB2.

3. MySQL ist ein Open-Source-Projekt und kann im privaten Bereich kostenlos eingesetzt werden.

4. MySQL steht in der Regel nur als Download-File im Internet zur Verfügung. Da es sich dabei um ein selbstentpackendes Archiv handelt, ist die Datei nach Abschluss des Downloads durch Doppelklick zu starten. Die Installation erfolgt dann automatisch.

5. MySQL-Datenbanken sind eigentlich nur Verzeichnisse, in denen die Tabellen als normale Dateien gespeichert werden. Da einige Betriebssysteme, unter denen MySQL läuft, Groß- und Kleinschreibung unterscheiden, sollte auch bei der Vergabe von Datenbank- und Tabellenbezeichnungen auf Groß- und Kleinschreibung geachtet werden. Die Datenbank bleibt dann portabel.

Kapitel 18

1. Fast alle besseren Web-Anwendungen benötigen einen Datenbankzugriff. Dieser erfolgt regelmäßig über SQL-Anweisungen.

2. Für die Datenbankprogrammierung mit PHP ist natürlich ein Datenbank-Server wie beispielsweise MySQL erforderlich. Zudem werden ein Web-Server und das für den Web-Server passende PHP-Modul benötigt.

3. ODBC gehört nicht zu den schnellsten Datenbankschnittstellen. Sie müssen daher mit einer eingeschränkten Leistung rechnen.

4. Datenbankzugriffe lassen sich beispielsweise mit Hilfe von Indizes optimieren (beschleunigen). Indizes sollten dabei nur für Spalten verwendet werden, die häufig bei Sortierungen bzw. in WHERE-Klauseln vorkommen. Es ist zudem sinnvoll, immer nur die Spalten auszugeben, die auch wirklich benötigt werden.

Glossar

Glossar

Aggregatfunktionen

Funktionen, die Berechnungen für komplette Spalten (alle Werte einer Spalte) oder alle Werte einer Datensatzgruppe vornehmen, beispielsweise um Durchschnittswerte oder Summen zu bilden.

Änderungsabfrage

Eine Abfrage, die Änderungen am Datenbestand bzw. an der Datenbankstruktur vornimmt. Dafür werden beispielsweise SQL-Befehle wie UPDATE oder INSERT verwendet.

Auswahlabfrage

Bezeichnung für eine Abfrage, die bestimmte Daten aus einer oder mehreren Tabellen liefert, ohne die Daten bzw. die Datenbankstruktur zu ändern. Normalerweise handelt es sich dabei um Abfragen, die mit der SQL-Anweisung SELECT beginnen.

BLOB

Binary Large Object. Ein Datentyp, der so genannte Binärdaten, etwa Sound oder Videosequenzen, speichern kann. Dieser Typ wird von SQL/92 praktisch nicht unterstützt.

CLI

Call Level Interface. Eine Schnittstelle, die von vielen Datenbanken unterstützt wird und die mit SQL-Anweisungen auf Datenbanken zugreift.

Constraints

Einschränkungen. Constraints legen bestimmte Regeln fest, nach denen Daten in eine Tabelle oder Spalte eingegeben werden können.

Data Dictionary

Vom Datenbanksystem angelegte Systemtabellen, die alle Informationen über eine Datenbank (Tabellen, Spalten, Indizes etc.) enthalten. Das Data Dictionary wird auch als Katalog bezeichnet.

Datenbank

Grundsätzlich jede mehr oder weniger geordnete Sammlung von Daten. Im engeren Sinne handelt es sich dabei um Daten, die nach bestimmten Schemata, beispielsweise in Tabellenform, gespeichert werden. Häufig werden auch die Programme zur Verwaltung von Datenbanken selbst als Datenbanken bezeichnet.

Datensatz

Eine Zeile in einer Tabelle. Jeder Datensatz besteht aus einer Menge von Attributen (Eigenschaften). Diese Attribute beschreiben in der Regel ein Objekt der realen bzw. vorgestellten Welt, beispielsweise einen Kunden oder eine Buchung.

DBMS

Database Management System. Ein Datenbanksystem, das mit umfangreichen Tools für die Verwaltung von Datenbanken ausgestattet ist.

DCL

Data Control Language. Der Teil des SQL-Sprachumfangs, der für

Transaktionen zuständig ist. Dazu gehören beispielsweise Befehle wie `COMMIT` und `ROLLBACK`.

DDL

Data Definition Language. Der Teil von SQL, der für die Erstellung neuer Datenbanken und Tabellen zuständig ist. Damit sind vor allem Befehle wie `CREATE TABLE` und `CREATE INDEX` gemeint.

DML

Data Manipulation Language. Der Teil von SQL, der für die Änderung von Daten zuständig ist. Dazu gehören insbesondere die Befehle `DELETE`, `INSERT` und `UPDATE`. Jedoch wird auch der `SELECT`-Befehl zur DML gerechnet.

DOMAINS

Wertebereiche, die bestimmen, welche Werte in einer Spalte zulässig sein sollen. Nicht alle Datenbanksysteme unterstützen Domains.

Einschränkungen

Siehe Constraints.

Entitäten

Objekte der realen oder vorgestellten Welt (Kunden, Buchungen etc.), deren Attribute sich in Form einer Relation (Tabelle) darstellen lassen.

ER-Modell

Entity Relationship Model. Grundlage des ER-Modells sind Entitäten und Entitätsbeziehungen. Das ER-Modell liefert in der Regel die theoretischen Grundlagen für den Datenbankentwurf.

Funktionen

Mathematische Anweisungen, die Parameter verarbeiten können und die einen Wert, den Funktionswert, zurückgeben. SQL-Anweisungen können Funktionen enthalten.

Gruppierung

Die Zusammenfassung von Datensätzen mit gleichen oder ähnlichen Werten in bestimmten Spalten. Die Gruppierung dient der Datenanalyse. Sie liefert Informationen über die Struktur der Daten. In SQL-Anweisungen ist dafür die GROUP BY- Klausel zuständig.

Index

Eine sortierte Liste, die über Datensatzzeiger einen schnelleren Zugriff auf die Datensätze einer Tabelle ermöglicht. Indizes werden verwendet, um Suchzugriffe und Sortierungen zu beschleunigen.

JDBC

Java Database Connectivity. Eine Programmierschnittstelle, die Java-Programmen den Zugriff auf Datenbanken ermöglicht. Fast alle Datenbanksysteme verfügen heute über einen JDBC-Treiber und können daher unter Java in sehr ähnlicher Weise programmiert werden. JDBC verwendet SQL-Anweisungen, um Daten abzufragen und zu manipulieren.

Join

Verknüpfung von Tabellen. Die Verknüpfung erfolgt in der Regel über bestimmte Spalten, die in beiden Tabellen ähnliche oder gleiche Einträge enthalten, etwa in Kunden- und Rechnungstabellen. Es werden spezielle Varianten wie *Natural Join*, *Inner Join* und *Outer Join* unterschieden. Ein Join kann sich auch auf mehr als zwei Tabellen beziehen.

Katalog

Siehe Data Dictionary.

Konsistenz

Widerspruchsfreiheit des Datenbestands. Wichtigstes Mittel bei der Sicherstellung der Datenkonsistenz ist eine möglichst redundanzfreie Datenhaltung.

Memo-Felder

Ein Datentyp, der Texte unbestimmter Länge speichern kann. Gelegentlich ist der Typ auch auf 2.000 oder 4.000 Zeichen begrenzt. Der Typ wird von SQL nicht bzw. nicht vollständig unterstützt.

Mengenoperationen

Bei Mengenoperationen werden aus mehreren Abfragen bzw. Tabellen Schnittmengen, Differenzmengen oder Vereinigungsmengen gebildet.

Mutationen

Mit Mutation wird die Änderung des Datenbestands bezeichnet.

Mutationsanomalien

Widersprüchliche (inkonsistente) Daten, die bei der Änderung von redundanten Daten auftreten können. Mutationsanomalien lassen sich durch das Normalisieren von Tabellen weitgehend vermeiden.

Normalisieren

Mathematisch gestütztes Verfahren für den Entwurf einer weitgehend redundanzfreien Datenbank.

NULL

Standardwert eines Attributs, für das noch keine Wertzuweisung vorgenommen wurde.

ODBC

Open Database Connectivity. Ein von der Firma Microsoft definierter Standard für den Datenbankzugriff. ODBC-Treiber sind heute für fast alle Datenbanksysteme verfügbar. ODBC verwendet SQL-

Anweisungen, um Daten abzufragen und zu manipulieren.

PHP

Eine Skript-Sprache für die Web-Programmierung, mit der sich unter anderem eine Datenbankanbindung herstellen lässt. Der Web-Programmierer ist damit in der Lage, dynamische Web-Seiten zu erstellen, die ihren Inhalt aus einer Datenbank erhalten.

Prädikat

Eine gelegentlich für die Bedingung in WHERE-Klauseln verwendete Bezeichnung.

Primärschlüssel

Eine Spalte oder Spaltenkombination, deren Werte einen Datensatz eindeutig identifizieren. Sind in einer Tabelle mehrere Schlüsselspalten enthalten, wird in der Regel eine davon zum Primärschlüssel erklärt.

Redundanz

Die mehrfache Speicherung grundsätzlich identischer Informationen. Redundanz birgt die Gefahr, dass bei Änderungen nicht alle gleichen Informationen erfasst werden, so dass die Datenbank widersprüchliche (inkonsistente) Daten enthalten kann (siehe Mutationsanomalien).

Relation

Bezeichnung für eine Tabelle. Die Verknüpfung zwischen zwei Tabellen wird als Relationship bezeichnet.

Relationenmodell

Siehe ER-Modell.

Replikation

Kontrollierte Vervielfältigung von Datenbeständen oder von Teilen davon, um die Zugriffsmöglichkeiten zu verbessern.

Rollback

Die Rücknahme aller Operationen auf einen Datenbestand seit dem letzten Rollback bzw. dem letzten Commit.

Schema

Datenbankobjekt, das andere Datenbankobjekte, die inhaltlich zusammengehören, unter einem Namen zusammenfasst. Zu den Objekten, die sich in einem Schema zusammenfassen lassen, gehören unter anderem Tabellen und Views.

Schlüssel

Ein Attribut bzw. eine Kombination von Attributen, das/die einen Datensatz eindeutig identifiziert. Der Schlüsselwert kann also nur einmal in der Schlüsselspalte vorkommen. Üblicherweise werden künstliche Schlüssel wie beispielsweise Kunden- oder Artikelnummern verwendet.

Spaltenfunktion

Siehe Aggregatfunktion.

Sperren

Verhindert den Zugriff auf bestimmte Datenbankobjekte (Tabellen, Datensätze). Sperren werden temporär verwendet, um Kollisionen bei konkurrierenden Zugriffen zu verhindern. Erst wenn ein Anwender seine Änderungen vorgenommen hat, kann ein anderer Anwender auf das betreffende Objekt zugreifen.

Transaktion

Eine Folge von Operationen auf einen Datenbestand, die nur gemeinsam oder gar nicht ausgeführt werden dürfen. Kann auch nur eine Operation nicht ausgeführt werden, muss auch die Ausführung der anderen zur Transaktion gehörenden Operationen unterbleiben. Das Transaktionskonzept dient der Sicherstellung der Datenkonsistenz.

Trigger

Ein Funktion, die auf bestimmte Ereignisse wartet und beim Eintreten dieser Ereignisse eine Aktion auslöst. Als Ereignis kann beispielsweise die Überschreitung eines Werts in einer bestimmten Spalte gelten. Die Aktion besteht häufig im Aufruf einer Prozedur, die Werte in andere Spalten schreibt.

Tupel

In der Datenbanktheorie ein anderer Begriff für eine Zeile bzw. einen Datensatz.

Unterabfrage

In eine SQL-Anweisung eingebettete `SELECT`-Anweisung. Eine Unterabfrage liefert Vergleichswerte für die `WHERE`- bzw. `HAVING`-Klausel der übergeordneten Abfrage. Unterabfragen werden nicht von allen Datenbanksystemen unterstützt.

Verknüpfung

Die Herstellung einer Beziehung zwischen zwei oder mehr Tabellen, um für diese eine gemeinsame Abfrage zu definieren. Die Verknüpfung erfolgt über `WHERE`-oder `JOIN`-Klauseln.

Verknüpfungsfelder

Die Felder (Spalten), über die eine Beziehung zwischen zwei oder mehr Tabellen hergestellt wird.

Views

Virtuelle Tabellen, die ihre Daten über `SELECT`-Anweisungen von realen Tabellen beziehen. Views werden in der Datenbank gespeichert, aber erst auf Anforderung mit Daten versehen. Views können fast wie normale (reale) Tabellen verwendet werden.

Web-Server

Bezeichnung für eine Software, die Browser-Anfragen beantwortet und HTML-Seiten an den Browser liefert. Web-Server können Zusatzmodule enthalten, beispielsweise Perl oder PHP, die auch eine Datenbankanbindung ermöglichen.

Zugriffsrechte

Einschränkung der Möglichkeit, eine Datenbank bzw. die darin enthaltenen Daten zu nutzen. Die Vergabe von Zugriffsrechten dient der Sicherheit der Datenbank.

Anhang

SQL

Anhang

Im vorstehenden Text verwenden wir verschiedene Tabellen, die mit Ausnahme der schon vorgestellten Kundentabelle nachfolgend dokumentiert werden sollen. Die Struktur der Tabellen benötigen Sie, wenn Sie die Beispiele des Buchs nachvollziehen wollen.

Struktur einer Artikeltabelle

Bezeichnung	Typ	Länge	Beschreibung
ArtikelNr	AUTOINCREMENT		Primärschlüssel
Artikelname	CHAR	100	
Artikelgruppe	CHAR	50	
Lagerbestand	DOUBLE		Der Lagerbestand kann sich auch auf Dezimalwerte beziehen, beispielsweise 0,05 Liter, daher darf hier kein Integer-Wert stehen.
Lagerort	CHAR	30	
Einheit	CHAR	10	Menge, Liter, kg, cm etc.
Preis	WÄHRUNG		Nettopreis; der Preis bezieht sich immer auf eine Einheit, also auf Menge, Liter, kg etc.
MwStSatz	FLOAT		Mehrwertsteuersatz, beispielsweise 0.16 oder 0.07.
Mehrwert-steuer	WÄHRUNG		
Bruttopreis	WÄHRUNG		
Datum	DATE		

Bezeichnung	Typ	Länge	Beschreibung
Status	CHAR	1	Status, beispielsweise „D" für gelöscht.

Tab. A.1: Artikeltabelle

Die Tabelle ist darauf ausgelegt, in unseren Beispielabfragen verwendet zu werden. Für eine richtige Artikel-Tabelle ist sie nicht geeignet. So wird eine Artikel-Tabelle normalerweise nur den Preis (= Nettopreis) und den Mehrwertsteuersatz enthalten. Mehrwertsteuer und Brutto-preis ergeben sich durch einfache Berechnungen und müssen daher nicht fest gespeichert werden.

Struktur einer Rechnungstabelle

Unsere Rechnungstabelle ist vor allem dazu gedacht, mit der Kundenta-belle verknüpft zu werden. Besonders wichtig ist daher das Fremd-schlüsselfeld *KundenNr*, über das die Verknüpfung erfolgt.

Bezeichnung	Typ	Länge	Beschreibung
RechnungsNr	AUTOINCREMENT		Primärschlüssel
KundenNr	LONGINT		Fremdschlüssel für den Zugriff über die Kundennummer. Dieser Wert bestimmt, zu welchem Kunden die Rechnung gehört.
Datum	DATUM		Rechnungsdatum
Zahlungsziel	INTEGER		Anzahl der Tage, innerhalb der die Rechnung bezahlt werden soll, bei-spielsweise 14 (Tage).
Rechnungs-betrag	WÄHRUNG /DOUBLE		

Bezeichnung	Typ	Länge	Beschreibung
Zahlungsmittel	CHAR	30	Auswahl der Zahlungsmittel, beispielsweise Bar, Rechnung, Kreditkarte, Lastschrift etc.
Bankverbindung	CHAR	50	Bank, bei der der Kunde ein Konto unterhält.
Kontonummer	CHAR	20	
Bankleitzahl	CHAR	10	

Tab. A.2: Tabelle *Rechnungen*

Wir speichern die Bankverbindung (auch) in der Rechnungstabelle, weil sich die gleichen Daten im Kundendatensatz ändern können, wenn der Kunde seine Bank wechselt. Diese Änderung darf sich nicht auf alte Rechnungen auswirken. Diese müssen immer die Daten zeigen, die bei der Rechnungsstellung verwendet wurden. Das gilt auch für inzwischen nicht mehr gültige Bankverbindungen.

Index

SQL

Index

A

Abfrage 22
ABS 66
Access 23
ADD COLUMN 198
Aggregatfunktionen 130, 132
Aktualisierungsabfrage 111
Aliasnamen 43
ALTER 198
ALTER DOMAIN 202
ALTER USER 202
ALTER VIEW 202
ANSI-SQL 19
AS 43
ASC 45, 214
ASCII 70
ASSERTION 189
Ausdruck 53
AUTO_INCREMENT 40, 182
Autowert 40, 100, 296
Avg 133

B

Berechnungen 88
BETWEEN 57

C

CASE 249
CEILING 66
CHAR 314
CHARACTER SET 188 f.
COLLATION 189
COLUMN 200
CONNECT 247

CONSTRAINT 179, 184
Constraints 201
COUNT 133
CREATE DATABASE 172
CREATE INDEX 212
CREATE TABLE 175
CURDATE 92, 115
CURRENCY 177

D

Data Dictionary 171
DATE 77, 314
Daten ändern 111
Datenbank 21, 257
    erzeugen 172
    löschen 206
Datenbankkonsistenz 263
Datenbankstruktur 197
    Datenbankobjekte löschen 203
    Spalten ändern 200
    Tabellenstruktur ändern 197
Datenbanktheorie 257
Datenredundanz 262
Datensätze löschen 123
Datenstruktur 279
Datentypen 38, 287
    Alphanumerische Datentypen 290
    Auswahl 295
    Bedeutung 287
    Datums- und Zeittypen 291
    MySQL 313
    Numerische Typen 288
    Sonstige Datentypen 293
    Spezielle Datentypen 293

Datenverlust 197
Datum 92
Datums- und Zeittypen 291
Datumsberechnung 104
Datumsfunktionen 77
Datumstyp 40
Datumsverarbeitung 76
Datumswerte 315
    ändern 114
DAYNAME 77
DAYOFMONTH 77
DB2 303
DBMS 21
DDL 19
DEFAULT 183
DELETE 123
DESC 45, 214
Dezimalkomma 56
Dezimalpunkt 56
Dezimalwerte 113
Differenzmenge 164
DISCONNECT 247
DISTINCT 41
DISTINCTROW 42
DML 19
DOMAIN 188
DOUBLE 177
Dritte Normalform 269
DROP COLUMN 204
DROP INDEX 217
DROP TABLE 205
Durchschnittswerte 138

E

Einschränkungen 183, 201
    löschen 204
Entitäten 277
Entitätsbeziehungen 257, 363
Entity Relationship Model 257

ENUM 315
ER-Modelle 257
Erste Normalform 264
EXCEPT 164

F

Felddefinitionen 176
Feldtypen 274
Fließkommazahl 314
FLOAT 314
FLOOR 66
FOREIGN KEY 185
Fremdschlüssel 151, 267, 296
FROM 33
Funktionen 64, 90
    Datumsfunktionen 76
    Mathematische Funktionen 66
    Zeichenketten-Funktionen 70

G

GRANT 224
Groß- und Kleinschreibung 28, 174
Größer-Vergleich 37
GROUP BY 129, 147
Gruppierung 129, 160
GUI 312

H

HAVING 144

I

IF EXISTS 205
IN 58
Index 211, 279
    ändern 217
    Eindeutige Indizes 213
    erstellen 212

löschen 217
Mehrfelderindex 214
Temporäre Indizes 217
Indexfelder 278
INNER JOIN 155
INSERT 99
INSTR 71
INT 66
INTEGER 314
Integritätsstufen 280
  Operationale Integrität 280
  Physische Integrität 280
  Sematische Integrität 280
INTERSECT 165

J

JOIN 154

L

LEFT 71
LEFT JOIN 158
Lieferanschrift 276
LIKE 58
LIKE-Operator 62
LIMIT 47
LOG 66
Logische Operatoren 60
Löschen 117, 123, 197
LOWER 71

M

Mathematische Funktionen 66
Mathematische Operatoren 54
MAX 133, 136
Mehrfelderschlüssel 178
Mengenoperationen 161
MID 91

MIN 133, 136
MOD 66
MODIFY 317
MODIFY COLUMN 200
MONTH 77
Mustervergleich 58
Mutationsanomalien 263
MySQL 303, 304
  Besonderheiten 313
  einsetzen 304
  GUI 312
  Tools 307
MySQLGUI 312
MySQLManager 307
MySQL-Monitor 309

N

Natural Join 152
Normalisierung 263
  Dritte Normalform 269
  Erste Normalform 264
  Erweiterte Normalisierung 271
  Stufen 264
  Zweite Normalform 265
NOT NULL 178, 180
NOT-Operator 62
NULL 63, 118
Numerische Datentypen 288

O

ODBC 323, 335
ODBC-Treiber
  MySQL 318
ON-Klausel 157
Operationale Integrität 280
Operatoren 54
  Logische Operatoren 60
  Vergleichsoperatoren 56

Optimizer 328
Oracle 303
ORDER BY 45
Outer Join 156, 158

P

PHP 324
Physische Integrität 280
Potenzieren 67
POW 66
Prädikate 41
Primärindex 279
Primärschlüssel 100, 177, 178, 259
PRIMARY KEY 178
Programmiersprachen 22

Q

QUARTER 77
Quelltabelle 104

R

REAL 314
Redundanz 262
Referenzielle Integrität 187, 281
Reihenfolge der Spalten 36
Relation
    normalisieren 263
Relationale Datenbanken 257
RENAME 317
REVOKE 224
ROUND 67, 89

S

SCHEMA 188
Schlüssel 259
Schlüsselfelder 278
Schnittmenge 165

Sekundärindizes 279
SELECT 33
SELECT INTO OUTFILE 317
Sematische Integrität 280
SET-Klausel 111
SHOW DATABASES 310
Skript-Sprachen 323
SMALLINT 314
Sonderzeichen 173
Sonstige Datentypen 293
Sortierung 45
Spalten
    ändern 200
    hinzufügen 198
    löschen 203, 204
Spaltendefinition 199
Spaltennamen 36
Spezielle Datentypen 293
SQL
    in Skript-Sprachen 323
    in VBA-Anwendungen 331
    in Webanwendungen 323
    Zugriff optimieren 328
SQL-Abfrage 33
SQL-Datenbanksysteme 303
SQL-Datentypen 287
SQL-Funktionen 67
SQL-Modus 26
SQL-Sprachelemente 237
    Transaktionen 244
    Unterabfragen 237
SQRT 67
Statusfeld 125
String-Funktionen 71
SUBSTRING 71
Sum 133
Summenbildung 135
Syntaxbeschreibungen 329

T

Tabellen
  löschen 205
  verknüpfen 151, 277
Tabellendefinition 311
Tabellenentwurf 273
Tabellenstruktur 197
Tagesdatum 79
  zuweisen 114
Teilstringermittlung 73
Teilstringvergleich 72
TEXT 314
Theta Join 160
TIME 314
TO_DAYS 92
TOP 47
Transaktionen 244, 281
Transaktionskonzept 281
TRANSLATION 189
TRIM 71
Trimm-Funktionen 75
Typkompatibilität 106

U

UNION 161
UNIQUE 181, 202, 212
UNSIGNED 315
Unterabfragen 237
Unterstrich 174
UPDATE 111
USE 310

V

VALUES 99
VARCHAR 314
VBA 331
Vereinigungsmenge 161
Vergleichsoperatoren 56
  Mustervergleich 58
View 190
  löschen 205

W

Web-Anwendungen 323
WHERE 85, 131
WHERE-Klausel 36
WinMySQLAdmin 308

Y

YEAR 77

Z

Zeichenfolge 53
Zeichenketten 70
Zeilenumbrüche 28
Zieltabelle 103
Zugriffsrechte 223
  Administrator 223
  auf Datenbankebene 230
  einrichten 224
  einschränken 224
  entziehen 228
Zweite Normalform 268

DAS EINSTEIGERSEMINAR

MySQL

Rolf Däßler

**Der methodische und
ausführliche Einstieg
400 Seiten
Einsteiger-Know-how**

MySQL ist ein preiswerter SQL-Datenbankserver, der sich in puncto Leistung und Stabilität zu einer Alternative für den professionellen Einsatz entwickelt hat. MySQL läuft unter zahlreichen Betriebssystemen wie UNIX, LINUX sowie Windows und OS/2 Popularität erreicht MySQL im Internet. Im Zusammenwirken mit PHP ist auch de ungeübte Programmierer schnell in der Lage, Datenbanken ins Web zu stellen und indi viduell angepasste Datenbanklösungen zu erstellen. Das Buch bietet Ihnen einen didak tisch fundierten und praxisnahen Einstieg in die Datenbankwelt. Anhand von zahlreiche Programmbeispielen werden die wichtigsten Konzepte vermittelt, so dass Sie MySQ schon nach kurzer Zeit für Ihre speziellen Zwecke einsetzen können. Alles, was Sie fü die ersten Schritte benötigen, sind die MySQL-Datenbank und ein Texteditor.

ISBN 3-8266-7021-3

* unverbindl. Preisem

(D)€ 9,95
(A)€ 10,30*

verlag moderne industrie Buch AG & Co. KG • Königswinterer Straße 418 • 53227 Bonn • Fax: 02 28 / 970 24 21 • http://www.vmi-Buch.

DAS bhv TASCHENBUCH: DIE PREISWERTE ALTERNATIVE!

Uwe Hess
Günther Karl

768 Seiten

PHP ist eine in HTML eingebettete Skriptsprache, mit der sich ohne großen Aufwand dynamische Webseiten erstellen lassen. Dieses Taschenbuch behandelt praxisnah und leicht verständlich alle wesentlichen Aspekte der Erstellung anspruchsvoller Webprojekte mit PHP. Dabei richtet es sich vorwiegend an Benutzer, die ihr Webprojekt unter Windows entwickeln möchten. Von der Installation und Konfiguration eines Webservers auf einem lokalen Windows-Rechner über die ausführliche Beschreibung aller wichtigen Funktionen bis hin zum Einsatz anspruchsvollerer Techniken erfahren Sie alles, was Sie über PHP wissen müssen.

TEIL I: INSTALLATION & ERSTE SCHRITTE
Geschichte von PHP; Funktionsweise; Voraussetzungen; Webserver für PHP; Installation und Konfiguration

TEIL II: TECHNIKEN UND PRAXIS
Grundlagen; Datentypen; Operatoren; Kontrollstrukturen; Funktionen; Zeichenketten; Arrays; Dateisystem

TEIL III: KNOW-HOW FÜR FORTGESCHRITTENE
PHP im Netzwerk; Fehlerbehandlung; Cookies und Sessions; FTP; Datum und Zeit; Textausgabe; Tabellen; Listen; Formulare; Frames; Grafiken; Verweise; Einbinden von ODBC-Datenbanken; PHP und MySQL

TEIL IV: TIPPS, TRICKS UND TUNING
Anwendungen: Counter, Gästebuch, Funktionen erweitern, Dateibrowser erweitern

TEIL V: ANHANG
PHP-Befehlsreferenz; XHTML-Tags; Glossar

* unverbindl. Preisempf.

ISBN 3-8266-8002-2   **inkl. CD-ROM** 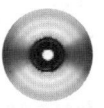   (D) € 15,29 | (A) € 15,84*

verlag moderne industrie Buch AG & Co. KG • Königswinterer Straße 418 • 53227 Bonn • Fax: 02 28 / 970 24 21 • http://www.vmi-Buch.de

DAS EINSTEIGERSEMINAR

VBA-Programmierung
mit Microsoft Office XP

Helma Spona

**Der methodische und
ausführliche Einstieg
400 Seiten
Einsteiger-Know-how**

Mit VBA – Visual Basic für Applikationen – haben Sie die Möglichkeit, MS-Office Anwendungen individuell anzupassen und zu programmieren. So können Sie bspw. in Excel eigene Funktionen programmieren, Datenbankabfragen in Access erstellen und deren Daten mit FrontPage automatisch in Webseiten einbauen.

Lernen Sie mit diesem Einsteigerseminar, die Objektbibliotheken von Excel, Word, Access, FrontPage und Outlook zu nutzen. Mit einfachen Problemstellungen beginnend, leitet die Autorin den Leser in gewohnter, didaktisch fundierter Weise von den ersten kleinen Programmen zu komplexen Funktionen.

ISBN 3-8266-7179-1

* unverbindl. Preisempf.
(D)€ 9,95
(A)€ 10,30*

verlag moderne industrie Buch AG & Co. KG • Königswinterer Straße 418 • 53227 Bonn • Fax: 02 28 / 970 24 21 • http://www.vmi-Buch.